刑法案例优秀作业选

法科学生读本

刑法案例优秀作业选

陈兴良 /主编

中国人民大学出版社
·北京·

序

我在北大法学院从事本科刑法教学过程中，总是想在法条与思想、法理与文采之间保持某种张力，使学生不至于在刑法的学习当中，思想被法条所束缚，文采被法理所窒息。因此，每学期布置两次平时作业，恰好是给学生一个能够自由抒发思想、充分张扬文采的“放风”的机会。每当看到学生以一种十分认真的态度对待平时作业，并有一些带着稚气的佳作问世，由衷地感到欣慰，一种呵护之情油然而生。这些作品，虽然不是严谨的论文，也没有深邃的思想，但如同清晨点缀着露珠的花朵，自有其吸引人的地方。在这种情况下，就有了一种将其中佼佼者编辑以后加以出版的念头。就在这个时候，中国人民大学出版社推出了“法科学生读本”这一面向法科学生的读物。我想，法科学生自己写的东西也应该纳入法科学生的阅读范围，使他/她们能够互相沟通、互相参照。在这种情况下，征得出版社的同意，将《刑法案例优秀作业选》一书纳入丛书，作为主编者，我为之庆幸。

收入本书的是学生对案例分析的作业。我选择的两个案例，均是疑难案例。如若没有较深的理论功底，是难以对这些案例进行法理分析的。通过这种案例分析的训练，可以使同学们将课堂上与书本上所学的关于犯罪构成的理论，实际用于对具体案例的分析，这也是一种法律思维的训练和法律技能的训练。因此，这些作业既是对同学们刑法学习情况的一种检阅，也反映了北大法学院刑法教学的现状。

在本书中，我的两位助教文姬（博士生）和蔡桂生（硕士生）对每份作业都做了简要的点评，可以作为对作业评价的一种参考。

此外，书中也收入了我对这两个案例的分析短文，作为参考的答案。

刑法是一个重要的部门法。对于法科学生来说，刑法的学习是十分重要的。可以说，在整个法律体系中，刑法都具有独特的地位。其思维方法也具有独特性。经过刑法的学习，掌握刑法要义，更重要的是掌握刑法思维方法，对于将来从事法律职业必将受益无穷。随着民商法等部门法的壮大，刑法发展规模相对较小，在学科教育中刑法的教学时数也一再削减。在这种情况下，更要求我们刑法教学人员通过刑法讲授，吸引学生，使同学们感受到刑法的魅力。

是为序。

陈兴良

谨识于北京海淀锦秋知春寓所

2008 年 8 月 7 日

目 录

上编 变性后重婚行为之定性

下编　抢劫性勒索行为之定性

上　编

变性后重婚行为之定性

案情及参考答案

陈兴良

秦女士与丈夫陈某于1993年10月20日结婚，共同生活到2002年5月，某日，陈某突然失踪，经多方寻找仍无下落。2004年春节，秦女士在街头偶遇陈某，让她大吃一惊的是陈某穿着女人衣服，还化了妆。秦女士问他跟谁跑了。陈某却抱歉一笑，让秦女士不要等他了，说他已经做了变性手术，现已结婚嫁人。秦女士才知道陈某自幼患易性癖，进行变性手术后向原籍公安机关重新办理了女性身份证明，并与他人结婚。

问题：丈夫做了变性手术后与他人结婚是否构成重婚罪？

本案是一个较为离奇的案件，出现的几率极小。但它毕竟在我们的现实生活中出现了，由此而形成对法律的挑战。

在本案的处理过程中，存在两种不同意见：第一种意见认为，陈某不构成重婚罪。因为我国法律不认可同性结婚，所以婚姻关系一方“变性”这个事实足以导致原婚姻关系的终止，应当与当事人一方“死亡”的法律效力等同，无须再履行离婚的法定程序。所以，陈某变性后与秦女士的婚姻关系自动解除，又和他人结婚，不构成重婚罪。第二种意见认为，即使是变性，由夫变成妻，也违反了我国《婚姻法》

和《刑法》的相关规定，违反了一夫一妻制度，符合重婚罪的构成要件，构成重婚罪。这两种意见可以说是针锋相对的，我们面临着到底是赞同第一种观点还是赞同第二种观点的立场选择。而这种选择又关乎陈某的罪与非罪，确实应当慎重。

对本案分析可以从对重婚一词的分析开始。所谓重婚，是指已有配偶又与他人结婚。因此，重婚之所谓“重”，是指一身而兼有双重的婚姻关系。就此而言，陈某的行为似乎符合重婚的特征：陈某与秦女士已有婚姻关系，变性以后在未与秦女士办理离婚手续的情况下又与他人结婚。在此，显然存在双重婚姻关系。如此说来，似乎陈某构成重婚罪。但我们进一步追问，重婚罪的本质是什么，即它所侵害的客体是什么？对此，在婚姻法上有明文规定，重婚罪违反的是一夫一妻制。何谓一夫一妻制？一夫一妻制就是以一男一女结为夫妻的婚姻形式，是我国《婚姻法》的一项基本原则。违反一夫一妻制的行为表现为一夫多妻或者一妻多夫。但在本案中，虽然存在双重婚姻关系，但未出现一夫多妻或者一妻多夫的情形。对于陈某来说，前有一妻，后有一夫。陈某在变性以后，事实上已经放弃原有与秦女士的婚姻关系，又以女性的身份另嫁他人，这种行为从本质上来说并没有违反一夫一妻制。因此，我认为陈某的行为不构成重婚罪。

陈某的变性，致使其生物学上的性别发生了变化，在公安机关办理女性身份证以后，社会身份也发生了变化。在这种情况下，陈某不可能与秦女士继续保持原先的婚姻关系，这可以说是一种事实上的离婚。事实婚，过去只是指事实结婚，但事实上的离婚也是可能的。在陈某变性以后，正确的做法是应当先通过法定离婚程序解除与秦女士的婚姻关系，然后再与他人结婚，但陈某采取逃避的方法，并且未征得秦女士同意便做变性手术，又与他人结婚，这对秦女士的人身权利确实是一种侵害，但并不符合重婚罪的本质特征。主张陈某应当定罪的意见认为，法律并没有把重婚罪特别规定为一夫多妻或者一妻多夫，为人夫而变人妻者同样是有配偶者，不能说在变性手术之前有配偶，而变性手术之后就没有配偶了。我认为，法律上的婚姻关系确实不会因为变性而自动解除，但法律只是一种形式，在变性以后婚姻赖以存在的生理基础已经不复存在，原有的婚姻关系实际上已经濒临灭亡。

从陈某的行为是否构成重婚罪，我们可以看到存在两种刑法解释方法之争拗：形式解释论与实质解释论。主张陈某有罪的意见显然是持一种形式解释论，仅仅从重婚的字面上理解重婚罪，从而得出陈某构成重婚罪的结论。而主张陈某无罪的意见则是持一种实质解释论，对于重婚不能仅从表面上看是否存在双重婚姻关系，而是要看重婚罪的实质是对一夫一妻制的违反，陈某的行为恰恰不具有这一重婚罪的本质特征。在刑法适用解释中，如何正确处理形式解释与实质解释的关系，确实是一个十分复杂的问题。我个人认为，在犯罪认定中首先应当进行的是形式判断，如果在形式上不符合某一犯罪的构成要件，则根本不构成犯罪。但形式上具备犯罪的外在特征，仍然不一定构成犯罪。因为，形式判断只是犯罪认定的第一步，接下来还要进行实质判断。如果虽然形式上符合某一犯罪的外在特征，但实质上不具备某一犯罪所要求的法益侵害性，仍然不能构成犯罪。根据这样一种定罪的思维方法，我认为陈某的行为形式上存在双重婚姻，但实质上并没有违反一夫一妻制，因而不构成重婚罪。

1. 论变性重婚案

王天时*

置身法的世界犹如漫步密林深处，上下纵横，错综复杂，尤需注意的是，随着人们思想认识、科学技术水平、社会伦理价值观念等多方面的发展变化，现实中的法也随之而变化着。而在此变化的过程中，法的发展往往犹如开垦荒地一样，需要对一些未曾有过共同认识的问题作出开拓性的认定。在本案所涉及的变性手术后的婚姻关系争端，正是目前婚姻法、刑法的前沿问题，变性手术本身就是近年来随着外科医学技术发展才出现的，在法律实践中，有很多与之相关的问题和争议。

出于上述的原因，在本案的分析过程中，我采取递进式的结构。首先，对犯罪构成作出一般性的分析，表明对争议问题的态度；其次，对本案分析具有重要意义的身份认定问题，作出独立的、更深层的分析；再次，对本案的更核心和更本质的问题，即如何进行法律解释，作特别的分析；最后，则记录了有关本案中涉及的同性婚姻这一前沿问题的思考。

* 作者系北京大学法学院 2006 级本科生。

一、犯罪构成分析

重婚罪在我国《刑法》见于第258条规定："有配偶而重婚的，或者明知他人有配偶而与之结婚的，处二年以下有期徒刑或者拘役。"而结合本案具体情况可以看出，案件主要涉及"有配偶又与他人结婚"这一条款的内容。

就犯罪构成理论而言，区别本案中陈某行为罪与非罪的关键问题主要涉及两个方面，即如何认识罪体的行为事实和罪责的心理事实。

（一）罪体

1. 主体

对于本案中陈某的主体认定是案件的争议核心之一。主体可以分为一般主体和特殊主体。所谓一般主体，即刑法对行为人没有身份上特殊要求的主体，可以说所有自然人都是一般主体；所谓特殊主体，即刑法对行为人具有身份上特殊要求的主体。在本案中，重婚罪对主体是有明确身份要求的，即陈某必须满足与秦女士的婚姻关系尚未解除的条件，也就是说陈某必须具有已婚的身份。一种观点认为，陈某自变性手术后，其婚姻关系就自然解除，不具备所谓已婚的身份，不能成为重婚罪的主体；另一种观点则认为，陈某的婚姻关系未经登记不得解除，其主体身份尚存。

我认为，陈某在进行变性手术前尚未与秦女士解除婚姻关系，失踪时间也远不足以认定为死亡（也不足以认定为失踪，但即使认定为失踪，据法定情形也不能认为陈秦二人的婚姻关系无效，故此处不予讨论），虽然其在手术后又前往原籍所在地注册新的身份，仍然不能就此单方解除需要双方合意才能解除的婚姻关系，陈某仍然具有已婚身份，具备重婚罪的主体要求。在下文关于身份认定问题的部分，将会更加详细地叙述如此认定其身份的理由。

2. 客体

在行为客体方面，陈某再次结婚行为的客体即行为指向的应该是秦女士和因不知情而又与陈某结婚的丈夫。

3. 行为

在行为方面，陈某在进行变性手术后与他人结婚的行为实属纯正的作为行为，即违反刑法对于重婚罪的禁止性规定的行为。陈某的行为也充分体现了犯罪行为的体素、心素与实行性。

（二）罪责

在罪责的心理事实方面，本案中具有一定不明确性的内容主要涉及故意中认识因素与主观的附随情状中动机的问题。

1. 认识因素

在故意的认识因素内容中，尤其不明确的问题是陈某对自己的身份认识上的不确定，即主体认识不明确的问题。在变性手术后，陈某认为手术行为和结果足以改变其作为已婚丈夫的身份。

在对行为的认识上，从案件情况可以看出陈某对其再次结婚行为的性质无明确认识，对其自然属性和社会属性均无认识。

由于对行为认识的不足，导致了其客体认识上的不足，认为其行为对秦女士没有指向性。

2. 动机

在动机问题上，动机的产生最终应归因于陈某自幼就有的易性癖（关于其行为的动机，案情梗概中存在未曾言明之处，故不作为犯罪构成分析的重点），其动机具有很大的强度。

二、身份认定问题

主体身份认定问题的争议，决定了陈某能否构成重婚罪特殊主体以及对本案作出合理分析所不能回避的问题，也可以说是揭开本案迷雾的最有效工具。

在关于本案的各种争论中，存在两种截然不同的认识。其中一种观点认为陈某重婚罪不能成立。主要理由在于：陈某在变性手术后，事实上其身份已发生了根本变化，这种不可抗拒的变化必然导致原来身为夫妇双方的陈秦二人处于同性的状态；我国《婚姻法》不承认同性婚姻，所以陈某与秦女士的婚姻关系也自动解除，陈某已经不具备重婚罪要求的已婚身份，不能成为犯罪的主体，其行为也当然无法构成犯罪。

这不禁让我们对几个问题产生疑惑，陈某的身份在变性手术后是否发生改变？如果有改变，是一种怎样的改变？这种改变是否足以使其与秦女士的婚姻关系解除？

众所周知，变性手术对一个人的身份有着至关重要的影响，它能够直接改变一个人的性别，而性别作为一种与生俱来的自然属性，有着特殊的意义。性别这种特殊身份在很多法律关系中具有重大的影响，特别是在婚姻关系中，一个人的性别可以说起着基石的作用，没有这样一个牢不可破的基石，婚姻关系就不能维持稳固，在我国也根本无法实现（在一些承认同性婚姻的国家，则不存在这一问题，在后文中我将加以详述）。陈某的变性手术事实上改变了陈某的身份，使其性别发生了本质改变，但是法律意义上，陈某的身份，特别是已婚的身份，是否能够得到改变，尚有待探讨。

（一）陈某的行为不满足法定婚姻解除的条件，已婚身份不能消灭

众所周知，解除婚姻这种特殊的法律关系，法律明确规定了三种途径：双方合意离婚的情况，双方必须到婚姻登记机关申请离婚，婚姻登记机关查明双方确属自愿离婚并对子女、财产问题已有适当处理时，准予离婚；婚姻双方中任何一方要求离婚的情况，可由有关部门进行调解或直接向人民法院提出离婚诉讼，经调解无效，查明双方感情确已破裂，满足法定的若干离婚条件时，准予离婚；婚姻双方中任何一方经认定死亡后，可认定婚姻关系解除。

陈某的行为显然不符合解除婚姻关系的任何一种情况。在不符合离婚的法定途径（双方合意、单方诉讼、一方死亡），甚至在一方不知情的情况下，婚姻关系显然是不能够解除的。如果承认这种解除婚姻关系的方式无疑将给《婚姻法》的实施带来巨大的障碍，对我国婚姻制度造成巨大的冲击，甚至会造成同样法律相似情形下不同等施用带来的不公正，而破坏法律所维护的比较正义。

针对上述问题，一种解释认为：陈某经过变性手术后，其性别发生了本质改变，实际上已经同死亡产生相同的效力。陈某改变性别后与秦女士失去联系，能否如上述观点所认为的产生与死亡相同的效力呢？

《婚姻法》所确立的婚姻一方死亡则婚姻关系解除的规则，可以认为是针对婚姻双方中一方由于死亡而没有履行婚姻关系中的各种权利义务关系的能力的情况。这种不具备完成婚姻关系所确定的权利义务关系的情况，与陈某变性的情形具有一定的相似之处，但是我认为，法律之所以只规定了死亡能够解除婚姻关系的

情形，主要原因在于死亡的特殊性。

婚姻一方死亡的后果是婚姻双方实际上只存在一方的状态，其婚姻本身的“关系”也就不复存在了，因为只存在一方无法形成所谓“关系”。这样就使得婚姻关系中，死亡一方不可能履行其义务，也就没有必要享有权利，解除这样的婚姻是为了保护另一方的利益。但是本案中陈某的情形不同于死亡，陈某实际上仍然具备履行婚姻关系中所明确的义务的能力，特别是在子女抚养、赡养老人、财产划分等问题上。陈某的变性当然不能与死亡产生同等效力。

类似的问题是，我们认为一个变性后的人仍然要对其变性前的行为负责，例如他作为追诉人的案件审判；而一个确定死亡的人则与之不同，被告人死亡则刑事诉讼立即终止。所以，据我国《婚姻法》与《刑法》的规定来看，应当认为陈某具备犯重婚罪的主体要求。

（二）陈某的权利义务关系体系未发生改变，已婚身份不能消灭

一个人的权利义务关系体系不同于性别，它的改变往往具有一定的滞后性，陈某的性别可以通过变性手术得到几乎瞬时性的改变，与性别相关的权利义务关系体系（或如一些观点所言“法律人格”）却不能在陈某走下手术台的一瞬间发生根本性改变。

众所周知，权利义务关系不能针对一个主体独立的存在，任何权利义务都至少涉及两方，权利义务这样的属性就决定了权利义务关系体系不能够简单地由一方的身份变化，在其他当事人不知情的情况下，发生根本性改变。这也就是说，权利义务关系的体系不能由一个人的单方行为直接而彻底地发生结构性改变。

在权利义务关系是在一个人参与社会生活、从事社会交际的

过程中不断发展、建立的，建立这样的权利义务关系体系经过了诸多纷繁复杂的过程，权利义务关系体系的明确对一个人的社会生活有着重大的影响，可以说一个人每时每刻都涉及权利义务关系，破坏了庞大的权利义务关系体系将会毫无疑问地给一个人的社会生活带来巨大的阻碍。

在本案中，陈某与秦女士婚姻关系中的权利义务内容是不能在陈某走下手术台的一瞬间发生改变的。这种权利义务关系本身是复杂的，改变这种复杂的权利义务关系同样也不能是如此简单的，可以确定的是陈某有告知作为另一方当事人的秦女士的法定义务。陈某尚须履行这些显而易见的法律义务，陈某的婚姻关系中权利义务关系体系尚不能发生结构性改变，其已婚身份也不能发生转变。

自陈某与秦女士于 1993 年 10 月 20 日到婚姻登记机关登记结婚，即婚姻关系成立开始之日起，双方就自然而然地承担起共建家庭、相互扶养、教育子女、赡养老人等相关义务，也获得了共同支配有关财产、相互信任、相互忠实等相关权利。这些权利义务关系对婚姻双方有着重大的意义，其解除途径也有着特殊的法定条件和要式，显而易见不能由于陈某的性别转变而发生变化。

而陈某在进行手术后虽然曾到户籍所在地更改身份，但对其事实上的身份改变尚不知情的秦女士而言，双方的权利义务关系并未合法解除。可以想见，秦女士在陈某失踪的近两年中，仍然时刻履行着或者准备履行着其作为妻子的义务。

综上所述，在如何认定陈某身份的问题上，我认为不能否认其性别这种身份的改变，但是对本案中具有决定性作用的已婚身份，我认为不能简单地从我国《婚姻法》不承认同性婚姻的角度来分析，而理应结合婚姻解除的法定方式、身份变化或曰法律人格变化的实质内容，即权利义务关系是否发生变化来作出全面的分析，不能根据陈某性别改变的事实，径行推断其婚姻关系已经解除。实际上，陈某的婚姻关系尚未解除，具备成为重婚罪犯罪主体的条件。

（三）“家属签字”的思考

应当指出的是，在临床医学界，对待个别人变性手术的要求，医院通常采取家属签字的方式避免由变性手术带来的伦理问题。这种签字的方式，实际上能够有效地完成告知家属的任务，是避免陈某这类由变性手术而产生的争端的重要手段。这种签字的方式类似于物权法中的公示原则，有了家属的签字，就可以认为家属理应对其变性手术持默许或者赞同的态度，无论变性手术成功与否都承认手术产生的后果，至少也是对手术的事实知晓的，对手术可能产生的后果有认识的。

由案情梗概所获得的有效信息尚无法确定陈某手术前是否获得了这种家属签字，如果未获得家属签字，手术医生在这种情况下有违反职业道德之虞，那么在家属不被告知的情况下，陈某的权利义务关系无从改变，据上述两方面的分析，其已婚身份当然不能解除。如果获得了家属签字，那么能否认为陈某通过签字的方式“公示”了其性别的变化事实呢?

实际上，即使陈某的确获得了家属签字，我认为这种“家属签字”制度也不足以成为否认陈某犯罪事实的主要依据。虽然“家属签字”这种方式实际上构成了对认为因权利义务关系未发生变化而不能认定已婚身份改变论断的挑战，但是这种“家属签字”制度本身的效力就是值得商榷的。这种制度只是事实存在而没有成文规则，是否值得信赖?这种制度所确定的家属是什么样的概念，是否值得信赖?这些问题的回答有一些必须建立在对这种制度现状有充分调查研究的基础上，另一些甚至本身就没有答案。目前依所知案情，尚不能断言能否根据这种方式认定权利义务关系是否发生变化。

三、法律解释问题

结合本案中所涉及的主体认定之争、罪责之争等各种争端来看，本案所涉及的种种争端都源于如何解释法律的争议，即在法律不存在明文规定的情形下，能否基于对法律的充分理解，作出法律的扩大解释，如果扩大解释要如何进行解释。

（一）两种价值的选择问题还是两种法律解释的选择

陈某的行为不构成犯罪的观点普遍都指出，罪刑法定是刑法的基本原则，对重婚罪的扩大解释破坏了这一重要原则。陈某的行为在伦理道德上毫无疑问是应当受到谴责的，但是在法的世界中，应当考虑到更深层的价值。在维护陈某破坏的社会伦理关系与维护法律的稳定性、确定性之间要作出理性的选择，即不能通过扩大解释入罪。

我们不妨对“罪刑法定”原则为核心问题的观点进行如下审视：

首先，罪刑法定原则决定了陈某这种尚未有明确规定的行为能否被解释成为犯罪。我国《婚姻法》不承认同性婚姻制度，《婚姻法》中反复出现的“男女”、“夫妻双方”、“一夫一妻”等表述可以看出我国《婚姻法》对待同性婚姻采取的态度是很明确的。陈某经过变性手术后，其性别已经发生了事实的转变，那么陈某与秦女士事实上都是女性身份，其婚姻关系就自然出现了与法律矛盾的现实状况。依据罪刑法定原则作出判断，我们不能认为陈某和秦女士的关系是合法的婚姻关系，其婚姻关系理应自然解除。

同时，我们以同样的视角重新回到关于陈某主体认定的第一个问题，即陈某与秦女士的婚姻关系是否符合法定的婚姻关系解除途径的问题。我们同样依据严格法律文本解释而不做扩大解释的原则作出判断，《婚姻法》规定了三种解除婚姻关系的途径，这三种途径是法律明文确立的，不容置疑，陈某与秦女士的婚姻关系是不能以这三种途径之外的途径解除的，那么陈某与秦女士的婚姻关系尚未解除。

这样我们就走到了一个死胡同，以这种严格依照法律文本释义的方法来看上述问题，我们就会得到一个矛盾的结论。实际上，我认为正是这样的推断将我们推向了又一个十字路口，我们面对的是一个新的选择。

实际上，本案所涉及的不是法律扩大解释与否的问题，也不是所谓“两种价值的选择”的问题，而是对法律进行扩大解释本身势在必行，那么如何解释的问题。可以说本案中法律解释所涉及的关键在于“两种法律解释的选择”而非“两种价值的选择”。

（二）作出何种选择

扩大解释重婚罪，还是扩大解释法定离婚途径？其表面来看是解释刑法抑或解释婚姻法的问题。依照罪刑法定原则，我们可能要选择解释婚姻法中离婚的三种途径，来维护刑法的稳定与明确。

但是解释婚姻法规定的离婚途径要面对的是打开离婚途径非法定的大门，这样就使得所谓法定离婚途径失去了其“法定”的意义。这样解释的成本是在面对变性问题时，一方可以不履行义务，完全凭借个人意愿作出选择，这与离婚途径法定所保护的法益相悖。

对重婚罪进行解释，面对的主要问题是对《刑法》第 268 条“配偶”一词的解释，这种解释表面上看是对刑法的解释，但实质上是对婚姻法的解释，也就不存在所谓解释重婚罪构成的对罪刑法定原则的破坏。我们通过对重婚罪保护法益的分析不难发现，重婚罪保护的是“一夫一妻制”，而依据对陈某主体认定的分析来看，这种因婚姻而生的权利义务关系仍然存在，陈某与秦女士的关系依然可以认为是受到重婚罪保护的。解释重婚罪是具有法益依据的。

这样我们就不难对两种解释中，哪种解释对本案更具有直接效用、哪种解释更节省法律成本、哪种解释更能够完成法律解释的任务等问题有更明确的认识。我认为，显然选择依据重婚罪保护的法益来解释重婚罪，即认为陈某触犯重婚罪，更为合理。

四、同性婚姻探索

（一）同性婚姻对解决本案争议问题的意义

在本案中，陈某行为是否犯罪之所以难以确定，一个重要原因是，陈某变性手术后，性别发生了变化，我国《婚姻法》不承认同性婚姻，这就使得秦女士与陈某的尚未解除的婚姻关系受到了冲击，给定罪带来了困难。

而如果我国的《婚姻法》能够接受同性婚姻，那么本案的事实认定就显得简单清晰，陈某同时与秦女士、另外一名男士处于婚姻关系中，其行为毫无疑问犯有重婚罪，给关于变性手术的婚姻关系疑难问题明确了解决方法。当然这种解决方法远远不是最节省成本的。

（二）同性婚姻的现状与发展

同性婚姻尚属无定论的前沿问题，在欧美国家，同性婚姻受到宗教传统、文化观念和制度设计等许多问题的限制而未受到广泛的认同。

时至今日，世界上正式承认同性婚姻，并将同性婚姻纳入法律的国家有：西班牙、荷兰、加拿大、比利时。狭义上可以说，世界上只有四个国家承认了同性婚姻，这四个国家的婚姻法明确规定了婚姻配偶性别可以相同，婚姻不分性别，同性婚姻双方享受异性婚姻双方的一切权利。也就是说，在这四个国家中，同性婚配者与异性婚配者共同适用同一部法律，享有同样的权利。但是广义上可以说，大部分欧陆国家都承认了同性婚姻，但是认为这种婚姻是有别于一般意义上的传统婚姻的，同性婚姻双方享有的权利也区别于一般意义上的传统婚姻。

目前，在世界范围内，承认同性婚姻的呼声日益高涨，在英国对同性婚姻问题的调查中，有80%的民众认为同性婚姻双方应享有与异性婚姻同等的民事权利。在调查结果公布后，英国女王所作的演说内容中，涉及了有关同性婚姻的提案，提案内容虽然并未出现“同性婚姻”字样，但是涉及的内容实质上是对同性婚姻的承认。

（三）我国的同性婚姻问题

1997年，我国停止适用惩罚流氓的法律来对待同性恋，2001年，停止把同性恋行为看作是精神疾病。由于宗教、文化、传统等多方面原因，在很长一段时间内，我国社会对同性恋者采取的是一种视其为变态心理的态度。新中国成立后长时间以来，人们的权利意识淡漠，同性恋者的权利一直受到忽视，由于心理卫生知识的匮乏，人们一直对同性恋者有着这样那样的误解，甚至采取歧视的态度。

随着人们权利意识的苏醒，已经有更多人对同性恋者这样的社会特殊人群给予更多的关注。以目前我国法治水平和社会现实来看，承认同性婚姻尚不具备充分的条件，但是对承认同性婚姻的探索依然具有一定意义，对法律的发展是有一定指导作用的。

理清法的思维方式，以一个法律人的逻辑来看待问题，往往会如迷雾中亮起明灯，给问题的分析和解决带来方向和指引。对本案的分析的价值，也就在于将刑法课堂所学之理，活用于个案分析中，完成刑法学习中对刑法逻辑和刑法思维的深入认识，而由此探索刑法之博大、窥见刑法之深邃。

【点评】本文的优点是比较突出的，逻辑清楚、语言简练到位，思维路径较为凝练，没有大量的基础知识铺陈，体现出作者较好的刑法理论修养，正如作者在文末所指出的："理清法的思维方式，以一个法律人的逻辑来看待问题，往往会如迷雾中亮起明灯，给问题的分析和解决带来方向和指引。"作者层层递进地重点分析了犯罪构成、身份认定、法律解释、同性婚姻四个核心问题。作者认为，就犯罪构成理论而言，区别本案中陈某行为罪与非罪的关键问题主要涉及两个方面，即如何认识罪体的行为事实和罪责的心理事实。作者没有在简单地分析犯罪构成之后就下结论，而是在重点鲜明地研究了犯罪构成中的争议问题、探讨了身份认定中的法定婚姻解除、权利义务关系和"家属签字"问题之后，还从罪刑法定原则切入，在解释刑法还是婚姻法上从法益保护的角度作出了较为合理的选择，从而得出陈某应当构成重婚罪，最后还阐述了同性婚姻问题，认为我国的婚姻法不接受同性婚姻的事实，使得秦女士与陈某的尚未解除的婚姻关系受到了冲击，给定罪带来了困难，这些都是该案涉及的重要争议点。作者虽然在文章的最后部分提到了西班牙、荷兰等国的立法，但是并不系统和规范，若能系统借鉴域外刑事法理论储备，加深文章的理论深度，则会锦上添花。（蔡桂生）

2. 宽容与不容

张梦媛*

一、重婚罪的理论分析

（一）重婚罪的构成

我国《刑法》对重婚罪的规定见于第258条：有配偶而重婚的，或者明知他人有配偶而与之结婚的，处二年以下有期徒刑或者拘役。此条文基本明确了重婚罪的构成：

1. 罪体：

（1）行为：重婚罪的行为是自己有配偶而与他人结婚，或者明知他人有配偶而与之结婚。因此，重婚行为亦有两种情形：1）有配偶而重婚，指重婚人在本人的婚姻关系没有依法解除或者对方没有死亡的情况下，又与他人结婚。2）明知他人有配偶而与之结婚，指相婚人本人虽然没有结婚，但是明知他人已经结婚而与之结婚。

（2）客体：重婚罪的客体是他人，这里的他人既包括已婚者，也包括未婚者。在刑法理论上，重婚罪中的客体是必要共犯中的对合犯。在一般情况下，双方都是已结婚的人而又重婚的，或者一方

---

* 作者系北京大学元培学院2006级本科生。

已经结婚另一方本人虽未结婚但明知对方已经结婚而与之结婚的，彼此均构成重婚罪。在特殊情况下，相婚者不知他人有配偶而与之结婚，因不具有重婚故意而不构成本罪，只有重婚者构成本罪。

2. 罪责：重婚罪的责任形式是故意。这里的故意，是指明知是重婚行为而有意实施的主观心理状态。

（二）重婚罪侵害的法益

刑法所保护的利益就是法益，犯罪的特征之一就是对法益的侵害。刑法法益可以分为个人法益、社会法益和国家法益三类，重婚罪对法益的侵害主要表现为前两种。

1. 个人法益：我国《刑法》将重婚罪归入侵犯公民人身权利和民主权利的犯罪，可见从立法者的角度，重婚罪主要是对个人法益的侵害。我认为，从这个角度，重婚罪侵害的是合法配偶基于婚姻关系而享有的人身权利，如配偶权等。

2. 社会法益：日本刑法认为，重婚罪是对社会法益的侵害。不可否认，重婚对社会善良风俗确实会造成不良影响，因此不能忽视重婚罪对于社会法益的侵害。

（三）重婚罪的价值取向

重婚罪的价值取向，与重婚罪侵害的法益之间有着密切的关联。

1. 对于婚姻家庭伦理的维护

德国古典哲学家黑格尔指出，婚姻实质上是伦理关系。他认为：婚姻的客观出发点是当事人双方自愿组成一个人，即家庭，使双方的人格同一化。婚姻的目的不应该被看成是为了获得个人的欢乐，或者其他私利。婚姻可以包括欢乐，但性的满足是次要的，居首位的是义务。

重婚行为，破坏了合法的婚姻关系。有配偶而重婚者，没有履行对婚姻和家庭应尽的义务，使其合法配偶受到伤害，违反了普遍的伦理道德；明知他人有配偶而与之结婚者，故意妨碍他人对其合法存在的婚姻履行义务，亦与伦理道德不符，因此也应当受到惩罚。

2. 对于一夫一妻制的维护

中国在历史上曾经是一个以男性为中心的社会，男尊女卑的思想根深蒂固。几千年的奴隶社会和封建社会中，女子受男子统治，女子只能嫁给一个丈夫，而男子特别是贵族男子则可以实行重婚、纳妾的一夫多妻制。这种建立在不平等的男女关系上的婚姻制度，无疑是人类文明中的糟粕。

一夫一妻，又称“单偶婚”、“个体婚”，是一男一女结为夫妻的婚姻形式。一夫一妻制度，是对以男性为中心的婚姻制度的否定，是人类文明进步的重要标志之一，是一个文明社会应当遵守的婚姻制度。当然，现代法律对于这项制度的维护，并不仅仅是为了女性的利益。一夫一妻制规范的是夫妻双方在婚姻关系存续期间的行为，通过明确婚姻双方必须遵守的婚姻道德，使婚姻真正成为纯真的爱情和崇高的义务的统一。

综上所述，刑法中重婚罪的规定对于家庭和社会都有重要的意义。以贝卡里亚为代表的刑事古典学派认为，立法是把人引向最多幸福和最少痛苦的一种艺术。重婚罪的设立，就体现了法律这一最基本的也是最高的价值取向。

二、重点问题分析

（一）变性人性别的法律认定

一般认为，人的自然属性是指人作为自然存在物而具有的先天的、与生俱来的肉体特性和生物特性。性别作为人的自然属性之一，长期以来都被认为是先天赋予且不可改变的。但是，随着变性手术和变性人的出现，人们对性别认定的标准产生了争议。以何种标准确定变性人的性别，在国外的判例中出现了两种不同的观点：

1. 生物学的判断标准：这种标准的主要内容是，要判断一个人是男人还是女人，取决于三个生物学上的因素，即染色体、性腺和生殖器。事实上，变性人经过手术，虽然在外观上已经具备了异性的特征，但是本质上仍没有达到生物学严格的要求。因此，依据这一标准判断，经过变性手术的人的自然属性并未改变，也永远不可能改变。

2. 心理学的判断标准：这种标准的主要内容是，判断一个人的性别时，其本人心理上对于自己性别的认定起着决定性的作用，应当根据本人的意愿来确定他的性别。实际中，易性癖患者在心理上都对自己原有的性别存在强烈的抵触，不承认自己与生俱来的性别。因此，若依据这一标准判断，所有易性癖患者的性别都应当被认为是与他们先天性别相反的那一种。

我认为，确定变性人的性别既不能完全依赖于生物学的标准，也不能完全依赖于心理学的标准，而应当采取折中的标准。

首先，一个愿意接受变性手术甚至不惜一切代价争取变性手术的人，在主观上对自己先天的性别必然是持否定态度的。所以，若依据心理学的标准，变性人的性别已经转换毫无疑问。

其次，人是自然人，也是社会人。大量的实例表明，易性癖患者内心是极端痛苦和矛盾的，他们十分渴望自己的心理性别能够得到社会的认可和法律的确认。而要为社会和法律所接受，性别的判断标准就不能距离大众的标准太远，如上述心理学上对性别的判断往往难以得到大多数人的承认。按照人们的习惯，对一个人性别的判断主要源于此人的体貌特征，这种判断方法可以看作是大众意义上的生物学标准。一般来说，不经过专业的变性手术，体貌上的性别特征难以改变。

综上，我认为，变性人新的性别在法律上的确认，不仅要考虑他们的心理状态，还必须要求他们在生理上达到一定标准，而达到这种标准的途径就是专业的变性手术。日本议会上院在 2003 年 7 月 2 日通过了一项法案，该法案规定“变性人要改变身份证上的性别，必须经过变性手术”。我认为这一方面赋予了变性人改变性别的权利，另一方面又对此作出了一定的限制，是经过仔细权衡的立法。

本案中，陈某自幼患有易性癖，且接受了专业的变性手术，那么在法律上就应当认可其手术后的性别。公安机关为其重新办理女性身份证是这种法律确认的外在表现。

（二）前婚

基于以上的分析，陈某的性别已不存在争议，但其性别的改变直接带来一个新的问题，即陈某与秦女士的婚姻关系是否仍然存在。下文将对陈某和秦女士的婚姻进行分析。

1. 同性婚姻的法律认定

英国的波·姆·布罗姆莱在其《家庭法》中提出：婚姻是一男一女订立的彼此具有权利义务的一定的法律关系的协议。这个概念得到了世界范围的普遍认可，各国所承认的法律意义上的结婚，又称婚姻的成立或婚姻的缔结，是指男女双方依照法律规定的条件和程序，确立婚姻关系的一种法律行为。

但是，随着同性恋者要求法律承认其婚姻权利的呼声越来越高，有些国家也开始赋予同性恋者婚姻权利。丹麦 1990 年 5 月通过了一项法律，明确规定丹麦国内的同性恋者可以去婚姻注册处注册结婚，享有与异性夫妇同样的法律地位，并且在房屋、税务、继承遗产、分居、离婚等方面享有同等权利。2000 年 12 月，荷兰参议院通过一项法律，允许同性恋者结婚并领养孩子。可见，传统的婚姻观念受到了挑战，婚姻必须是一男一女的结合开始被动摇。

然而，与此同时，反对同性婚姻的声音也是此起彼伏。仅在美国，就有 33 个州通过法律明确禁止同性恋者结婚。这些立法的主要理由是：同性恋不符合人的生物本能，破坏社会的稳定，不利于人类的身心健康，婚姻的基本要素是男女两性等。

就我国而言，我认为，现行《婚姻法》并未对婚姻双方的性别作出明确限制。如《婚姻法》第 5 条“结婚必须男女双方完全自愿”的表述，尽管出现了婚姻双方性别的字眼，但是它的立法本意在于强调婚姻的自愿原则，是针对逼婚、父母包办婚姻等现象的存在而作出的规定。其他出现婚姻双方性别表述的条款，也都无一例外是出于条文表意的需要。

当然，这也并不能说明我国允许同性之间的婚姻。一个合理的解释是，立法者基于当时的社会背景，在制定法律时默认了婚姻双方为一男一女，对其他可能性并没有考虑到。在同性婚姻的问题上，我国的立法存在漏洞。针对这一问题，民政部门在相关解释中指出，同性婚姻在我国还没有得到法律上的承认。

本案中，陈某变性后，婚姻双方由一男一女变成同为女性，于是有人基于“我国不承认同性婚姻”的解释，认为两者之间的婚姻自动归于无效，不再受到法律的保护。但是，我认为这种结论缺乏有力的法律依据，同性之间缔结婚姻与本案中异性婚姻转为同性婚姻的性质不能完全等同。

2. 变性人的社会属性

变性手术是针对性变态中易性癖患者的一种手术治疗方法，是通过整形外科手段切除患者原有男性或女性内外生殖器官，然后再造或移植女性或男性生殖器官来转换患者性别的手术。尽管变性手术不能从根本上改变人与生俱来的性别特征，但是由于法律上的承认，可以认为经过变性手术后，变性人的自然属性已经改变。

人的社会属性，简单说来是指一个人在社会中的角色、身份和地位。变性手术改变了人的自然性别角色，必然会引起社会角色的更迭。现有社会规范，尤其是法律规范，在很多情况下是依循人类两性角色和生理构造所建构的，例如在服兵役、劳动保护、竞技体育等诸多方面，对不同性别的人有不同的规则和要求。变性人的出现必然与现行规范之间发生冲突，带来一系列社会问题，造成伦理与法律的混乱。①

婚姻关系作为一种重要的社会关系和法律关系，与人的自然属性也有着密切联系。变性前已婚的变性人改变性别后，其在婚姻家庭关系中的身份应该怎样确定呢？本文试从以下几个方面来探讨：

（1）家庭：婚姻关系不是简单的男女关系，婚姻成立的动机不只是在于两性生理的需求，还有更复杂的原因。德国社会学家L. 穆勒就将婚姻的动机归为三种：经济、子女和感情。可见对于婚姻双方而言，婚姻关系也是一系列的权利义务关系。诚然，由于性别的改变，变性人对于法律规定的某些义务事实上已经无法继续履行。但是，由义务人事实上不能履行义务推出该义务不存

---

① 参见吴兴人：《纠正上帝的错误："中国变性手术之父"何清濂的非常记忆》，201页以下，上海，上海文艺出版社，2005。

在或者权利义务关系消失显然是不合逻辑的。由于变性人自然属性和社会属性的某种不一致，就更应当将“能不能”与“是不是”两个不同性质的问题区分清楚。

（2）法律：婚姻关系由国家法律调整，是法律对婚姻当事人的约束。婚姻关系是法律所确定的一种对合的身份关系，在婚姻关系中，只要没有解除婚姻的法律事实，这种身份关系就是确定不变的，绝不会出现一方身份存续而另一方身份消失的情况。

（3）社会：作为人类社会中特有的社会现象，婚姻必须为当时的社会所承认，才具有合法性。也就是说，婚姻关系具有一定的公开性，婚姻双方的身份为一定范围内的人所认可。在人们的观念中，对这种关系和身份的认可一旦固定，便不会轻易抹去。

综上，我认为，变性人在婚姻家庭中的角色，在婚姻关系中所体现出的社会属性均没有因为性别这一自然属性的变化而发生根本性的改变。

3.《婚姻法》相关规定的分析

对于婚姻的缔结，《婚姻法》在第二章中作出了明确规定，主要包括缔结婚姻的原则、最低年龄、禁止结婚的情形、婚姻无效的情形等。婚姻关系的解除，法律亦明确规定了三种情形：（1）出现《婚姻法》第10条的情形，认定婚姻无效；（2）出现《婚姻法》第11条的情形，婚姻可撤销；（3）符合《婚姻法》第31条至第34条的，夫妻双方可以离婚。

分两个阶段来分析本案中陈某与秦女士的婚姻：（1）陈某变性以前：由于陈某确以男性的身份与秦女士缔结婚姻，那么该婚姻直到陈某变性以前都是合法有效的，这点不存在疑问。（2）陈某变性以后：这是问题的关键所在。不同于“婚姻因一方变性而解除”的观点，我认为，在法律上，婚姻双方性别须为一男一女只是婚姻缔结的要件，而不是婚姻存续的要件。只要在缔结婚姻时双方凭有效证件证明性别确为一男一女，该婚姻在性别要件上就不存在问题。在婚姻存续期间若未出现法律明确规定的三种情形，婚姻关系不受任何影响。

4. 小结

我认为，秦女士与陈某仍然处于合法有效的婚姻关系中。两者的婚姻关系并没有因为陈某的变性而发生变化，只是婚姻一方主体出现了法律意义上的瑕疵。

（三）后婚

1. 变性人婚姻的法律认定

变性人能否结婚，对于本案的判断具有重要的意义。

1983 年英国 Corbett v. Corbett 一案，是反对变性人结婚的经典案例。在该案中，一个男人娶了一个经过手术后由男性变为女性的变性人，法院判定该婚姻无效。英国的法律认为婚姻的本质在于异性的结合，他们并不承认同性之间的婚姻。审理该案的法官认为，根据生物学上三个要素的判断，变性人从法律的角度看仍然是男性，因此此婚姻在法律上是无效的。然而 2004 年 2 月 10 日，英国上院出台了新的法律，允许那些饱受性取向混乱之苦的人在法律上更改自己的性别，允许变性人获得新的出生证，并以新的性别结婚。

我认为，变性人应当拥有和正常人一样的婚姻权利。

首先，尽管变性人结婚后会出现诸多问题，如无法生育等，但是据国外医学专家的测试表明，大部分经过变性手术改变性别的变性人性功能良好。[①]

其次，变性人作为边缘人群，很难得到社会的理解和接受。在社会上，他们是弱者，承受常人难以想象的生理痛苦和心理压力，如果法律再人为地限制他们作为一个正常人应当享有的权利，无疑会增加他们的痛苦。在一个越来越多元化的社会中，法律应当以包容的态度对待一切对社会无害的人。按照刑事古典学派法律功利主义的原则，法律应当谋求最大多数人的最大幸福。[②] 在对待变性人时，这一原则是合适的。变性人基于自由意愿的婚姻，不会降低别人的幸福感，不会对社会产生负面影响，而是将享有家庭幸福的权利同样也赋予了变性人，这无疑会增加整个社会的幸福程度。从宪法的高度，追求幸福亦是每个人不可剥夺的宪法权利。

对于变性人婚姻的问题，中国法律上没有明文规定。民政部门亦对此作出了解释：在确定结婚双方性别为一男一女后，变性人也可以办理结婚登记手续。对于已经做了变性手术的变性人，婚姻登记机构将以其被公安部门确认的性别为准，只要户口簿和身份证上登记的双方性别为一男一女，就可以办理结婚登记。可见，我国承认变性人的婚姻权利。

2. 小结

通过以上分析可知，变性人婚姻应当并且在事实上也得到了法律的认可。以此为前提，本案中陈某以女性的身份嫁人确实可以认为是法律意义上的结婚行为。

---

① 参见吴兴人：《纠正上帝的错误："中国变性手术之父"何清濂的非常记忆》，359页以下，上海，上海文艺出版社，2005。

② 参见陈兴良：《刑法的启蒙》，92页，北京，法律出版社，2007。

三、本案事实认定与归责

（一）事实判断

基于以上分析，可以对陈某是否构成重婚罪在事实上作出判断。

1. 罪体

从行为上看，陈某在与秦女士的婚姻关系没有依法解除的情况下，又与他人结婚，故符合此构成要件。

从客体上看，“他人”是事实存在的，就是在陈某变性后与其缔结婚姻的人，因此这一要件也符合。

2. 罪责

在案情的表述中提到，秦女士在质问陈某时，他让秦女士不要等他了，说他已经做了变性手术，现已变性嫁人。这个情节足以认定陈某明知这段婚姻的存在，仍然与他人结婚。因此陈某存在主观上的故意。

因此，从事实上看，陈某的行为确实符合重婚罪的构成要件。

（二）价值判断

1. 客观归责

客观归责理论由德国著名刑法学家罗克辛提出，从因果关系理论演化而来。客观归责是在具备行为事实基础上对这种行为实施的要素进行的一种实质判断。具体来说，它以被允许的危险的标准来区分刑事可罚行为与刑事不可罚行为，当行为人超越了被允许的危险制造了不被允许的危险，并且这种危险在具体的结果中体现出来时，则把此结果以过失或故意的不法归责给行为人。

陈某的行为是否制造了不被允许的危险呢？根据重婚罪所侵

害的法益和本文第二部分的一系列分析，我认为，陈某确实制造了一种不被允许的危险。

首先，根据案情的表述，陈某没有对秦女士做任何交代便离开家将近两年，秦女士多方查找均无下落，认为陈某已经失踪。暂不论此后的变性、嫁人等行为，仅这一点已经足以表明陈某的行为对婚姻确实造成的危险。

其次，陈某造成的这种危险是否超越了被允许的范围呢？

（1）从危害的程度看：第一，陈某的不辞而别，使秦女士承担了更多对家庭的责任，而她作为陈某的合法配偶也因此无法享有基于婚姻关系的权利，并可能受到一些社会舆论的压力。第二，陈某的行为，也违反了一夫一妻的婚姻制度。我认为，“一夫一妻”的关键在于时间要件，只要同一个人在同一段时间处于两段婚姻关系中，就是违反了一夫一妻的原则。由于前婚未经法律程序解除，在此期间陈某又与他人结婚，他就同时处于两段婚姻关系中，因此违反了一夫一妻的原则。

（2）从危害的可控性看：陈某的易性癖既然由来已久，做变性手术也必然不是一时起意，他完全可以先与秦女士办理离婚手续，再为上述行为。

因此我认为，陈某造成的危险属于不被允许的危险，法律上应当将其造成的结果归责于陈某。

2. 主观归责

根据规范责任论的观点，主观上有故意或者有过失还不足以归责，在故意或者过失这种心理事实之外，另外还要确定一种主观的归责要素。也就是说，应当把心理事实和归责要素区分开来。

归责要素，主要包括责任能力、违法性认识、期待可能性和刑法上的错误认识，与本案有关的主要是违法性认识和期待可能性两个要素。

（1）违法性认识。在我国《刑法》的语境下，违法性认识可表述为“明知自己的行为会发生危害社会的后果”，违法性认识可看作对社会危害性的认识。本案中，陈某对秦女士表示歉意，可知其认识到这种行为对秦女士造成了一定的伤害。那么这种伤害是否是社会危害性呢？我认为，陈某很清楚，在知晓其与秦女士婚姻关系的社会圈子中，所有人都和秦女士一样并不了解他离开的原因，从这点来说，他的认识符合重婚罪中对主体认识到其行为社会危害性程度的要求。

（2）期待可能性。期待可能性，是指在行为当时的具体情形下，能够期待行为人作出合法行为的可能性。法不强人所难，只有在一个人具有期待可能性，即在能够期待他作出合法行为，但是他没有实施合法行为反而实施了违法行为的情况下，对这个行为人进行谴责。本案特殊之处就在于主体陈某是一个变性人，法律能否期待其作出合法行为呢？诚然，作为易性癖患者，恐惧、矛盾等心理因素客观存在，但是需要明确，他们的意志仍在自己的掌控之中。本案中，陈某在秦女士不发现自己“隐私”的情况下，通过法律程序结束这段婚姻是完全可能的。更何况，出于对其合法配偶秦女士的尊重，陈某也应当对自己的行为作出必要的解释，并争取得到秦女士的理解。因此我认为，法律能够期待陈某作出合法的行为。

综上，我认为主观上应当将责任归于陈某。

（三）结论

综上，基于对犯罪构成要件的事实分析和归责性的价值判断，陈某的重婚罪成立。但是从情节上考虑，由于陈某变性人的身份，其行为不能完全等同于一般的重婚行为，可以酌情减轻或者免除刑事处罚。

四、案例启示

（一）刑法的法律解释

法律解释在刑事司法中将起着重要的作用，任何法律如果不经过解释就无法适用。法律解释是十分复杂的过程，尤其是立法上出现漏洞的时候，如何进行法律解释更令人困惑。我认为，法律解释总的目标应当是使法律与社会现实相适应。

犯罪的本质首先是对法益的侵害或者威胁，其次是对义务的违反。因为刑法并不只是根据行为对法益的侵害结果规定犯罪，刑法根据行为侵害或者威胁的法益不同区分不同的犯罪，或根据主体身份不同区分不同犯罪。对犯罪构成要件的解释必须使符合这种犯罪构成要件的行为确实侵犯了刑法规定该犯罪所要保护的法益，从而使《刑法》设立该条文的目的得以实现。

《刑法》分则所规定的条款，均以特定法益为保护客体。因此，法益可谓所有客观构成要件要素与主观构成要件要素所描述的中心概念。法益应当成为刑法解释之重要工具。

刑法的解释方法包括文理解释和论理解释两种。我认为，当不同的解释方法得出多种结论或者不能得出妥当的结论时，应当以论理解释中的目的解释为最高准则。

（二）刑法学与哲学

哲学在把问题终极化的同时要求人们进行处于思维边缘的一种思考。刑法学与哲学有紧密的联系，历史上很多著名的法学家，亦是伟大的哲学家，例如边沁。而要成为一个优秀的法学家，首先应当成为一个哲学家。

哲学所探讨的终极问题，虽然与刑法学不尽相同，但两者亦有相通之处。伦理学作为哲学的一个分支，对于刑法理论的研究有着极为重大的影响。例如刑事古典学派所坚持谋求最大多数人的最大幸福的原则，就是基于密尔的功利享乐主义思想。

在伦理学这个分支上，哲学的边缘性显得更加明显。什么样的人生才是好的？什么是至善？什么是幸福？这些问题从来没有也永远不会有现成的答案。在很多伟大的文学著作中，均有作者对伦理问题的思考，例如《安娜·卡列尼娜》。人类的最初阶段，伦理学中的问题或许并不那么令人苦恼，但是随着社会的发展，人类就像离开了水的鱼，环境迫使我们不得不思考，因为伦理学已经不仅是哲学的问题，亦是很多学科共同面临的问题，例如克隆人、同性恋。

本案尽管案情简单明了，但在分析的过程中却不可避免地会遇到很多伦理学的问题：怎样生活人生才更美好？什么行为是对的？怎样权衡自我与外界的关系？本文对本案的分析，尽管不能解决所有问题，甚至还会存在漏洞，但是这个过程本身教给我全新的思维方式，亦让我明白，研究刑法学需要掌握天下的知识，拥有天下的胸怀。

【点评】 该文语言通畅，由理论分析、重点问题分析、事实认定与归责以及案例启示四部分组成，在理论分析部分论述了重婚罪的罪体和罪责、重婚罪侵犯了个人和社会双重法益、并引述黑格尔的话来说明重婚罪对于婚姻伦理家庭价值的意义，同时论述了其在维护一夫一妻制上的价值，作出了有益的理论铺垫。然后，在重点问题分析上，作者从生物学和心理学的角度切入，对变性人性别的法律认定进行了有益的探讨。此外，比较引人注意的是，作者全面地对陈某的前婚和后婚进行了分阶段的思考，仔细分析了同性婚姻、家庭、法律以及社会等角度的内容，论述较有条理。紧接着，作者分事实判断和价值判断两个层次，结合陈某重婚一案，系统运用了罪体、罪责、客观归责、主观归责等理论知识在内的犯罪构成理论进行了全方位的分析，得出重婚罪应当成立的结论，较有说服力。尤其值得肯定的是，作者在文末能够注意到刑法之法律解释、刑法学与哲学等理论问题，认识到“法律解释总的目标应当是使法律与社会现实相适应”、“历史上很多著名的法学家，亦是伟大的哲学家”，较为可贵。不过，若该文作者能够重点抓住犯罪构成中的若干问题加以深入分析并提出自己的独特见解应该会收到更好的效果。（蔡桂生）

3. 法律漏洞中潜伏的争议

——丈夫变性后与他人结婚是否构成重婚

施东沂*

一、引言

对于一切事物，尤其是最艰难的事物，人们不应预期播种与收获同时进行，为了使他们逐渐成熟，必须有一个培育的过程。

——培根

在以下行文，我将结合国内外相关法规和学理解释，并比照类似案例，对“婚姻当事人一方变性后与他人结婚是否构成重婚”这一问题进行深入探讨，希望对此问题的解决能有所启发。

二、案例分析

（一）分歧意见

针对如何认定本文所探讨的案例中陈某的行为这一问题，我以问卷的形式，展开了广泛的社会调查（共发出65份问卷，其中

---

* 作者系北京大学法学院2006级本科生。

51份有效)。有效问卷的填写人员的性别、身份和专业性质如下：

1. 性别

性　　别

		频次	百分比	有效频次	累积百分比
有效	男	20	39.2	39.2	39.2
	女	31	60.8	60.8	100.0
	总计	51	100.0	100.0	

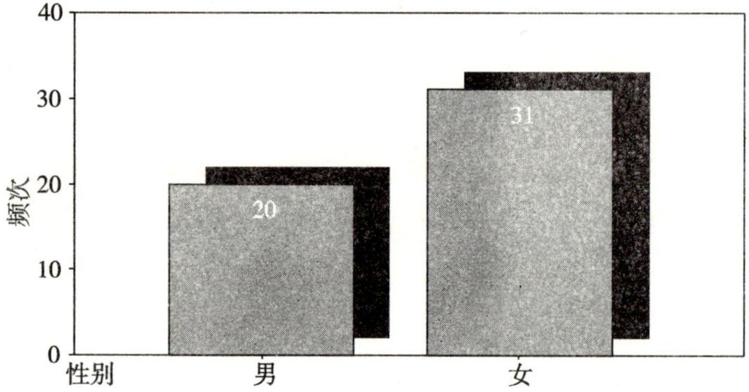

性　　别

2. 身份

身　　份

		频次	百分比	有效频次	累积百分比
有效	北大学生	33	64.7	64.7	64.7
	企业员工	8	15.7	15.7	80.4
	政府官员	6	11.8	11.8	92.2
	教师	1	2.0	2.0	94.1
	其他院校学生	1	2.0	2.0	96.1
	其他	2	3.9	3.9	100.0
	总计	51	100.0	100.0	

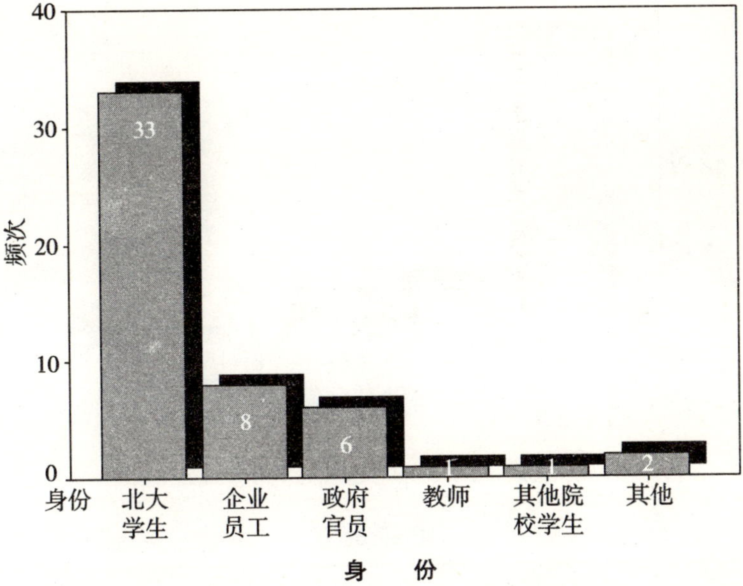

3. 专业性质

专 业 性 质

		频次	百分比	有效频次	累积百分比
有效	文科	34	66.7	66.7	66.7
	理科	7	13.7	13.7	80.4
	工科	5	9.8	9.8	90.2
	医科	1	2.0	2.0	92.2
	其他	4	7.8	7.8	100.0
	总计	51	100.0	100.0	

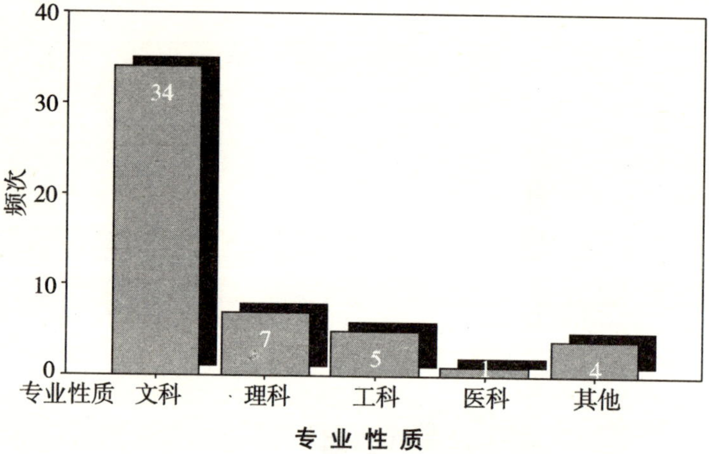

在此基础上，总结如下，有三种不同的观点：

观 点 主 张

观点	构成重婚罪（54.63%）	不构成重婚罪（35.72%）	中立（9.65%）
理由一	违反《婚姻法》和《刑法》	变性导致婚姻关系终止，比照死亡的情况处理，两个婚姻关系并不同时重合	法无明文规定不为罪，法无明文规定不处罚
理由二	违反一夫一妻制度	重婚属自诉案件，取决于当事人是否提起诉讼	
理由三	违背重婚罪立法初衷	应当尊重陈某意志的自由选择	
理由四	符合重婚罪构成要件	不符合重婚罪构成要件	
理由五	违反社会主义道德	陈某为易性癖患者，为了治病并再婚，没有重婚的故意	
理由六	破坏社会秩序	我国还没有认可同性结婚	

（二）相关法规

1.《中华人民共和国婚姻法》

第二条第一款：实行婚姻自由、一夫一妻、男女平等的婚姻制度。

第三条第二款：禁止重婚……

第四条：夫妻应当相互忠实，互相尊重；家庭成员间应当敬老爱幼，互相帮助，维护平等、和睦、文明的婚姻家庭关系。

第五条：结婚必须男女双方完全自愿，不许任何一方对他方加以强迫或任何第三者加以干涉。

第八条：要求结婚的男女双方必须亲自到婚姻登记机关进行结婚登记。符合本法规定的，予以登记，发给结婚证。取得结婚证，即确立夫妻关系。未办理结婚登记的，应当补办登记。

第十条：有下列情形之一的，婚姻无效：

（一）重婚的……

第四十五条：对重婚的，对实施家庭暴力或虐待、遗弃家庭成员构成犯罪的，依法追究刑事责任……

第四十六条：有下列情形之一，导致离婚的，无过错方有权请求损害赔偿：

（一）重婚的……

2.《中华人民共和国刑法》

第二百五十八条：有配偶而重婚的，或者明知他人有配偶而与之结婚的，处二年以下有期徒刑或者拘役。

（三）规范分析

1. 婚姻

（1）结婚

结婚又称婚姻的缔结，是男女双方依照法定的条件和程序确立夫妻关系的一种法律行为。婚姻包括下列不同层次的含义：

第一，婚姻是男女两性的结合，这是婚姻自然层面的要求。目前，尽管有荷兰、丹麦等少数国家通过立法允许同性结婚及享有与异性夫妻相同的法律地位，但绝大多数国家均不承认同性婚姻具有婚姻的效力。

第二，男女两性的结合须为当时的社会制度所认可，这是婚姻社会层面的要求。我国《婚姻法》规定，只有符合法律规定的条件并履行了法律规定的登记程序始得为婚姻，其他的两性结合如未婚同居、婚外同居与婚姻有着本质上的区别，不能受到《婚姻法》的保护。

第三，经由社会制度所认可的两性结合才具有夫妻身份，受到法律保护，这是婚姻法律层面的要求。双方具有夫妻身份，才享有法定的夫妻权利，承担法定的夫妻义务。夫妻间的权利义务关系在大多数国家均为强行性规范，当事人之间不得任意变更、免除。

（2）无效婚姻

无效婚姻，是指欠缺婚姻成立的法定条件而不发生法律效力的男女两性的结合。

我国《婚姻法》规定，实行一夫一妻的婚姻制度。一夫一妻制是一男一女结为夫妻的婚姻制度，任何人只能有一个配偶；一夫一妻制是社会主义婚姻家庭制度的基本原则，是在婚姻关系上实现男女平等的必要条件，也是男女真心相爱、建立美满婚姻的要求；实行一夫一妻制就必须反对重婚。

（3）结婚登记

结婚除必须符合法律规定的实质要件外，还应经过法定程序。根据《婚姻法》的规定，结婚登记是结婚的必经程序。

结婚登记程序大致可分为申请、审查和登记三个环节。其中申请人有下列情形之一的，婚姻登记机关不予登记：1）未到法定结婚年龄；2）非自愿的；3）已有配偶的；4）属于直系血亲或者三代以内旁系血亲的；5）患有医学上认为不应当结婚的疾病的。由此可见，已有配偶又与他人登记结婚的重婚行为理应受到社会的谴责和法律的制裁。

2. 重婚罪

（1）概述

重婚，是指有配偶的人又与他人结婚或以夫妻名义共同生活的行为，或者明知他人有配偶而与之结婚或以夫妻名义共同生活的行为。重婚包括法律上的重婚和事实上的重婚两种情形。法律上的重婚指前婚尚未解除又与他人登记结婚的；事实上的重婚指前婚尚未解除又与他人形成事实婚姻的，根据有关司法解释，有配偶的人与他人以夫妻名义同居生活的，或者明知他人有配偶而与之以夫妻名义同居生活的，仍应按重婚定罪处罚。对于重婚，不仅要确认重婚者的第二个“婚姻”无效，解除其重婚关系，还应当依法追究重婚者的民事责任和刑事责任。

由于重婚违反了我国一夫一妻的婚姻家庭制度，严重违背了社会主义道德风尚，影响家庭稳定和社会安定，因此《婚姻法》明确规定重婚（即指重婚者的第二个婚姻）是无效婚姻。国外许多国家及我国台湾地区的法律对重婚也都是明令禁止的，并规定其为无效婚姻。如瑞士规定，结婚时配偶一方已经有婚姻关系的婚姻无效；俄罗斯规定，双方中有一方已与他人登记结婚的婚姻无效；菲律宾规定，重婚或多配偶的婚姻无效；我国台湾地区规定，违反有配偶者不得重婚或者一人不得同时与二人以上结婚规定的婚姻，为无效婚姻。

（2）犯罪构成

“犯罪构成是犯罪成立条件的总合。犯罪是刑法的基本范畴，而刑法中的犯罪构成又是犯罪的基本内容。"[①] 苏联著名刑法学家A. H. 特拉伊宁在《犯罪构成的一般学说》一书中，提出"犯罪构成是刑事责任的唯一依据。"犯罪构成的意义主要体现在三方面：区分罪与非罪、区分此罪与彼罪和区分轻罪和重罪。

1）罪体

"罪体是犯罪构成的本体要件之一，是刑法规定的犯罪成立所必须具备的客观要件。"[②] 罪体具有三个特征：法定性、客观性和侵害性。

A. 主体

这里的主体指的是行为主体，也就是实施一定构成要件行为的人，即行为人。行为主体不同于犯罪主体，犯罪主体是承担刑事责任的主体，行为主体是实施一定行为的人，但这一行为不见得构成犯罪。行为主体是事实要素，而不是规范要素。根据我国《刑法》的规定，主体分为一般主体和特殊主体。

重婚罪的主体为一般主体，一是有配偶的人，在夫妻关系存续期间又与他人成立婚姻关系；二是没有配偶的人，明知对方有配偶而与之成立婚姻关系，即重婚人和相婚人。

"重婚人"即已有配偶而又与他人建立夫妻关系的人。再行建立的这种夫妻关系，不论在何种情况下以何种方式建立，都是在合法解除其婚姻关系之前建立起来的，实为名副其实的重婚。

"相婚人"即明知他人已有配偶仍与之建立夫妻关系的第三人，作为"相婚人"一方主体，既可以是有配偶者，也可以是无配偶者。即使"相婚人"无配偶，只要其明知对方已有配偶仍与

① 陈兴良：《口授刑法学》，97页，北京，中国人民大学出版社，2007。
② 陈兴良：《口授刑法学》，121页，北京，中国人民大学出版社，2007。

之建立夫妻关系的，也应确定为重婚，而这种行为在刑法上已构成共同犯罪，“相婚人”已成了重婚行为的另一方主体；但如果无配偶者确实不知对方已有配偶而与之成立夫妻关系（如无配偶者受有配偶者的欺骗而与之建立夫妻关系），则无配偶者不构成重婚罪，有配偶者才构成重婚罪。

B. 行为

行为是犯罪构成理论的核心问题。在大陆法系国家的刑法理论当中有一句格言：“无行为即无犯罪”。行为具有三个特征：举止性、自愿性和实行性。行为的表现方式有作为、不作为和持有。

重婚罪在客观方面表现为行为人具有重婚的行为，即有配偶者又与他人结婚，或者明知他人有配偶而与之结婚的行为。“有配偶者又与他人结婚”是指结婚的男女双方中的任何一方，在没有依法解除婚姻关系之前，又与他人结婚的行为，致使两个婚姻关系同时存在，构成重婚。“明知他人有配偶而与之结婚”是指本人虽然没有结婚，但明知对方已婚而与其结婚的行为，与有配偶的人共同形成了第二个婚姻关系，从而构成重婚。

在司法实践中，重婚行为主要有以下几种类型：

第一，与原配偶登记结婚，又与他人登记结婚而重婚，即两个法律婚姻的重婚。

第二，与原配偶登记结婚，与他人没有登记却以夫妻关系同居生活而重婚，此即为先法律婚姻后事实婚姻。

第三，没有配偶，但明知对方有配偶而与之登记结婚或以夫妻关系同居而重婚。

C. 客体

这里的客体是指行为所指向的有形的人或物，相对主体而言。重婚罪侵犯的客体是人，即人的人身权利（主要为配偶权）受到了侵害，我国一夫一妻制的社会主义婚姻关系遭到破坏。根据我国《婚姻法》的规定，可以予以刑事处罚和民事追究，同时对因重婚形成的非法婚姻关系，应宣告予以解除。

D. 结果

行为作用于一定的客体，导致发生一定的结果。结果是和行为、客体相联系的，是客体发生的某种状态，是物理上、精神上的改变。重婚行为破坏了和谐的婚姻家庭关系，侵犯了原配偶的配偶权，毁掉了对方与其厮守终生的愿望，使其精神上受到巨大的打击。

E. 因果关系

因果关系是指行为与结果之间决定和被决定、引起和被引起的关系，是行为与结果之间的客观联系。重婚行为与客体受侵害这一结果之间的联系具有客观性、相对性、特定性和复杂性等特征。

2）罪责

"罪责是相对于罪体而言的，并且是以罪体为逻辑前提的。……罪责是犯罪成立的主观要件。"① 追究一个人的刑事责任，除了罪体，还要求行为人主观上具有一定的可归责性。

A. 心理事实

心理事实是罪责的事实基础，包含故意和过失：

a. 重婚罪在主观方面表现为直接故意。如果没有配偶一方确实不知对方有配偶而与之结婚或以夫妻关系共同生活的，无配偶一方则不构成重婚罪，有配偶一方才构成重婚罪。

b. 主观的附随情状

主观的附随情状，主要包括两种：动机和目的。重婚的动机是多种多样的，有的是喜新厌旧；有的是出于贪图享乐；有的是

---

① 陈兴良：《口授刑法学》，177页，北京，中国人民大学出版社，2007。

封建思想作祟等，但动机不影响本罪的成立。

B. 主观归责

我国《刑法》第17条规定："已满十六周岁的人犯罪，应当负刑事责任。"已满16周岁是完全负刑事责任的年龄阶段。根据《婚姻法》第6条的规定："结婚年龄，男不得早于二十二周岁，女不得早于二十周岁。"重婚罪的主体显然是完全具有刑事责任能力的人。

3）罪量

"罪量是指在具备犯罪本体要件的前提下，表明行为对法益侵害程度的数量要件。……它和罪体、罪责不是并列的，在具有罪体、罪责的基础上，对某些犯罪才需要考虑。"① 关于罪量的判定，我认为对本案之定罪——确定其行为的罪与非罪、此罪与彼罪，意义不大，就不在此讨论了。

（3）法律责任

重婚在我国《婚姻法》第10条中被规定为"婚姻无效"。而婚姻关系无效的法律后果，尽管现今世界各国的法律规定不尽相同，但都离不开对重婚者追究刑事责任和民事赔偿责任这两种惩罚方式：

1）刑事责任

基于重婚行为严重侵犯了无过错方的人身权利，破坏了婚姻家庭关系，具有一定的社会危害性，我国现行《刑法》明确规定重婚为一种应受刑事制裁的侵犯人身权利的犯罪，这与《婚姻法》的规定相衔接。②

---

① 陈兴良：《口授刑法学》，235页，北京，中国人民大学出版社，2007。

② 参见《中华人民共和国婚姻法》（1980年9月10日第五届全国人民代表大会第三次会议通过　根据2001年4月28日第九届全国人民代表大会常务委员会第二十一次会议《关于修改〈中华人民共和国婚姻法〉的决定》修正）第45条："对重婚的，对实施家庭暴力或虐待、遗弃家庭成员构成犯罪的，依法追究刑事责任。"

2）民事赔偿责任

重婚行为是对夫妻忠实义务的违反，严重侵犯无过错方的同居权、贞操保持权等一系列配偶权，因此法律不但应当对重婚者予以刑事惩罚，而且还应当要求重婚者对无过错方承担民事赔偿责任。刑事惩罚重婚者是手段，保护无过错方的婚姻家庭权益才是目的。我国《婚姻法》第46条第1项规定：因重婚的或有配偶者与他人同居的，导致离婚的，无过错方有权请求损害赔偿，此规定对无过错方具有补偿性，对重婚者则具有惩罚性。

（四）对本案行为的认定

上文，我们从法律的角度对婚姻和重婚罪的构成要件进行了深入细致的分析，下面，我们借助上述的规范分析，来探讨文章开头提及的案例。

1. 事实分析

事实分析表

时间	事实	分析
1993年10月20日	结婚	婚姻有效
2002年5月	陈某突然失踪	变性前婚姻仍有效
2002年5月到2004年春节	陈某做了变性手术；到原籍公安机关办理女性身份证；结婚嫁人	变性后至再婚前，原婚姻关系的存废问题有争议
2004年春节	秦女士偶遇陈某，发现陈某自幼患易性癖	陈某行为是否属重婚

2. 争论焦点

变性前的陈某为男性，其与秦女士的婚姻依法成立且有效，两人一起生活了将近十年。如果陈某没有变性，则失踪后在没有办理离婚手续的情况下再婚，必然构成重婚；可如今，陈某已由男性变成女性，原有婚姻关系是否还存在？再婚前的陈某是否是有配偶的一方？此时的陈某是否同时有两个婚姻关系？

原有婚姻关系是否存在，涉及“同性婚姻是否能成立”以及“异性婚姻转变为同性婚姻是否自动取消原有婚姻关系”这两个问题。

(1) 根据我国《婚姻法》的规定，结婚的主体为男女双方。何谓男女双方？根据《现代汉语词典》的解释，男即指“男性，跟‘女’相对”①。女即指“女性（跟‘男’相对）”②。何谓男女两性？根据《现代汉语词典》的解释，男性为“人类两性之一，能在体内产生精细胞”③。女性为“人类两性之一，能在体内产生卵细胞”④。由此可见，我国结婚的主体必须为异性。一夫一妻指的是一男一女，根据《现代汉语词典》的解释，妻即指“妻子”⑤。妻子是指，“男女两人结婚后，女子是男子的妻子”⑥。夫即指“丈夫”⑦。丈夫是指，“男女两人结婚后，男子是女子的丈夫”⑧。

那么，国际上对同性婚姻如何看待呢？目前，荷兰、丹麦等少数国家通过立法允许同性结合且享有与异性夫妻相同的法律地位，但绝大多数国家均不承认同性婚姻具有婚姻的效力。

因此，变性后陈某为女儿身，其与秦女士的原婚姻关系变成

---

① 《现代汉语词典》，5版，979页，北京，商务印书馆，2005。
② 《现代汉语词典》，5版，1008页，北京，商务印书馆，2005。
③ 《现代汉语词典》，5版，979页，北京，商务印书馆，2005。
④ 《现代汉语词典》，5版，1008页，北京，商务印书馆，2005。
⑤ 《现代汉语词典》，5版，1066页，北京，商务印书馆，2005。
⑥ 《现代汉语词典》，5版，1066页，北京，商务印书馆，2005。
⑦ 《现代汉语词典》，5版，415页，北京，商务印书馆，2005。
⑧ 《现代汉语词典》，5版，1718页，北京，商务印书馆，2005。

同性婚姻关系，在我国和其他绝大多数国家都不为法律所承认。

（2）同性不能登记结婚这点毋庸置疑，可异性登记结婚后由于一方变性而使婚姻性质得以改变，在没办理离婚手续的情况下，这是否会自动取消原有婚姻关系？对此争议颇大。

有学者认为行为人变性后自动取消原有婚姻关系：

首先，变性人和其原配偶不具备婚姻的生理基础，同时也不具备婚姻家庭的结构。婚姻关系是男女两性的关系，婚姻家庭的结构也自然地要求异性相互补充，因此夫妻一方变性后不能满足此要求。

其次，依照我国《婚姻法》的基本原理及其立法精神，变性者无须也无权办理离婚手续。我国修订后的《婚姻法》没有规定同性恋者的婚姻问题，但依据我国《婚姻法》第5条“结婚必须男女双方完全自愿”之规定，可以认为我国不承认同性婚姻。

再次，离婚诉讼的提起须以合法夫妻关系的存在为前提，须基于一定的身份关系才可行使。由于一方当事人的变性行为，致使婚姻的合法性丧失，一方当事人已自然丧失配偶身份权，其婚姻关系应视为如同丧偶一样自然解除。

亦有学者认为，变性人虽然人为地改变了其生理特征，但其法律地位不变：

首先，人的性别在其入户时已由公安机关登记注册，不能改变（原登记错误的除外）。人的性别是人的自然属性，是人出生时就具有的生理特征，不能为后天选择。现代医疗技术虽然可以将人的某些生理特征进行改变，但这些变化仅仅是人体局部形态而非根本性的变化。根据我国的户籍管理制度，识别其身份的诸多特征，如姓名、性别、与其他家庭成员的关系等基本情况均在出生后户籍登记时由公安机关强行予以登记注册，非经法定程序不能改变，目前我国尚没有因人为变性而从户籍上变更性别的法律制度。因此，一次改变其性别的医疗手术既不能全面改变该公民的自然属性，也不能变更已登记注册的性别法律属性。

其次，已婚的公民变性，不能自然地改变业已存在的婚姻关系。我国《婚姻法》对结婚、离婚均作出了明确的规定，变性后变性人不能满足原已有婚姻对方的性要求，只是缺少了婚姻关系存在的基础，而不是已有婚姻关系解除的必要条件。夫妻关系存续期间一方变性后，如双方未提出离婚的，这种婚姻关系不会自然解除，双方的权利义务必须自觉遵守，双方与子女之间的关系也不会因变性而改变。此外，从我国《婚姻法》的基本原理和立法精神更推导不出变性人无须也无权办理离婚手续的必然结论。相反，婚姻的解除必须依照法定条件和程序，变性可以成为确定双方感情确已破裂的法定理由，变性方应承担婚姻破裂的过错责任，对方有权请求损害赔偿。

3. 思想结晶

本文认为，根据重婚罪的字面定义，陈某是有配偶的一方，但配偶的隐含意思是异性。值得指出的是，异性婚姻转为同性婚姻和原本就为同性婚姻显然是两个不同的法律事实。正如莱辛所言“同样的行动并不总是具有同样的名，赋予人和行动一个不同于其自身时代和在其自己民族之中习惯具有的名，都是不公正的。”① 虽然都是同性婚姻，但前者当事人一方虽已变性仍存在原有的广泛的社会关系和责任，陈某严重破坏了秦女士的知情权、

① Peter Winch, The Idea of A Social Science and its Relation to Philosophy, Routledge & Kegan Paul, 1958，转引自苏力：《阅读秩序》，81页，济南，山东教育出版社，1999。

配偶权，这难道不是一种侵害吗？二者应当予以区别对待，否则不符合重婚罪的立法初衷，不利于社会的稳定发展和家庭关系的和谐。

虽然我国相关法律对实施变性手术后的社会身份认定和行为价值判断没有明文规定，但是根据现有的法律，可以认定陈某的行为构成重婚罪。“在研究法的发生史的过程中，‘法的目的应当是最后探讨的课题。一件事的起因和它的最终的用途、它的实际应用，以及它的目的顺序的排列都全然不是一回事……在重新解释与正名的过程中，以往的‘意义’和‘目的’就会不可避免地被掩盖，甚至被全部抹掉。”① 因此，具体问题应当具体分析。

首先，婚姻是民法上一种重要的法律行为。婚姻是双方当事人基于对彼此的了解和情感的认同而缔结的两性契约，性质类似于民法上的“合同”。此份合同是双务合同、遵循诚信原则，因而合同依法订立后，当事人双方都要认真履行，只有依照法定的条件和程序方可解除。

其次，根据《婚姻法》第 4 条的规定：“夫妻应当相互忠实，互相尊重；家庭成员间应当敬老爱幼，互相帮助，维护平等、和睦、文明的婚姻家庭关系。”夫妻之间对于家庭的重大事件有相互协商的责任。陈某对于实施变性手术这样影响婚姻关系存废的重大事件，应当告知并征得秦女士的同意，可令人失望的是，本案中陈某并没有履行这项义务。婚姻行为是一种法律行为，其产生、终结都应按法律程序进行，并不因做了变性手术而终止，否则便违反了夫妻之间彼此忠诚的义务，是对配偶权利的不尊重；同时

---

① ［德］尼采著，周红译：《论道德的谱系》，55～56 页，上海，三联书店，1992。

此行为也侵犯了一夫一妻的社会主义婚姻关系。因此，其危害性不亚于一般的重婚行为。

再次，根据我国《刑法》对重婚罪的规定可知，“有配偶”是指男子有妻，女子有夫，并且在夫妻关系存续期间尚未解除的情况下。本案中陈某有法定配偶，这个配偶是与他依法登记成立婚姻关系、一起生活了近十年的秦女士。不少主张无法追究陈某刑事责任的人认为，陈某做变性手术的效果应视为“死亡”，婚姻自动终止。[1] 但是，宣告死亡也须经过一定的程序，死亡的效力须经过当事人的近亲属或利害关系人向法院申请、法院公告、裁定死亡等一系列法定程序后方能达到自然死亡的法律效果。本案中陈某实施变性手术后并没有经过相应的法律程序解除婚姻关系，因而其与秦女士的夫妻共同财产关系、子女抚养关系、夫妻人身关系仍然存在。

最后，我国法律规定离婚采取登记生效方式，以更好地保护双方的权益，因而婚姻关系不会自然终止。民政部《关于婚姻当事人一方变性后如何解除婚姻关系问题的答复》充分说明变性后婚姻解除问题。[2] 即关于变性人的婚姻应当在人民法院或者是婚姻登记机关协议解除或者通过诉讼离婚。

此外，对于有配偶者与他人结婚的理解不应过于狭隘。同样是有配偶者，我们不能说他（她）在变性手术之前有配偶，而在变性手术之后就没有了配偶。这样的说法无疑是荒谬的且不利于

---

① 备注：陈某与秦女士婚姻关系的解除，一般情况下有三种法律规定的方式：一方死亡或宣告死亡，婚姻关系自然终止；双方当事人协议离婚；由法院判决离婚。

② 参见中华人民共和国民政部办公厅：《关于婚姻当事人一方变性后如何解除婚姻关系问题的答复》（民办函［2002］127 号），“原结婚登记合法有效，当事人要求撤销婚姻关系的请求不予支持。”

社会的和谐稳定发展。男女两性的结合主要在于人类繁衍的客观需要，而本案中陈某和秦女士已共同生活了近10年，应该有孩子了，这时如果还强调婚姻一定要男女结合就不具有很大的意义。因此陈某仍然可以和秦女士一起继续生活，维持夫妻关系，共有共同财产，承担对子女的抚养义务。而此时，陈某做了变性手术与他人结婚，显然符合重婚罪的构成要件。

综上，尽管我国相关法律并没有对变性后的婚姻关系作出明文规定，但根据现行《婚姻法》和《刑法》已有的规定和精神，一方变性后的婚姻关系并未消灭，本案中陈某与秦女士的法定婚姻关系并没有因为陈某变性而自动解除。因此本文认为，陈某在原来法定婚姻关系存续期间又与他人结婚，属于“有配偶而与他人结婚”之情形，可以认定为重婚罪。

（五）相似案件

变性人构成重婚罪？[①]

璧山县的刘星在与前夫唐伟离婚后遇见了对“他”情深义重的周莉，两人不顾一切走在了一起。虽然刘星通过周莉与唐伟领取结婚证的方式给了周莉一个“名分”，这个名分是否合法？类似现象在法律上该如何界定？

法学专家谭向北教授说，如果刘星已由“女”变“男”并和周莉同居在一起生下孩子，那么刘星的行为已经让周莉涉嫌重婚罪了，即使刘星在户口页上的性别仍为“女”。周莉和唐伟是领取了结婚证书的合法夫妻，刘星明知周莉有法律上的配偶还和周莉住在一起并生育小孩，形成事实婚姻。而周莉既和唐伟有法律上的夫妻关系，又和刘星有事实上的婚姻关系，也就构成了重婚。

---

① 参见报道：http：//www.xywy.com/news/scrp/20070626/140748.html。

“当然，虽然刘星和周莉都自称孩子是自己所生，但由于没有经过医学鉴定，是否亲生还未定。”谭教授接着说道，刘星与周莉是否生育小孩及刘星是否是真正的男性，这都要等权威医学鉴定机构的鉴定结果出来以后才能下定论，而鉴定结果正是衡量周莉是否构成重婚的主要标准。

谭教授说，刘星与周莉的类似“婚姻”还不能排除另一种可能性，那就是如果刘星在生理上仍然是“女性”，但在心理上是“男性”，那么刘星与周莉就有同性恋之嫌。针对同性恋是否构成重婚，我国的婚姻法、刑法等对此都无明文规定，在法律上还是一块空白。

与本文开头介绍的案例相同的是，璧山县刘星案亦涉及“同性婚姻是否有效”的问题。但不同的是，璧山县刘星案亟待解决的是性别认定问题：当事人变性后的性别如果得到承认的话，则涉及重婚罪；如果没有得到承认才涉及同性婚姻是否成立的问题，若成立则构成重婚罪。

变性人的婚姻登记问题已经引起了更多的关注。2003 年《婚姻登记条例》规定，结婚双方必须是一男一女，变性人只要其做了变性手术并按新的性别重新办理了身份证件后，也可以按更改后的性别办理结婚登记，不受歧视。或许我们该重新审视一下这个特殊的群体以及我们偏颇的看法，明确变性人的合法权利和填补同性婚姻是否有效的法律空白。

三、结语

不难看出，此案折射出相关法律的滞后性。尽管变性手术已逐渐被人们了解和认可，但有关婚姻等方面的法规还没有对这一特定人群作出具体规定；此外，同性是否可以结婚这一问题也亟待解决。

然而，我们对重婚罪“有配偶而与他人结婚”的规定不能作机械的理解。孟德斯鸠曾说：“自由是什么？自由是人们做法律允许做的一切事情的权利。”诚然，每个人都有权选择自我存在的方式，只要选择不妨碍别人的自由。本案中陈某行使自己权利的时候违反其应尽的法律义务，擅自做变性手术而没告知配偶的行为是对秦女士配偶权的严重侵害，导致秦女士以为自己的丈夫失踪了，在多方寻找过程中生活上和精神上都遭受了极大的困扰。陈某的行为不仅破坏了本应幸福美满的家庭，毁掉了一个女人与丈夫厮守终生的美好愿望，同时严重破坏了我国婚姻法规定的一夫一妻制度，不利于社会的稳定，和重婚罪的危害程度是一样的。

综上所述，纵使我国法律在“同性结婚”和“变性后婚姻关系存废问题”的规定上仍是一片空白，但从民事合同的履行义务、婚姻法的基本原则、重婚罪的立法初衷以及相关法规等方面来分析，我认为陈某的行为可以认定为重婚罪，但应根据具体情况酌情处理。

“没有无义务的权利，也没有无权利的义务。”当一个人行使自己权利的时候，切莫忘记自己应当履行的社会义务。

【点评】 SPSS（Statistical Package for Social Sciences，社会科学软件统计包）是近几年在法律实证研究中兴起的一种应用软件，其一般在法学研究生阶段被推广学习，白建军教授是刑法实证研究的重要领军人物，引领产生了一批重要的刑法学术成果，得到刑法学界的好评。该文作者想必是通过学习白建军教授的犯罪学课程从而掌握了该种统计方法，并运用到刑法分论的学习中来，正是“同在屋檐下”的犯罪学和刑法学的一次联姻。作者通过社会调查（问卷调查）的方式和SPSS的频次分析方法展现了陈某重婚案的争议性质，虽然在研究的具体展开上略显稚嫩，但是其勇于尝试和开拓是非常值得肯定的，从而避免了在判定是否重婚的问题上的“一刀切”的局限和片面，这是本文与其他作品的显著区别点。进一步地，作者还对婚姻、重婚罪等词进行了语义和刑法上的规范化分析，是为合理。最后，作者针对本案具体情况以及相近的案例进行了系统的分析，得出了陈某的行为构成重婚罪的结论。文章整体思路较为清晰，善于运用图表的方式将问题阐释清楚，不足之处是行文略显拖沓。此外，作者在进行社会调查时若注意样本的选取或者对样本的选取做一合理化说明则更佳。（蔡桂生）

4. 圣殿背后的怪力角逐
——变性婚姻引发的法律博弈

袁 嘉*

一、引言

家庭是社会的基本组成单位，而一个家庭的构成是以婚姻为前提和基础的。婚姻的成立、存续及破裂对家庭的稳定与发展起着决定性的作用。也就是说，维持正常合理的婚姻家庭秩序，是保证社会稳定的基本前提。因此，国家为维护婚姻家庭关系的稳定性，对严重危害婚姻家庭稳定的行为甚至采取了刑事制裁的方式。

随着社会的不断发展和人类思想的不断解放，变性人已经成为社会生活中不容忽视的团体，其社会属性的特殊性更是使之成为社会的聚焦点。他们在冲击着主流社会传统的价值观的同时，也因为其在婚姻家庭中显现出的各种问题而引发了法律界的争论。这使我们不得不去窥探，在婚姻圣殿背后，由"变性"这一怪力到底会引发出何种法律博弈……

---

* 作者系北京大学法学院2006级本科生。

二、相关理论概述

（一）一夫一妻制度概述

根据我国《婚姻法》的规定，我国调整婚姻家庭关系的第二项基本原则为实行一夫一妻制，禁止重婚及其他破坏一夫一妻制的行为。

一夫一妻制又称单偶制，是指一男一女互为配偶的婚姻形式。一夫一妻制是我国的基本婚姻制度。①

实行一夫一妻制不仅符合中国传统的文化历史观及道德原则，同时也具有保障公民建立婚姻家庭生活、符合婚姻本质、更好履行婚姻家庭义务、实现男女平等、保护妇女和子女的合法权益等社会效益，从而使一夫一妻制具有其存在的合理性，对于维护家庭及社会的稳定性起着重要的作用。

（二）重婚罪概述②

1. 重婚罪的定义

根据我国《刑法》第258条规定："有配偶而重婚的，或者明知他人有配偶而与之结婚的，处二年以下有期徒刑或者拘役。"随着社会生活与实践的发展，我国最高人民法院对于重婚罪的定义多次进行了司法解释。1994年最高人民法院作出的司法解释为："有配偶的人和他人以夫妻名义同居生活的，或者明知他人有配偶而与之以夫妻名义同居生活的，仍应按重婚罪定罪处罚。"其与通

---

① 参见杨大文主编：《婚姻家庭法》，北京，中国人民大学出版社，2006。

② 参见高铭暄、马克昌主编：《刑法学》，北京，北京大学出版社、高等教育出版社，2000。

奸、姘居概念等都有明显的区别。

2. 重婚罪的犯罪构成要件

(1) 犯罪主体

重婚罪的犯罪主体包括重婚人和相婚人两个部分。重婚人，是指已有配偶再与他人建立夫妻关系的人。相婚人，是指明知他人已有配偶仍与之建立夫妻关系的第三人。在对“相婚人”的定义中，主要强调的是其对重婚人已有配偶的事实的明知，而不用考虑相婚人本身是否另外存在配偶。

(2) 犯罪的主观方面

重婚罪要求行为人在犯罪的主观方面为直接故意，即重婚人明知或有理由知道本人的婚姻关系尚未合法解除，相婚人明知或有理由知道对方有配偶，而双方在主观上希望建立稳定的夫妻关系。

(3) 犯罪客体

我国《婚姻法》总则第2条规定我国“实行婚姻自由、一夫一妻、男女平等的婚姻制度”，重婚罪破坏了我国“一夫一妻”的基本婚姻制度，其犯罪客体即为一夫一妻的婚姻关系。

(4) 犯罪的客观方面

重婚罪在犯罪的客观方面表现在行为人有重婚行为，即有配偶又与他人结婚或明知他人有配偶而与之结婚。具体来说可以分为以下四个方面：

1) 重婚罪是行为违法犯罪。犯罪主体以夫妻关系共同生活，再行建立夫妻关系的行为违反了我国《婚姻法》“禁止重婚”的规定。

2) 重婚罪的发生必须在婚姻关系存续期间内，即犯罪主体中至少有一方已经存在合法的婚姻关系。

3）损害了配偶身份的纯洁性和贞操的专一性，即有侵犯配偶共同身份利益的损害事实。

4）重婚行为与损害事实之间存在因果联系。

3. 重婚罪的法律责任

我国《婚姻法》第 10 条规定，重婚的“婚姻无效”。由于重婚罪严重侵犯了无过错方的人身权利，破坏了婚姻家庭安全，进而影响了整个社会秩序的和谐稳定，对于重婚罪的犯罪主体，一般都会追究其刑事责任并须承担相应的民事赔偿责任。

三、案例分析

（一）案情分析

对案件进行解剖，可以得出三个基本点：陈某一直未明确地与秦女士解除婚姻关系；陈某变性后向原籍公安机关重新办理了女性身份证明；陈某以新的女性身份证明与他人结婚。

有人认为，目前法律对于这种情况并未作出相应的规定。由于其正好处于法律的真空地带，根据法无明文规定不为罪的基本原则，可以直接认定陈某的行为并不构成重婚罪。但是，这种观点对法律的适用太过生硬，将会导致不断涌现的新的社会关系缺乏法律的调整，忽视了对法律应有的解释和扩张。因此，对本案例的认定需根据现有的法律原则与立法精神、立法目的进行逐步分析。

从重婚罪犯罪构成要件来看，本案中陈某能否被认定为犯重婚罪主要是在犯罪的客观方面存在较大的争议。一旦确认了犯罪的客观方面，则其他的犯罪构成要件也将相应地得到确认。

如前所述，重婚罪在犯罪的客观方面表现在行为人有重婚行为，即有配偶又与他人结婚或明知他人有配偶而与之结婚。在本案中，犯罪的客观方面可以具体地分解为两点：重婚人有配偶；重婚人与相婚人建立了新的婚姻关系。

1. 重婚人有配偶

重婚人有配偶是认定重婚罪的前提条件。也就是说，重婚罪要求重婚人已经存在合法的婚姻关系，是处在婚姻关系存续期间内。

（1）理论分析

1）从现有的法律原则与立法精神来看，婚姻一方当事人在变性后原有的婚姻应该归于无效。变性人原有婚姻无效的合法性在于：

第一，违背了一夫一妻制度。

如前所述，一夫一妻制度是我国的基本婚姻制度，其存在具有其固有的合法性。其基本内涵即要求建立一男一女互为配偶的婚姻模式。

从一夫一妻制度的基本内涵中可以看到，我国法律所认同的婚姻模式必须为异性婚姻，即我国法律并未赋予同性婚姻以合法性地位。变性人改变性别的行为，使其原有的婚姻关系由异性婚姻转变为同性婚姻。由于我国不承认同性结婚，因此原有的婚姻关系应该归于无效。

从一夫一妻制度的基本内涵中还可以推导出，我国现有的婚姻模式下，一个人只能具有一个婚姻身份，即只能在丈夫或妻子这两者中择其一，否则双重身份的存在将使得变性人的社会身份混乱不清，无法划分其应享有的权利和应承担的义务。而变性人再次结婚后，其将拥有双重的婚姻身份，同时既为人妻又为人夫，从而违背了一夫一妻制度。

第二，不具备婚姻的生理基础。

我国《婚姻法》第5条规定："结婚必须男女双方完全自愿"；《婚姻登记条例》第4条规定："内地居民结婚，男女双方应当共同到一方当事人常住户口所在地的婚姻登记机关办理结婚登记"；一夫一妻制度以一男一女的婚姻模式为基本内涵。以上规定都表明我国婚姻关系是男女两性的关系，婚姻的实质基础是两性的结合，因此婚姻的生理基础在于当事人双方为异性。这不仅在现行立法中有明确的规定，也是我国基于历史渊源、文化传统、公序良俗等历史人文环境的必然产物。而在夫妻一方变性后则不再具备婚姻所需的生理基础。

第三，违反了夫妻之间的权利义务关系。

婚姻所包含的权利义务关系主要表现为双方所享有的配偶身份权。其包括被婚姻关系强化了的人格权、以配偶身份为前提而产生的夫妻财产关系以及配偶权。其中，配偶权是指夫妻双方因其为对方的配偶而享有的身份权利，它是婚姻追求两性的永久共同生活的根本体现。在一夫一妻制度下，婚姻关系最基本的外化形式即为婚姻双方互以对方配偶的名义生活。因此，婚姻双方互以对方配偶的名义生活即成为了配偶权最本质的内容。由于我国无论是在法律上还是社会舆论上都不承认同性婚姻，一旦婚姻中一方变性，则对方不能再以变性人配偶的身份存在，从而使对方的配偶权受到损害。

同时，《婚姻法》第4条规定："夫妻应当互相忠实，互相尊重。"夫妻中一方变性是关系家庭存续的重大事件，而其中一方自主决定进行变性，未对对方进行告知与商议，不仅是对配偶的不尊重，更是违反了夫妻之间互相忠实的义务。

2）变性人原有婚姻并非自动自始无效，而需要原有婚姻当事人提出申请，由相关行政部门正式确认才能使原有的婚姻关系归于消灭。在相关行政部门正式确认前，其原有婚姻有效，具有法律约束力。

由于无效婚姻已经在国家民政部门进行登记并领取了结婚证书，因此在无效婚姻被宣告无效之前不能轻易地否定其效力。相反，为了保障现有的婚姻家庭关系的稳定性，在无效婚姻被宣告无效之前，该婚姻具有合法性和恒定的法律效力、享有因缔结婚姻而被法律所赋予的一切权利义务关系，并受到法律的保护。也就是说，无效婚姻在被宣告无效之前具有法律约束力。

婚姻关系的建立与终止都是重要的民事行为，其对于家庭及整个社会的稳定都将产生深远的影响。正是因为婚姻关系对当事人双方及整个社会的重要性，使得婚姻关系的建立与终止都必须严格依照法定条件和程序进行。认定婚姻无效则意味着婚姻的终止，由夫妻双方中一人变性而导致的婚姻无效问题，不能仅凭变性事实的存在就直接推定双方已有的婚姻关系无效终止，而必须履行相关的法律程序才能使已有的婚姻关系归于消灭。

有人认为，对于变性后婚姻的终止可以参照婚姻解除条件中的死亡来办理。其理论在于在夫妻一方变性后，已经缺失了婚姻存在的法律与生理基础，由于我国不承认同性婚姻，其婚姻关系自然终止。即可把变性类比为宣告死亡，无须再履行特定的离婚程序，变性的事实就可发生与自然死亡同等的解除婚姻关系的效力。但是，这种观点忽视了原配偶的利益，认为可以在原配偶毫不知情的情况下就把婚姻关系归于消灭，这是有失社会公平的，损害了原配偶的利益。因此，对于婚姻关系的终止必须要履行特定的法律程序，不能简单地视为自然终止。

对此，我国民政部在征求最高人民法院意见后也明确指出：

变性人的结婚登记合法有效，解除婚姻关系参照协议离婚处理。[①]据此我们可以推定，夫妻中一方变性后要使原有婚姻关系终止在程序上应类似于协议离婚，即向婚姻登记机关作出终止婚姻关系的申请，并由该机关最终作出婚姻关系终止的行政确认。而行政确认的作出则标志着原有婚姻关系的正式覆灭。

(2) 案情解析

根据前述案情分析，陈某已经进行了变性手术，并且还在原籍公安机关重新办理了女性身份证明，这使其与秦女士的婚姻成为无效婚姻。但是，由于陈某一直未明确地与秦女士解除婚姻关系，也就是说，在陈某变性后并未向婚姻登记机关提出终止婚姻关系的申请，更无婚姻登记机关作出的婚姻关系终止的行政确认，所以，陈某与秦女士的婚姻并未终止，仍然具有法律约束力。

因此，陈某在与秦女士的婚姻关系存续期间又以女性的身份与他人结婚，满足了重婚罪要求重婚人有配偶的前提条件。

2. 重婚人与相婚人建立新的婚姻关系

由于我国的法律在变性的相关领域都处于空白状态，因此对于变性人的社会属性一直缺乏认定的标准，导致目前我国变性人的社会身份混乱。如前所述，我国法律只承认异性婚姻。因此，变性人要想与他人（变性人变性前的同性）结婚，则必须使自己的性别改变得到认定。

(1) 变性人社会属性的认定

人具有社会性，每个人都处于错综复杂的社会关系的交织点。一个人社会属性的变化将会牵动各种社会关系发生相应的变化。

---

① 参见李敬欣：《变性人性别怎么写性别变更手续有具体规定》，载天涯法律网。

因此，社会属性的变化对于社会的稳定有着重要的影响。那么，一个人在变性后是否会改变其原有的社会属性呢？我认为，变性人变性后其自然属性当然地发生了变化，而这种自然属性的变化也导致了其社会属性部分发生变化。

由于变性人的性别已经发生了根本的转变，这导致变性人在涉及性别的有关社会关系领域也应该随之发生改变。如由男性变性为女性后应该享有相应的妇女权益、变性人原有婚姻为无效婚姻等。但不可忽视的是，变性并不等同于死亡，变性人除了在性别方面发生改变外，其他方面仍然基本保持原来的状态。也就是说，变性不能像死亡一样导致公民全部的社会关系或灭失（如工作关系）或转移变化（如其债务将转移到继承人身上），而仅仅是在涉及性别的社会关系中有所变动，而其他方面保持不变（如原有的工作关系、债权债务等）。

同时我们还应该看到，变性即使只是改变了涉及性别领域的一系列社会关系，但是，这种改变也不能仅凭变性的事实而当然地发生。为了保证社会秩序的稳定，国家创设了一系列法律制度对公民的社会属性加以确认，使公民不能随意变动自身的社会属性。其中最重要的为户籍登记制度。户籍登记制度要求人在出生后则要把有关的姓名、性别、基本的家庭成员关系等基本情况加以登记，对这些信息的修改必须要经由特定的法律程序。因此，变性人必须通过特定的法律程序改变原有的户籍身份，才能使变化后的社会属性得到法律确认。

河南省公安厅和卫生厅日前已就变性人性别项目的变更手续的办理问题作出具体规定：公民实施变性手术后，申请变更户口登记性别项目的，须出具地市（含外省）级以上医院为其成功实施变性手术的证明，经县、市公安机关审核后，公安派出所为其办理性别项目变更手续；凡是在国外或国内县级（含外省）以下医院实施变性手术的，须经各省辖市卫生行政部门指定的医院出具性别认定证明，经县、市公安机关审核后，公安派出所为其办理性别项目变更手续。派出所为其办理变更性别手续后，重新为其编制身份证号码。①

但是，我国对变性人社会身份的重新认定还没有统一的法律进行规制，对此问题的立法可以参照河南省的上述规定进行。

（2）案情解析

根据上述讨论，只要变性后的社会身份经过法定程序得到相关部门的重新认定，则其社会身份的改变就得到法律的认可。

在本案中，陈某在进行变性手术后向原籍公安机关重新办理女性身份证明，符合社会身份改变的要求。从法律角度讲，陈某的性别为女性。因此，陈某与他人（男性）结婚为异性婚姻，不能以同性婚姻为由使之归于无效，并由此进一步认为陈某未犯重婚罪。

3. 案情整体分析

（1）符合重婚罪犯罪客观方面的要求

根据重婚罪的有关理论，其犯罪的客观方面具体可分为四个部分，即行为违法犯罪、发生在婚姻关系存续期间内、有侵犯配偶共同身份利益的损害事实、重婚行为与损害事实之间存在因果关系。

根据上述分析可知：陈某有与他人再行建立夫妻关系的行为，违反了我国《婚姻法》“禁止重婚”的规定；陈某与秦女士的婚姻关系还未解除，具有法律约束力；陈某与他人结婚的行为损害了

---

① 参见李薇薇、翟伟：《民政部：变性人的结婚登记合法有效》，载中国法院网。

秦女士的配偶权；秦女士配偶权的损害是由陈某与他人结婚的行为导致的。

(2) 符合重婚罪的其他三个要件

陈某明知自己与秦女士的婚姻关系尚未合法解除而在已有配偶的情况下又与他人建立夫妻关系，是重婚人，且在主观方面具有直接故意。而陈某与他人结婚的行为破坏了“一夫一妻”的夫妻关系这一重婚罪犯罪客体。

(二) 结果认定

根据以上分析，可知陈某在与秦女士婚姻存续期间又与他人结婚，符合重婚罪的各个犯罪构成要件，构成了重婚罪。

四、案件反思

(一) 我国立法的滞后性及部分法学理论的落后性

通过本案的探讨我们可以看出，我国法律在变性的相关领域仍然处于空白状态。但是，随着变性人数量的增多以及由于其身份的特殊性而引起的众多舆论关注，使变性人已经成为社会生活中不可忽视的群体。众多由变性引发的法律纠纷都呼吁国家对于变性须满足的条件、变性后社会身份和家庭关系的改变等问题作出明确的法律规定。而对于变性问题的立法空白也只是我国立法滞后问题的一角，如何真正解决当下我国诸多领域存在的立法滞后仍然是我国政府与法学家所面临的难题。

同时我们还应该看到我国《婚姻法》的部分理念与原则的落后性。经济发展带来的思想的巨大解放，使得我国的同性恋问题从最初的压抑状态逐渐凸显出来。同性恋并非异类，社会没有理由因为其性向的选择与传统主流观点不同就剥夺其应享有的缔结婚姻的权利。从社会公平正义的角度出发，同性恋的爱情也应该受到圣殿的祝福，得到国家法律的认可与保障。同性婚姻应该得到异性婚姻一样的法律待遇。而在此，如果我们承认了同性婚姻的存在，本案的很多争议点也将随之解决。

（二）建立多元化的社会价值观

本案中涉及变性人、同性婚姻等备受道德争议的问题。但是，一个社会应该承认与尊重多元价值观的存在，不能以社会主流的价值观强加到所有人身上。要在法治的整体框架内，理性、宽容、平等地对待这类问题，充分保障这类群体的各项权利。

（三）回归主题：把变性问题纳入法治体制

针对本案出现的众多争议，在如何解决类似问题上有以下三个建议：

1. 用“单偶制”取代“一夫一妻制度”

这里所指的单偶制不是一夫一妻制的同义词，而是指仅仅强调公民只能有一个配偶。也就是说，从法律上承认同性婚姻的合法地位。单偶制不仅保留了一夫一妻制在稳定家庭结构与秩序、更好履行婚姻家庭义务、保护配偶及子女的合法权益等方面所具有的社会效益，同时因其认同同性婚姻而对于实现社会公平、保障同性恋、变性人的权利、完善法律体制等有积极意义。

同时，与婚姻的基本制度相适应，形如“结婚必须男女双方完全自愿”、“居民结婚，男女双方应当到婚姻登记机关办理结婚登记”等语句也应相应地进行调整，去掉“男女”二字。

2. 对变性的相关领域作出具体的法律规范

（1）从法律上明确规定公民变性所须满足的条件，如变性手术只能在公民年满 18 周岁后才能进行、变性行为必须出于公民自愿等，防止出现被逼迫、盲目变性等情形。

(2) 在有关医疗法规中，对变性手术所需要的医疗设备、医院级别与类型、手术风险承担等作出相应的规定。

(3) 对公民变性后社会身份的确定作出统一的法律规定，可参照河南省的相关规定进行。在社会身份得到法律的重新认定后，则拥有新的社会身份所对应的权利义务关系。

3. 根据符合社会公平正义、符合社会发展需要的标准进行法律适用

法律具有相对的稳定性，为保证法律能够满足不断发展变化的社会实践需求，法律制度本身有很多模糊之处。如在重婚罪的定义及其有关的司法解释中，对其中“结婚”的概念都只是一个笼统的概念。对这些法律条文不能机械地适用，而应该以符合社会公平正义、符合社会发展需要的标准来相应地变通适用。

通过以上三点的改变，则变性的有关问题将有相关的法律进行规制，而变性人的重婚问题也被纳入了整个《刑法》分则的体系当中。当然，由于这些改变在一定程度上与我国的传统主流道德价值观相冲突，这些争议的真正解决仍将面临漫长的考验。

【点评】 虽然我国传统的耦合式犯罪构成四要件理论（犯罪主体、犯罪客体、犯罪主观方面、犯罪客观方面）目前正遭受着学界强烈的质疑，而且其确实存在所被批判的种种弊端，但是其在解决大部分案件的结论上与递进式犯罪构成理论的案件结论并无多大区别，该文正是运用我国传统的犯罪构成四要件理论，对案例中陈某的行为作了细致的分析的一个样本，作者通过归结为“重婚人有配偶”、“重婚人与相婚人建立了新的婚姻关系”这样两个犯罪的客观方面的关键点推出了重婚罪的成立，抓住了重点，在论述上较为合乎我国《刑法》通常的认识。这无疑能促使我们在主张否定或改造

传统犯罪构成四要件理论的时候更加谨慎行事。该文在文末还超出案例进行了一些有新意的探讨，提出了若干建言，比如“用‘单偶制’取代‘一夫一妻制度’”、“对变性的相关领域作出具体的法律规范”、“根据符合社会公平正义、符合社会发展需要的标准进行法律适用”等，虽然可能有争议，但还是加强了文章完整性。不过，作者若能在运用耦合式犯罪构成理论进行研究的同时说明采取这种理论的合理性和可行性，也许会在论述结构上更为完善，这也是我们所希望看到的学术建树。(蔡桂生)

5. 已婚者变性后再婚行为之定性研究
——从一则案例谈起

李 晶*

变性手术指的是对易性癖患者进行的一系列男性变女性或女性变男性的医学整形外科手术。据报道，目前我国大约有已有一千余人进行了变性手术。随着变性人的增加，变性引起的特定主体纠纷越来越多。由于我国现行法律对变性人的身份、婚姻等缺乏明确规定，给解决这些纠纷带来一些困难，这里的案例即是一个典型。下面，本文通过对案例的分析，对变性人婚姻方面涉及的法律问题略作一点探讨。

一、争议焦点

在本案中，对于陈某的行为能否构成重婚罪，存在着大致两种不同的意见：

第一种意见认为，秦女士的丈夫虽系变性之后重新缔结婚姻，但其以前的婚姻关系必须依法律程序宣告解除，即其必须与秦女士办理离婚手续。其未履行这一法定程序，从理论上说已构成重

---

* 作者系北京大学法学院 2006 级本科生。

婚罪。陈某虽已变性，但法律身份仍然未变，前一次的婚姻关系仍然是有效的，因此构成了重婚罪。

第二种意见认为，陈某不构成重婚罪。这种意见又可以分为两种理由。第一种理由是陈某变性并重新办理性别证明后在法律上是女性，而我国目前不承认同性婚姻，故其与秦女士的婚姻关系自然失效。第二种理由是陈某虽做了变性手术，但法律并没有承认变性的合法性，故仍认为他是男性，第二次婚姻不可能形成。

二、理论探讨

本案涉及的问题较为复杂，包括变性手术以后的身份的认定问题、重婚罪的法律解释问题等。下面，我们分四个步骤来进行理论上的探讨。

（一）变性手术以后的身份的认定

首先我们略看一下对于变性手术合法性的观点。对于这个问题，世界各国的法律规定存在较大的差异。在比利时、加拿大、英国、瑞典等国家，如果全面的医疗评价表明该外科手术具有积极的治疗意义，并且手术被认真适当地实施，就被认为是合法的。而在阿根廷、西班牙等国家，法律一律禁止变性手术。① 迄今为止，我国法律对于变性手术既无许可也无禁止的明文规定，但到目前为止并没有医生因实施变性手术而被控告或被定罪，故一般认为，我国默认变性手术的合法性。从医学角度看，要求变性的人患有性心理障碍即“易性癖”，其内心是复杂而痛苦的，法律应当尊重和保护患者的自主选择权，允许其按照自己的意愿而生活。

---

① 参见杨平、刘庆辉：《变性手术法律问题研究》，载《河北法学》，2007 (2)。

满足变性人的变性请求，在一定程度上减轻其精神压力，有利于维护患者的合法权益，也是对人权的保护。①

那么，患者接受手术后到底能不能或该不该改变性别证明呢？变更性别证明的依据是什么？性别的判断在医学上有不同标准，即染色体性别（又称遗传性别）、生理性别（又称解剖学性别）、心理性别等。正常情况下，染色体性别与生理性别相一致，临床上，新生婴儿的性别首先也是根据外生殖器官的特征来判断，在体表特征不明显时，再根据内生殖器官来判断，只有在极特殊情况下才进行染色体性别的测定，而根本不考虑心理性别。

从我国现有的法律规定看，每个公民的性别证明均源于出生医学证明，出生医学证明上的性别是接诊医师根据其生理性别作出的确认，这是每个公民最原始的性别记载，也是其他所有证件上性别记载的渊源，如果没有特殊情况，该性别证明是终身不得更改的。由此可见，法律上承认的是生理性别。

既然我国法律承认的是生理性别，是以解剖学性别划分男女的，那么，只要手术使患者发生了器质性的变化，就应当承认其性别发生了变更。以生理性别作为易性手术成功和术后性别证明改变的依据具有科学性和可操作性。首先，变性手术改变的是易性癖患者的生理性别，其染色体性别是无法改变的，就现有的医学技术看，变性手术无法使患者成为真正意义上的男性或女性，如果以其他而不以生理性别为标准，则难以确认变性手术是否成功。其次，既然法律上是以生理性别划分男女性别的，那么，变性手术后也应该以生理性别来确定其性别，以保持法律规定的统一，不至于造成社会上性别划分的混乱。

① 参见高建伟：《变性人法律问题初探》，载《中国卫生法制》，2005（5）。

那么，变性之后的人，其法律身份是否仍是同一个人呢？本文对此持肯定的态度。从民事权利能力（即法律人格）的角度看，自然人的民事权利能力始于出生，终于死亡，不因其他任何原因而改变，这里的“其他任何原因”理应包括性别的变更。随着医学的进步，“性别”不再是一个人终身不变的身份要素，而与年龄、身高等可以变更的要素相类似。因此，自然人通过手术改变生理性别以后，其法律人格并未发生任何变动，除必须涉及性别的特定法律关系以外，一般法律关系（如合同等）效力不变。

因此，我们可以首先排除第二种观点中的第二种理由。也就是说，陈某经变性手术并登记之后，在法律上已由男性变为女性，有可能以女性的身份与后来的“丈夫”结婚。

（二）配偶一方变性后原婚姻关系的定性

当异性婚姻的夫妇一方在婚姻存续期间进行变性，结果就是夫妇两人在法律上同是男性或女性。就这种婚姻状况，如何作出法律上的评价？上文已经说过，我国现行法律及行政法规并未禁止婚后变性手术，司法实践中承认的是变性人的解剖学性别，但与此同时，我国《婚姻法》仍然明确规定婚姻须是男女两性的结合。因此，类似本案中的状况，就遭遇了合法的异性婚姻与非法的“同性”婚姻并存的尴尬境地。这种情况下，婚姻的效力应如何看待？下面我们讨论我国《婚姻法》中规定的婚姻效力的几种形式以及一些学者的观点，从而确定应归为哪一种情况。

1. “合法有效”之疑

2002年，民政部办公厅印发了《关于婚姻当事人一方变性后如何解除婚姻关系问题的答复》（民办函［2002］127号，以下简称《答复》）。《答复》指出：“当事人在办理结婚登记手续时符合结婚的实质要件和形式要件，结婚登记合法有效，当事人要求登记机关撤销婚姻关系的请求不应支持。如果双方对财产问题没有争议，登记机关可以参照协议离婚处理，离婚效力自婚姻关系解除之日起算，双方因财产分割发生争议起诉至人民法院的，人民法院在解除当事人婚姻关系的同时一并解决财产问题。”

我认为，上述《答复》内容有悖于法理，亦与婚姻关系的本质不符。我国《婚姻法》第 31 条明确规定：“男女双方自愿离婚的，准予离婚”。《婚姻登记条例》第 10 条规定：“内地居民自愿离婚的，男女双方应当共同到一方当事人常住户口所在地的婚姻登记机关办理离婚登记。”离婚的前提条件是存在合法有效的婚姻关系。根据上述法律规定，即能推断出离婚的当事人必须是不同性别。换言之，法律关于离婚主体的规定是指“男女双方”，而不是“男男双方”或“女女双方”，两个男人或两个女人是不能提出离婚的。

从根本上来说，婚姻的主体要素是男女两性，婚姻关系是男女两性的关系，婚姻的结构也自然地要求异性相互补充，因婚姻而组成的家庭的存在也应以异性婚姻为前提。不管是婚姻关系的建立还是婚姻关系的解除，都只能是发生在异性之间，这为世界上绝大多数国家所肯定。虽然目前少数西方国家如荷兰、比利时、加拿大、挪威及美国的部分州相继立法承认了同性婚姻，其他欧洲国家如法国、意大利和西班牙的某些地区也陆续出台了与同性婚姻有相似意义的家庭伴侣法，但是我国社会公德尚未完全认可同性婚姻，现行立法也只承认异性结合的婚姻形式。如果变性人与配偶的婚姻关系参照离婚办理，就等于变相承认同性婚姻，造成同性离婚的结果，如此则会与我国现行法律相矛盾，陷入一种法理上和伦理上的困惑和尴尬：一方面，我们不承认同性婚姻；另一方面，又要让他们按离婚程序解除婚姻关系。还有一个尴尬的问题是：有配偶者变性后，如果双方都不愿意解除婚姻关系，能否强制他们解除呢？在现代的社会条件下，不适用我国古代刑法中特有的“义绝”[①] 离婚制度。婚姻关系的解除是以当事人的请求为前提的，没有当事人的离婚请求，任何人不能强制当事人解除婚姻关系。如此一来，又等于变相地承认了同性婚姻。[②]

2. “无效”之疑

我国《婚姻法》第10条规定了四种法定情形：（1）重婚的；（2）有禁止结婚的亲属关系的；（3）婚前患有医学上认为不应当结婚的疾病，婚后尚未治愈的；（4）未到法定婚龄的。可见我国《婚姻法》并未将婚姻关系双方是同性作为婚姻关系无效的情形之一，因此不能直接宣告该婚姻关系无效。

3. “可撤销婚姻”之疑

我国《婚姻法》对可撤销婚姻仅规定了一种情形，即第11条：“因胁迫结婚的，受胁迫的一方可以向婚姻登记机关或人民法院请求撤销该婚姻。受胁迫的一方撤销婚姻的请求，应当自结婚登记之日起一年内提出。被非法限制人身自由的当事人请求撤销婚姻的，应当自恢复人身自由之日起一年内提出。”本案情况不符合可撤销婚姻的法定要件。

另外，根据民法基本原理，“自始无效”是无效民事法律关系的基本特征，即无效行为自成立之日起就不能产生当事人预期的

---

① 义绝是我国古代所特有的一种强制离婚制度，是指如果夫妻之间、夫妻一方与他方的特定亲属、双方特定亲属间出现了一定的事件，经官司处断后，认为夫妇之义当绝，强迫离异，若不离异，即予强制离异和处罚，这反映了统治者对婚姻家庭的直接干预。

② 参见张迎秀：《变性人婚姻家庭法律问题探析》，载《甘肃政法学院学报》，120页，2007（5）。

民事法律效果。同理，婚姻无效应是指在结婚时就存在法定的无效原因，宣告婚姻无效也应该是自始的无效。而本案中一方变性的情况发生在婚姻关系合法生效之后，在结婚时并不存在无效的原因，也不应当以宣告婚姻无效来使他们之间的婚姻自始无效，否则会导致符合结婚要件的结婚登记所产生的法律效力被否定。

4.“视为自然死亡”之疑

有学者认为，此种情形可参照婚姻关系终止原因中的死亡（包括宣告死亡）的精神办理，这是婚姻关系终止的自然原因，而离婚则是婚姻关系终止的人为原因，即夫妻中一人做了变性手术后，其赖以存在的婚姻属性和法理基础就不存在了。我国《婚姻法》规定，男女双方自愿离婚的，准予离婚，即离婚的主体是一男一女。既然我国不承认同性婚姻，就应视为他们双方的婚姻关系已自然终止，推定一方为自然死亡，且发生与自然死亡同等的解除婚姻关系的效力，无须再去履行离婚的法定程序。① 我认为，此观点固然可以解决“变性人与配偶的婚姻关系参照离婚办理”带来的尴尬，但其不符合法理基础。按此观点，夫妻一方变性就推定其自然死亡，换言之，变性等于自然死亡，这显然是讲不通的。配偶一方死亡是婚姻关系终止的自然原因，而变性不是自然原因，而是人为原因。

5. 应把变性视为婚姻关系终止的单独的一种原因

在近现代的绝大多数国家法律中，都把死亡和离婚视为婚姻关系终止的两个基本原因。我国亦采用此种立法例。然而在人类历史的发展过程中，婚姻关系终止的原因并不是一成不变的，在不同时代的法律中是有所不同的。如在罗马法中，与奴隶制相适

---

① 参见张伟：《变性人婚姻家庭面临的法律问题》，载《法制日报》，2005-10-16。

应，导致婚姻关系终止的原因除一方死亡和离婚外，还包括一方发生“人格大减等”即因受奴役而失去罗马公民权；又如在寺院法中，由于实行禁止离婚主义，配偶一方死亡成为婚姻关系终止的唯一原因。[①] 随着科学技术的飞速发展，在婚姻家庭领域，越来越多的新情况与新问题涌现出来，必然会对人类社会的伦理、道德、法律制度等形成巨大的冲击。法律应该与时俱进，及时对一些新型社会关系用法律加以调整。有配偶者选择了变性，就意味着婚姻关系的解体，婚姻关系是一种民事法律关系，一方“变性”这个法律事实足以导致婚姻关系的终止，但不是推定变性人自然死亡，而是把变性视为婚姻关系终止的单独的一种原因。若如此，前述的尴尬和困惑问题就会迎刃而解。变性人变性后应及时向公安部门申请性别变更登记，变性人与配偶的婚姻关系自批准性别变更登记之日起终止。

在本案中，陈某在私自进行变性手术，并在公安机关重新办理身份证明后，其与秦女士的婚姻关系已失去继续存在的意义而自然终止。

（三）已婚者变性后再婚是否构成重婚罪

重婚罪，是指自己有配偶而与他人结婚，或者明知他人有配偶而与之结婚的行为。根据《刑法》第258条之规定，犯本罪的，处2年以下有期徒刑或者拘役。重婚罪的构成要件如下[②]：

1. 重婚罪的罪体

（1）行为：重婚罪的行为是自己有配偶而与他人结婚，或者

① 参见杨大文、马忆南编著：《婚姻家庭法》（一），20页，北京，北京大学出版社，2004。

② 参见陈兴良：《规范刑法学》，494～495页，北京，中国政法大学出版社，2003。

明知他人有配偶而与之结婚。因此，重婚行为有以下两种情形：1）有配偶而重婚，指重婚人在本人的婚姻关系没有依法解除或者对方没有死亡的情况下，又与他人结婚。2）明知他人有配偶而与之结婚，指相婚人本人虽然没有结婚，但是明知他人已经结婚而与其结婚。

在本案中，陈某的行为显然不是第二种情形，那能否构成第一种情形呢？根据上面的讨论，陈某变性并登记后，与秦女士的婚姻关系应视为终止。故此时秦女士已不具有“配偶”的身份，故陈某的行为不符合重婚罪的要件。

（2）客体：他人，这里的他人既包括已婚者，也包括未婚者。在刑法理论上，重婚罪是必要共犯中的对合犯。在一般情况下，双方都是已结婚的人而又重婚的，或者一方已经结婚另一方本人虽未结婚但明知对方已经结婚而与之结婚的，彼此均构成重婚罪。在特殊情况下，相婚者不知他人有配偶而与之结婚，因不具有重婚故意而不构成本罪，只有重婚者构成本罪。

在本案中，我们不知道陈某变性后嫁的丈夫是否了解陈某的真实情况，故不能断言若陈某构成重婚罪，其客体是陈某之夫一人还是陈某及其夫二人。

2. 重婚罪的罪责

（1）责任形式：故意。这里的故意，是指明知是重婚行为而有意实施的主观心理状态。

本案中陈某的心理状态确实是“明知”并故意形成第二次婚姻的，然而，如果前一次婚姻已经无效，仍然不构成重婚罪的构成要素。

（2）责任能力：在本案中，陈某是达到刑事责任年龄的成年人。

综上所述，在本案中，陈某的行为不符合构成重婚罪的罪体要件，故不构成重婚罪，也不构成对我国《婚姻法》基本原则之一——一夫一妻制原则的触犯。

（四）进一步思索：重婚罪的法律解释问题

本案例中，对于重婚罪，存在着一个法律解释的问题。对于法律解释来说，文理解释是一种首选的解释方法。① 若按文理解释，重婚仅指不止一个配偶而未作性别之规定。就此而言，我国《刑法》第258条并未将重婚明确规定为一夫多妻或一妻多夫两种情况，将变性造成的一个人同时有夫妻的特殊情况算作重婚似乎并无不妥。

但从立法沿革上来说，我国重婚罪的规定有着特定的历史背景。它是我国法律近代化的产物之一，主要针对的是传统社会中的一夫多妻制（实际是一夫一妻多妾制）。20世纪初，中国开始了婚姻法近代化的尝试。从清朝末年制定的《大清民律草案》一直到民国时于1930年12月通过的《中华民国民法亲属编》，均企图以法律来取代传统的婚姻家庭制度。同时，政府提出提倡一夫一妻制，但在不彻底的思想引导下，很难革除旧的婚姻制度之陋习。中国共产党以其革命意识对中国婚姻制度也进行了革命尝试。1931年年底，在江西瑞金通过了《中华苏维埃共和国婚姻条例》，由毛泽东签署。1950年《婚姻法》的立法宗旨主要是废除封建主义的婚姻家庭制度，实行新民主主义的婚姻家庭制度。1950年《婚姻法》颁行以后，全国开展了贯彻《婚姻法》运动。运动的主要内容是废除旧式的婚姻家庭制度，实行男女婚姻自由、一夫一妻、男女平等、保护妇女和子女合法权益的新的婚姻家庭制度。②

---

① 参见陈兴良：《规范刑法学》，23页，北京，中国政法大学出版社，2003。

② 参见http：//blog. srzc. com/user1/miry2000。

由此可以看出，重婚罪保护的法益正是婚姻中一方（尤其是女性）的配偶权，体现了男女平等和一夫一妻的原则。

因此，本文不同意将本案的情况纳入重婚罪，主要原因在于这种行为与制定重婚罪的立法意图不同。从重婚罪的历史来看，其主体一方具有道德上的可谴责性，而其原配偶的法益明显受到了严重侵害。而本案中，陈某本人自幼患有易性癖，尽管具体过程不得而知，但一定经过痛苦的选择之后才去做变性手术，伦理上的可谴责性远小于重婚罪的主体，根据《刑法》的谦抑性原则，不宜对重婚罪作扩大化解释。

至于文理解释与沿革解释之间存在矛盾时，选择哪种解释方法，这是一个值得研究的问题。法律解释方法一般分为语义解释、限制解释、当然解释和沿革解释四种。[①] 在理论上，这四种解释方法之间是否存在优先顺序，并无绝对的定论，但也不可由解释者随意选择使用。若两种解释方法发生冲突，本文认为应当有一定的原则来选择解释方法，以保证结论的合理性。在语义明确的情况下，应当优先考虑文理解释，而不能进行超出语义可能范围的解释。但成文法律肯定会有不足之处，成文规则几乎永远不可能被表述得完美无缺，以致所有应隶属于该立法政策的情形都被囊括在该法规的文字阐述中，而所有不应隶属于该法规范围的情形都被排除在该法规语词范围之外。[②] 但在语义不明确的情况下，则应根据立法沿革进行历史解释以符合立法精神。在这种情况下，沿革解释具有优于文理解释的效力。对于重婚罪的解释也是如此。

---

① 参见陈兴良：《规范刑法学》，23～24页，北京，中国政法大学出版社，2003。

② 参见沈敏荣：《论法律的解释》，载《求索》，2000（1）。

（五）损害赔偿：或许更好的解决之道

也许有人认为，如果陈某的行为不能受到刑事处罚，对秦女士而言是不公正的，而且会放纵隐瞒配偶私自变性这种违反公共道德的行为发生。我认为，这种担心不无道理，但我们可以通过将之纳入婚姻过错赔偿制度予以解决。从保障配偶权利、维护社会稳定角度讲，在取得对方谅解的情况下，可以先解除婚姻关系。若单方擅自决定变性，则作为该方的重大过错，由变性者向无过错一方承担损害赔偿责任，以弥补对对方造成的心理和生理上的伤害。

三、结语

尽管变性手术已渐被人们了解和认可，但有关婚姻等方面的法规还没有对这一特定人群作出具体规定。此案即折射出我国相关法律的滞后性。当法律无法及时调整现今社会中发生的新生事件时，我们可以根据法律的精神、原则及社会公序良俗作出处理。变性手术的出现带来的影响是深远的，面对科技飞速发展带来的法理与伦理上的困惑，我们一方面要让法律紧跟时代的步伐，另一方面更要不断提高理论研究水平，通过准确、合理的学理解释，真正达到法学的经世致用之效。

【点评】本文的一个显著优点是逻辑清楚，这是法学语言所必不可少的独特特征，也是法学思维训练的重要意旨。作者不仅有序地依次分析了变性手术以后的身份的认定、配偶一方变性后原婚姻关系的定性、已婚者变性后再婚是否构成重婚罪、重婚罪的法律解释问题和损害赔偿问题，而且在“配偶一方变性后原婚姻关系的定性”一部分中依次论述了“合法有效”之疑、“无效”之疑、“可撤销婚姻”之疑、“视为自然死亡”之疑，还独立地指出了“应把变性视为婚姻关系终止的单独的一种原因”，在“已婚者变性后再婚是否构成重婚罪”部分，作者也是有条理地从犯罪构成理论的角度论述了对该案的具体认定，此后还提出了损害赔偿的解决方法，从而展示了作者将民事法和刑事法联合考察的理论思维视角，这也是刑事一体化的一种扩展性延伸。更为可贵的是，作者从分则联系到了总则，指出了司法解释上的层级性，认为沿革解释在法律解释冲突之时对于文理解释的限制，虽然此非独特新奇之见解，但作者作为一位本科生，能从分则的论述来折射刑法总则的理论问题，这种写作思路是值得肯定的。但总体而言，作者仍应该打开视野，加强对文献资料的收集和把握，避免过分依赖个别资料。（蔡桂生）

6. 法律罅隙的探讨

——丈夫变性手术后与他人结婚是否构成重婚

金　秋*

科技的进步给人们的生活带来了多方面的便利，然而也为一些法律纠纷的滋生提供了土壤。比如由一个易性癖患者的变性手术，带来的竟然是对中国婚姻法的重要基石——一夫一妻制度的挑战。本文探讨的案例既让我们看到科学技术是一把“双刃剑”，又暴露出现有法律规定与实际生活之间的罅隙。

一、相关概念的解读

本案涉及不少非日常生活中常见的概念，首先需要对它们作一个解读。

（一）易性癖

易性癖是一种病症。“患者的主要表现是性身份的严重颠倒，在一段相当长的时间里，认为自身生物学性别与心理性别间具有矛盾或不协调性，自认为是与自己解剖学性别相反的另一性别成

---

* 作者系北京大学法学院 2006 级本科生。

员。"① 这种病症其实已经由来已久，本身并不能构成法律上的疑难，只是因为近几年变性手术的产生，使得易性癖患者有了得以重新选择自己的机会。"性与性别，原本是不可分离的。性，指的是解剖学的性，也就是性器官，它是看得见，摸得着的。性器官是生物学上的指针，而性别是指针移动幅度盘的刻度。性别是指一个人对自己是男是女的认识。性器官是物质的，性别是精神的。"② 易性癖与法律乃至本案产生联系正是在通过对性与性别的协调统一中完成的。而其手段则是变性。

（二）变性

从第一例有正式记录的变性手术至今也不过 20 多年的时间，我国法律在这方面可以说是一片空白。这不仅仅是因为在制定法律时变性还没有成为像现在这样有一定规模的行为，还因为变性带来了一些法律难以解决的问题。

这里要说的是变性之后是不是就由男性变成女性完全转变成功了呢？这也涉及人身份的改变。最初的变性手术主要是一种外生殖器的再造。但是后来，却渐渐也出现了内生殖器的转换，"两位互换内部生殖器官的 W 和 H……"③ 这样一来，性别的转变也趋向于完全化了。同时，国家也颁布了一定的政策，在变性之后给予更换新的身份证。由此，之前社会上一些类似于"变性人法律上性别不可改变"的说法也就失去说服力了。但值得一提的是，不管怎么样高明的手术，也无法改变基因。这是不是也提示我们，在身份变更的同时还是有些不可变更的东西呢？

---

① 邵传烈：《变性的困惑》，21 页，天津，天津人民出版社，1995。

② 邵传烈：《变性的困惑》，29 页，天津，天津人民出版社，1995。

③ 邵传烈：《变性的困惑》，120 页，天津，天津人民出版社，1995。

（三）同性婚姻

这里涉及的事实是，通过变性，陈某与秦女士已经构成了事实上的同性婚姻。而在我国，还没有同性婚姻的出现。这种情况在有的国家已经被合法化了，比如荷兰，还有美国的某些州。但是在中国，这是一个很复杂的问题，首先，同性婚姻涉及对家庭传统意义的挑战，“婚姻的意义就在建立这社会结构中的基本三角。夫妇不只是男女间的两性关系，而且还是共同向儿女负有的合作关系”①。而同性婚姻则既不属于男女两性的关系，也无法完成教养子女的责任。其次，中国目前的舆论对于同性恋不能采取正常客观的态度，公众也多以异样眼光看待同性恋者。短时间内也是难以实现的。

二、现行法下不能定重婚

建立在以上认识的基础上，在现行法规定下，本文认为本案不能在现行法上构成重婚罪。原因如下：

（一）婚姻关系的能力之丧失

我国现行《婚姻法》已经明确排除了同性婚姻的合法性，而陈某自然属性的变化就使得其前一段婚姻丧失了生理上的合法基础。经过变性，同时还伴随着一系列诸如身份证更换之类的手续，陈某成为一个经过法律承认的女性，那么在这个意义上来说，陈某的前一段婚姻如果得到承认，就成了名副其实的“两女婚姻”，那么从变性之日起就成为同性婚姻。然而，《婚姻法》第5条规定：“结婚必须男女双方完全自愿”，即现行合法婚姻必须在一男一女

① 费孝通：《乡土中国 生育制度》，159页，北京，北京大学出版社，1998。

的情况下建立。而根据这一条，陈某已经不具备婚姻成立所具备的婚姻能力。“婚姻能力包括权利能力和行为能力……婚姻行为能力是指婚姻家庭法律确认公民通过自己的行为建立婚姻关系，取得配偶权，承担配偶义务的能力。”① 婚姻能力既是由法律确定，又是一种事实上的能力，当然要包括性别这一要素。由此，秦女士所主张的从前成立的婚姻从陈某变性之日起，就发生了性质上的改变，配偶一方相对于此婚姻的婚姻能力的丧失，使得整个婚姻处于一种有瑕疵的效力状态。它得不到法律的保护与承认。虽然称其从变性之日起自动无效的说法确实是对于秦女士权利所受伤害的一种放任，但是却可以肯定，此种婚姻已不构成完全意义上的婚姻，不能和正常的婚姻作相同处理。

（二）同性能不能被认定为配偶

从重婚罪构成要件的角度来说，不能在法律上认定为重婚罪，而从推定的角度来说只能作有利于被告人的推定。我国《刑法》第258条规定：“有配偶而重婚的，或者明知道他人有配偶而与之结婚的，处二年以下有期徒刑或者拘役。”但是这里的概念“配偶”又和上面提到的事项归于一个问题，即对于配偶的认定问题，同性不可作为配偶是我国现行法律的事实。而对于本案这种特殊的情况，这是立法者立法当时没有考虑到也不可能考虑到的问题，因此，法律上没有相关的规定和说明，既然法无明文规定不为罪，那么在法律没有具体规定的情况下依照基本的刑法原则，应该作出有利于被告人的推定，而且依照一般的情况而言，既然前一段婚姻的存续状态存疑，也不能够简单地认定为重婚罪。

---

① 刘引玲：《配偶权问题研究》，39页，北京，中国检察出版社，2001。

（三）重婚事实与重婚行为的区分

我国法律上有重婚事实与重婚行为之分，重婚行为并不一定就构成重婚罪。构成重婚罪的当事人一般情况下是构成主观上的故意的，在一般情况下这一问题根本不需要讨论，只需要看重婚的另一人是不是故意以此来判断是否构成破坏婚姻家庭罪。但是本案的特殊之处在于，连陈某自己都不确定自己构成重婚罪，按照法律的精神，当然不能够给其定罪。

（四）民政部门的答复

就现实角度来看，我国民政部已经有相关说法，应用到本案中应当认为是不构成重婚的。“据新华社 2003 年 1 月 17 日报道，如果夫妻双方有一个人做了易性手术，已成为同性的一对夫妻，他们的婚姻关系怎么处理？民政部门对此作出明确答复：易性人的结婚登记合法有效，解除婚姻关系参照协议离婚处理。”① 尽管这不是司法机构作出的专门解释，但是目前也只能以此作为一种办案的参照标准。而本案的诉讼过程在此答复之后进行，在现行法律没有规定的情况下，依此处理，则显然不应当定重婚罪，因为原有的婚姻被认为按照协议离婚处理。

以上是从现行法律下对于本案的一个基本认定，但是，这却并不是一个能够让人满意的结论，因为在这中间还包含了许多得不到解决的问题，法律上不能够对其定罪只是因为现行法的发展没有跟上社会的进步，出现了许多近些年才有的新的社会关系社会问题。以下本文要陈述的观点是，从法律本身应有的精神以及社会关系的平衡等问题上，本案这样的情况应该在将来被定为重婚罪。

---

① 吴兴人：《纠正上帝的错误：“中国变性手术之父”何清濂的非常记忆》，329 页，上海，上海文艺出版社，2005。

三、应然角度上应该定重婚

（一）法律层面上存在对基本原则精神的触犯

从法律本身出发，本案中的举动是违反《婚姻法》的基本原则的。《婚姻法》第 2 条规定："实行婚姻自由、一夫一妻、男女平等的婚姻制度。保护妇女、儿童和老人的合法利益。实行计划生育。"其中一夫一妻制可以说是本案的一个关键点，可以从两方面进行解读。第一，从自然人身份的转换上看，似乎在变性之后夫妻成为同性就不构成一夫一妻，也就谈不上对此项原则的破坏。但是换个角度来看，一夫一妻制原则的关键并不在于强调夫与妻中所代表的绝对的性别关系，而是着重于强调"一对一"这种单一对等的关系，说简单点，就是一种在算术意义上也能够得到基本保证的关系。在婚姻这项契约中，每个人相对于其配偶都具有无可替代的唯一的身份关系。从立法精神的层面上看，本案中明显是产生了两对这样的法律上的身份契约关系，但是两对关系中只有三个人，抛开其他，它已经违反了一夫一妻制中必不可少的基本的算术法则。第二，从一夫一妻制所维护的具体内容来看，之所以确立这种制度不仅仅是与过去的封建习俗作斗争，也不仅仅是与男女平等原则的呼应，还包含对于家庭稳定和人与人之间权利义务对等的维护。对于家庭稳定，本案中的秦女士突然在一夜之间失去丈夫，婚姻关系中缺失一方，不要说夫妻之间相互扶持帮助的权利享受不到，还要独自支撑家庭的负担，更在心理上承受了种种煎熬和痛苦。这种情况下，婚姻怎么谈得上得到保障，又怎么能不让人认为是陈某的行为造成了这种婚姻关系的不稳定以及秦女士的痛苦呢？而人与人之间的权利平等，尤其是在婚姻关系中，是要建立在双方相互沟通彼此诚信的基础上的，而陈某从变性到再次缔结婚姻都没有向秦女士说明，陈某并没有在此婚姻关系中履行自己应尽的义务，破坏了双方关系的平等性。综上所述，尽管在法律规则层面上，因为存在着不完善之处，无法将本案定为重婚罪，但陈某的行为却已经严重地破坏了《婚姻法》的基本原则与精神。

从法律角度看，本案还存在的问题是，现行婚姻终止的规定中并不包括本案情况，“婚姻终止有两种形式：当事人一方死亡（包括被宣告死亡）和当事人离婚”[①]。显然本案不存在当事人离婚的情况，但是，对于陈某自然属性的变更乃至身份证的重发（其中还会根据变化的性别进行身份证编码的改动），这是不是与宣告死亡这种法律上的拟制可以等同呢？显然，这是不能够成立的，因为死亡的结果是一切围绕此人的社会关系的消灭。而变性人真的在手术之后获得“新生”吗？如此推断的结果必然是变性人从变性之后将成为一个没有家庭、没有亲戚、没有任何财产权的“三无”人员，这不仅违背实际情况——他们和亲人之间的关系并没有任何割断也拥有自己凭劳动所得的财产，也与公正的原则相悖。即使认定为宣告死亡后又解除的状态也不合适——他们的身份毕竟与原来不相同。因此，把变性人与宣告死亡等同是不合适的，这根本就是两种情况。正因为这样，才使得法律陷入一种两难的境地，陈某与秦女士的婚姻不符合婚姻终止的情况不能自动终止，然而他们的婚姻却不再是法律规定的合法婚姻。只能说，这段婚姻陷入了一种近似于法律真空的状态，解除不成立却又无以存续。在这种情况下，陈某与别人结婚，行为上是存在瑕疵的，即使法

---

① 杨遂全等：《婚姻家庭法新论》，230页，北京，法律出版社，2003。

律难以追究，也是与法律所希冀的状态不符的。况且，陈某明明可以选择先行离婚再缔结新婚姻，却没有这样做，难道不可以看成是对法律以及所规制下的婚姻制度的极度不尊重吗？

（二）不能定罪留下的空白掀开的是一连串的社会问题

不定罪带来的不仅仅是一个判决结果，尽管在这个案件中，按照现行法，认定其不构成重婚罪也许是一种正确结果。然而，却在向人们显示法律空白的同时，引发各领域的危机。

1. 在变性后社会关系的处理问题上造成的纠纷

如果认为其不重婚，那么就是肯定前一段婚姻不再存续，由此往上推导，婚姻不存续的理由则是其自然属性的变更所带来的社会身份、社会关系的变动。因为变性所带来的身份变更是如此彻底，几乎是换了一个人，那么一切以他（她）为中心的社会关系都会受到置疑。在婚姻中体现出来的是婚内财产的分割和子女抚养问题。后者尚且不提，婚内财产是否应该自动归于变性人的配偶？如果不应如此又应拿什么来证明变性人有资格领取财产呢？尤其是当婚姻不再存续的结论是由变性人作宣告死亡处理时，本应是夫妻双方的财产归于“生存一方”是理所当然的事。变性人变性后是否真的要付出如此惨重的代价呢？

2. 以变性抹去以前犯罪的道德危机

依据前种说法，那么变性之前所做的一切都会因为变性而发生变化，那么以前的犯罪者是否消失了呢？那么犯罪岂不是可以通过这种手段得到完全的洗脱吗？在法律没有规定的情况下，如果对于诸如本案的案件进行不构成重婚的判决，那么由此推导出来的结论以及形成的判例对公众的引导作用将会是难以预测的。

3. 部分变性但却不想解除婚姻的人应当如何处理

有一部分变性者虽然患有易性癖，但是在婚恋方面却与自己本身的基因不矛盾。国外有一例变性人在接受变性手术后依旧和妻子生活在一起而且感情十分亲密。那么按照不重婚的说法，则他们这样的情况也应该认为其婚姻是不存在效力的，也就是不再受到法律的保护。对于两个从前是夫妻并且不想改变这种状态的人来说，突然撤销对于其婚姻的保护似乎不太公平，也与法律精神中希望的通过法律保护使人们生活得更好的意图不大相符。而且，在这种情形下，一切都没有变化，是不是可以仅仅认为是易性癖患者进行了一项治疗而非进行全面的身份转换呢?

上述论述想说明的是，尽管现行法中不应对此案定重婚罪，但是却不能解决随之而来的问题，也充分说明，现在不定重婚罪只是一种法律上未加考虑造成的疏漏，且绝不应当等闲视之，而不加以改善。

四、解决的办法

对此本文认为，对于法律中已经作出明确规定的事项，不能再以法律解释的方式重新对法律下定义。尤其是加入采用扩大解释，直接将本案中的情况列为重婚必定会直接与《婚姻法》中不允许同性结婚的条文产生直接的冲突。因此，应当采取的、更加合理的方式是，以特别规定的形式使本案作为一种脱离同性结婚问题的中介性问题，只将本案这种情况作特殊考虑，或者让最高人民法院通过制作判例的方式将其发布，尽管目前我国判例并不具有法律效力，但却有法律上的引导作用，也为后来的法官提供一个指引的作用。

另外，进行变性手术的医院也应当有一定的审查程序，对将要进行变性手术的患者进行婚姻状况的审查，确保不会产生法律上纠纷的情况下再实施手术。

法律的罅隙，产生于法律自身相对于科学的滞后，然而要填补它，却不能够仅仅靠法律本身的完善，还需要相应的辅助措施，来让法律更好地解决科学进步带来的纠纷。

【点评】 该文避免了本科法学学生常犯的单方面论述、武断下结论的通病，从实然和应然两个层面做了较好的论述，并得出了是否构成重婚罪的不同结论，即从论述我国《婚姻法》、重婚罪之“有配偶”之前提已经排除同性婚姻、民政部的意见等方面推出了实然上不构成重婚罪，作者还注意到了不构成重婚罪会对基本原则精神造成侵犯，还会造成一些社会问题，故应然层面上陈某应构成重婚罪，从而认识到问题的多面性，较为明晰地表达出作者的观点，此为该文的出色之处。此外，该文注意到了法律上的推定、非罪化带来的现实困境等问题，纵然其结论可能存有争议，但在对策探讨上仍然较为可取。应该指出，该文在文末指出的“让最高人民法院通过制作判例的方式将其发布”，是推进刑法判例之构建的一种努力，由于我国目前罪刑裁量失衡的现象仍较为严重，故作者的解决方法值得肯定。案例教学法在我国是一种重要的法学教育方法，相应的，在案例中深化理论，以及运用理论来指导案例均不可或缺，所以，该文若从法律方面（尤其是刑法方面）加深探讨则更佳，只有这样，才能够在可靠的刑法理论铺垫之下，突出该文在指导性刑法案例上的意义。（蔡桂生）

7. 变性人重婚问题探析

——从一个重婚罪案例说起

万里鹏*

本文所探讨的案例涉及"变性人"这个前沿课题，有许多关键问题没有得到法律法规的明文规定。本案例分析原本是考察是否构成《刑法》中的重婚罪，然而因其涉及众多《婚姻法》内容，故而必定需要对相关《婚姻法》疑难点作出论述，然后再对刑法中的重婚罪的构成要件进行分析；此外，由于此课题为法律空白之处，今后的法律必将对此作出明文规定，因此，我也希望通过这些分析进而提出一些立法建议。以上是全文思路。为理清思路，本文设置了相关图例（见下页）。

一、变性相关问题探讨

（一）变性手术

此案例中陈某并没有经过家人的同意就进行了变性手术，是否存在医院操作不规范之处？故而将变性手术纳入变性相关问题作首要探讨。

---

* 作者系北京大学法学院 2006 级本科生。

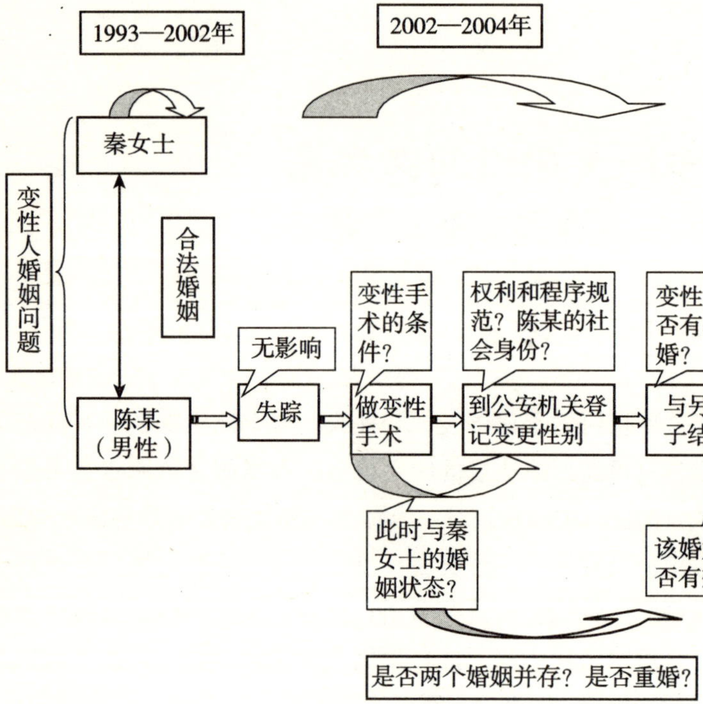

本案例参考图例

一位资深变性手术医生曾说："变性手术已经超越了传统医学范畴，成为一项复杂的社会医学，需要慎重，慎重，再慎重。"据《羊城晚报》报道，目前我国已有逾千人做过变性手术，变性手术行业亟须法律或法规对医院行为和手术患者进行规范。

目前行业内公认的临床操作规范都来自最新版的权威著作《整形外科学教科书》，其中规定了做变性手术的几个条件：(1) 本人申请及亲属同意。(2) 必须先拿到三个证明：一是公安机关证明，表明不是因为犯罪而要做手术，而且手术后不从事卖淫；二是单位证明，将来手术后回归社会能得到周围人群的接受；三是精神科的证明，经过辅导和测评，证明没有精神病，不是心血来潮，而且性取向更朝向要变性的性别方向。然而这只是一个默认的行业规范，并不具备法律的强制效力。2005 年 8 月，卫生部委托陈焕然等人起草《中国变性手术准入制》。现在该草案处在专家论证阶段。[①]

（二）公安机关与变性人性别变更登记

由于此案例中陈某做了变性手术后，顺利地到公安机关进行了性别变更登记，是否存在公安机关越权或者未尽询问此前婚姻的义务？故而提出了公安机关与变性人性别登记这个问题。

关于公安机关在民事问题方面的权限，有如下规定："……(6) 户口登记项目的变更。指居民可变更项目变更。如职业、服务处所、婚姻状况、文化程度等，凭学历证明、结婚证等证明办理。"

河南省公安厅和卫生厅就变性人性别项目的变更手续的办理作出了具体规定：公民实施变性手术后，申请变更户口登记性别项目的，须出具地市（含外省）级以上医院为其成功实施变性手术的证明，经县、市公安机关审核后，公安派出所为其办理性别项目变更手续；凡是在国外或国内县级（含外省）以下医院实施变性手术的，须经各省辖市卫生行政部门指定的医院出具性别认定证明，经县、市公安机关审核后，公安派出所为其办理性别变更项目变更手续。派出所为其办理变更性别手续后，重新为其编制身份证号码。

---

① 详情参见戴敦峰：《对变性手术进行立法已成燃眉之急》，载《南方周末》，2007-04-26。

然而，本文认为，对于此前已有婚姻存在的变性人性别变更登记不能简单处理。需要注意以下几个方面：(1) 医院变性手术以及新性别鉴定证明（同上）；(2) 需要征得家人，特别是妻子（或者丈夫）的同意；(3) 由于现行法律并不认可同性婚姻，因此，变性后对原婚姻关系界定等问题需要相关部门特别注意，此问题下文有论述。

（三）变性人的自然身份和社会身份

变性人，顾名思义，就是通过手术改变自己性别的人。由于改变了性别，其自然的性别属性已经改变，而其处于不同社会关系中的社会身份却根据不同情况有不同的变化。根据本文的需要，以下仅对变性人原夫妻关系的变化作以探讨。

由于夫妻中的一方已经改变了性别，所以原先存在的一夫一妻婚姻状态被同性状态所取代，由于同性婚姻在我国尚不受法律保护（《婚姻法》第2条规定：实行婚姻自由、一夫一妻、男女平等的婚姻制度），这是否就意味着此时婚姻关系自然消失？本文认为，回答是否定的。夫妻关系的合法性取决于登记结婚时的各方面条件是否符合《婚姻法》的结婚要求，由于变性人此前与对方建立的婚姻关系符合法律要求，具有合法性，因此受到《婚姻法》的保护，并不因一方变性而自然消失。

2002年8月6日民政部办公厅《关于婚姻当事人一方变性后如何解除婚姻关系问题的答复》："当事人在办理结婚登记手续时符合结婚的实质要件和形式要件，结婚登记合法有效，当事人要求登记机关撤销婚姻关系的请求不应支持。如果双方对财产问题没有争议，登记机关可以参照协议离婚处理，离婚的效力自婚姻关系解除之日起算。双方因财产分割发生争议起诉至人民法院的，人民法院在解除当事人婚姻关系的同时一并解决财产问题。"在此后的新闻发布会中，民政部发言人指出，以上回复适用于所有类似问题。由此可见，当前民政部门甚至包括最高人民法院和公安部对此类问题的意见也是确认原婚姻关系的合法性，同时并不支持以变性为由撤销婚姻关系，而只能依照协议离婚处理。本文赞同这个方案，理由如下：

（1）登记结婚时只要符合实质要件和形式要件，给予登记结婚，婚姻关系至合法建立起，理应受《婚姻法》的保护，非法定情形，原婚姻关系不得撤销、被宣告无效或者解除。变性人此前的婚姻成立时符合实质要件和形式要件，合法有效，有利于维护婚姻关系的稳定性和严肃性。除此之外，只能在符合离婚条件的情况下，通过法定协议或诉讼的方式离婚才可以解除婚姻关系。

（2）暂时的同性婚姻的存在并不冲击我国现行的一夫一妻原则和异性婚姻制。我更倾向于将这个“矛盾状态”看作正常婚姻的一个“异态”而已，只是离婚前的一个过渡阶段，由于一夫一妻和异性婚姻制度强调的是建立婚姻时的异性结合的理念，况且对于这种同性婚姻短暂存在的特殊规定并没有给予同性结婚以任何合法依据，故而变性人家庭的暂时维系状态并不对《婚姻法》的一夫一妻制、异性婚姻制构成实质性冲击。

（3）此类情况通过协议或诉讼方式离婚具有可操作性。《婚姻法》第 11 条规定：“因胁迫结婚的，受胁迫的一方可以向婚姻登记机关或人民法院请求撤销该婚姻。”因而变性人的情况并不属于可撤销的法定情形，使用撤销途径缺乏法律依据。而使用离婚程序，则更为妥当。我国《婚姻法》第 32 条规定，男女一方要求离婚的，可由有关部门进行调解或直接向人民法院提出离婚诉讼。人民法院审理离婚案件，应当进行调解；如感情确已破裂，调解无效，应准予离婚。有下列情形之一，调解无效的，应准予离婚：1）重婚或有配偶者与他人同居的；2）实施家庭暴力或虐待、遗弃家庭成员的；3）有赌博、吸毒等恶习屡教不改的；4）因感情不和分居满2年的；5）其他导致夫妻感情破裂的情形。

由于一方变性之后，原夫妻双方已经不存在事实上的夫妻关系，如果双方同意解除婚姻关系，可以通过第5条兜底条款“其他导致夫妻感情破裂的情形”，直接采用协议离婚，或者在财产关系存在纠纷的情况下采用诉讼方式解除婚姻关系。

（四）变性人能否结婚

由于此案例涉及陈某变性后与另一男子结婚的情节，故而就变性人能否结婚问题进行探讨很有必要。

根据新《婚姻法》的规定，修订后的《婚姻登记条例》禁止同性之间结婚，中国婚姻登记机关也不会给同性恋者之间办理结婚登记手续。但对于已经做了变性手术的变性人，只要公安部门确认了其变性身份，并且更改了变性人户口簿和身份证上的性别登记，从2003年10月1日起，变性人可按更改后的性别办理结婚登记。

中国人民大学婚姻法专家杨大文教授指出，“当人的自然身份和户籍证明一致的时候，登记结婚在法律上就没有问题。变性人通过变性使得自己的自然身份发生了改变，同时他们也通过合法的手续改变了户籍证明上的性别登记，两者只要保持一致，结婚就是正当的。法律主张现实存在，当婚姻主体是一男一女时，他们当然可以结婚。”

由于公民的结婚权是重要的私权，每一个公民（包括变性人）都享有结婚的权利和自由，只要他（她）符合结婚的法定条件和程序就可以建立婚姻关系，所以，变性人的结婚权问题并无疑义。只是由于曾经改变过性别，基于婚姻的诚信义务，变性一方对另一方应有告知义务。

二、是否构成重婚罪

基于以上分析，可以就本案中的婚姻状况作出以下图示：

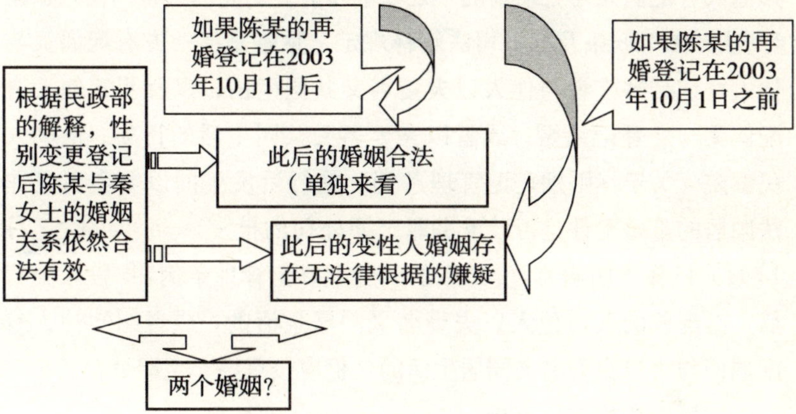

本案婚姻状况示意图

陈某在前一婚姻尚且存在的情况下到公安机关登记改变了性别，与另一男子登记结婚（由于题目所给的材料此处欠清楚，且由于最高人民法院的司法解释中指出，1994 年 2 月《婚姻登记管理条例》发布实施后，有配偶而与他人以夫妻名义生活的，仍然按重婚罪处罚；因此可以认为，1994 年之后以夫妻名义生活的，被认为是事实婚姻，在分析重婚时与登记结婚无异。故笔者在本文中对此做登记结婚假设，以便分析），由于存在新《婚姻法》规定的 2003 年 10 月 1 日的时间问题，陈某此后的婚姻是否合法存在可讨论之处。可是，由于假设的是陈某与另一男子登记结婚，因此可以逆推认为当时公安机关已经获得授权为变性人办理结婚登记，故而陈某存在同时维系着两个婚姻关系的嫌疑。

以下是就此案中陈某是否构成重婚罪进行分析（与其结婚的男子是否构成重婚罪可以通过类似分析得出结论）：

法律：我国《刑法》第258条规定，有配偶而重婚的，或者明知他人有配偶而与之结婚的，处2年以下有期徒刑或者拘役。根据《刑法》第258条及有关司法解释规定，重婚是指一方有配偶又与他人登记结婚或者与他人以夫妻名义共同生活；以及明知他人有配偶又与之登记结婚，或者以夫妻名义共同生活的行为。最高人民法院《关于〈婚姻登记管理条例〉施行后发生的以夫妻名义非法同居的重婚案件是否以重婚罪定罪处罚的批复》（1994年12月14日）已作出明确答复："新的《婚姻登记管理条例》[①] 发布施行后，有配偶的人与他人以夫妻名义同居生活的，或者明知他人有配偶而与之以夫妻名义同居生活的，仍应按重婚罪定罪处罚。"

重婚罪构成要件分析：

1. 罪体

主体：重婚罪的主体既可以是成年男性也可以是成年女性。一是有配偶的人，在夫妻关系存续期间又与他人成立婚姻关系，二是没有配偶的人，明知对方有配偶而与之结婚。根据我国的《婚姻法》一夫一妻原则，所谓有配偶，是指男人有妻、女人有夫。既然陈某已经变性，成为女人，那么他（她）还算"男人有妻"或者"女人有夫"吗？换句话说，陈某算是"有配偶的人"吗？仅从配偶的法律本意和此案例中的实际情况来看，显然陈某

---

① 此《婚姻登记管理条例》，1994年1月12日由国务院批准，1994年2月1日由民政部发布。

已经是没有配偶的人。然而，参照民政部与最高人民法院、公安部商议后给出的答复，变性人在变更了性别登记后，其原有婚姻依然合法有效，即秦女士依然是陈某的合法“配偶”。民政部的这一个答复看似与我国一夫一妻制以及异性婚姻原则矛盾，然而，正如我在本文前面“变性人的自然身份和社会身份”中论述的一样，我更倾向于将这个“矛盾状态”看作正常婚姻的一个“异态”而已，只是离婚前的一个过渡阶段，由于一夫一妻和异性婚姻制度强调的是建立婚姻时的异性结合理念，故而变性人家庭的暂时维系状态并不对《婚姻法》的一夫一妻制、异性婚姻制构成实质性冲击。综上，我认为，陈某此前存在合法配偶，满足重婚罪的主体要求。

行为：《刑法》规定，“有配偶而重婚的，或者明知他人有配偶而与之结婚的”为重婚，包括自己已婚而再与另外一人结婚和明知他人有配偶而与之结婚两种行为，此间又包括事实婚姻（事实婚姻，指没有配偶的男女，未进行结婚登记，便以夫妻关系同居生活，群众也认为是夫妻关系的两性结合）等复杂的情况。在我国《婚姻法》里面，“一夫一妻原则”是基本原则之一，“按照一夫一妻原则的要求，任何人都不得同时有两个以上的配偶；有配偶者在婚姻终止即配偶死亡或离婚后，始得再行结婚。违反一夫一妻制的婚姻不予登记，重婚于法无效，并须追究犯罪者的刑事责任”①。正如上文分析主体要件时所阐述的一样，此案例中，陈某在前一婚姻关系尚存的情况下，与另一男子结婚，其行为违反了一夫一妻原则，满足重婚罪的行为要件。

---

① 杨大文、马忆南编著：《婚姻家庭法》（一），49页，北京，北京大学出版社，2004。

2. 罪责

责任能力：重婚罪的主体是成年的男性或者女性，《婚姻法》第 6 条规定，“结婚年龄，男不得早于二十二周岁，女不得早于二十周岁”，因此责任能力的年龄要求应与此相符。此案例中的当事人的责任能力应无异议。

责任形式：重婚罪的责任形式要求必须是故意，主观方面表现为直接故意，即明知他人有配偶而与之结婚或自己有配偶而故意与他人结婚。在此案中，陈某变性后与他人结婚的主观心理状态不一定是故意。我认为这是此案是否构成重婚罪的分水岭所在。

案例中的论述为“陈某却抱歉一笑，让秦女士不要等他了，说他已经做了变性手术，现已结婚嫁人”。我们并不能由此直接看出陈某的主观状态。试分析如下：

情况一：由于 2003 年新的《婚姻登记条例》又规定：对于已经做了变性手术的变性人，只要公安部门确认了其变性身份，并且更改了变性人户口簿和身份证上的性别登记，从 10 月 1 日起，变性人可按更改后的性别办理结婚登记。如果陈某与男子结婚在 2003 年新的《婚姻登记条例》正式生效之后，基于对婚姻关系的传统认识，陈某很可能认为由于自己已经变成了女人，原来的婚姻已经自然归于结束，即原婚姻已经变成同性婚姻，不可能再存在，根本没有撤销或者解除原关系的必要，况且已经成功得以更改性别登记，再加之新《婚姻登记条例》规定，只要公安部门确认了其变性身份，并且更改了变性人户口簿和身份证上的性别登记，就可以按更改后的性别办理结婚登记，陈某显然有理由认为自己的再婚合法有效，从而并不构成重婚的主观故意。

情况二：如果陈某的再婚在 2002 年 8 月 6 日之后，2003 年 10 月 1 日之前，则可能存在明知此前婚姻需要经过离婚的方式解除原有婚姻关系，而自己原有的婚姻关系并没有得以解除的情况。也就是说陈某明知自己与前妻的婚姻关系尚存，自己需要解除与原妻的关系后才能再婚，因此其存在重婚的直接故意。

从理论上讲这个对直接故意的推定是成立的，然而，事实上还有一个细节需要注意，那就是公安机关给予登记结婚的行为。在新的《婚姻登记条例》出台之前，公安机关对于变性人登记结婚的情况没有法律法规以及以往惯例借以参考，故而不大可能贸然给予登记结婚。因此可以推定，事实上陈某的再婚应该是在新的《婚姻登记条例》颁布实施之后到公安机关登记的。从而情况二出现的可能很小，因此陈某存在重婚的故意也难以成立。

情况三：如果陈某的再婚在 2002 年 8 月 6 日之前，则民政部的答复尚未作出。此时，显然无从要求陈某对此类情况作出符合此后的答复精神的判断。只能按照原《婚姻法》、《刑法》的规定以及普通民众对于婚姻的理解来对陈某的主观认识和判断作出要求。基于传统道德观念和法制意识，民众自然知道同时拥有两个妻子或者两个丈夫是不道德和违法的，但是在民众心中婚姻应该由一男一女组成的观念也根深蒂固，很可能也就将一方变性的婚姻直接视为已经解除或者破裂，而且也没有法律告诉他们，在变性后原婚姻事实上已经不可能能存在的情况下（类似于一方死亡），不能再与别人结婚，而必须按照离婚、再结婚的程序进行。故而，法律因为存在这个空白从而不应要求变性人对事情有正确的认识、对结果有清晰的预见。

综上所述，由于陈某重婚的主观故意难以构成，因此在当前的法律框架内，我并不认为陈某构成重婚罪。如果要想将此类情况纳入重婚罪的范围，必须对《婚姻法》和《刑法》的相关内容作出修改或者给予司法解释。

三、可行性方案探讨

由于变性人的婚姻问题在现行《刑法》中没有涉及，容易造成现实中的混乱，有以下几个解决方案供探讨和选择：

1. 有观点认为，对于变性人此前的婚姻，可参照婚姻关系终止原因中的死亡（包括宣告死亡）的精神办理，这是婚姻关系终止的自然原因，而离婚则是婚姻关系终止的人为原因，即夫妻中一人做了变性手术后，其赖以存在的婚姻属性和法理基础就不存在了。我国《婚姻法》规定，男女双方自愿离婚的，准予离婚，即离婚的主体是一男一女。既然我国不承认同性婚姻，就应视为他们双方的婚姻关系已自然终止，推定一方为自然死亡，且发生与自然死亡同等的解除婚姻关系的效力，无须再去履行离婚的法定程序。就是说，此类变性后与他人再婚的情况就不用再纳入重婚罪的范畴。我认为，看似将变性后的婚姻纳入"婚姻关系终止"的范围顺利解决了现实情况与法律规定的冲突，实际上很可能导致一些问题。如果一个人做了变性手术则原婚姻关系自动终止，可能产生以下问题：

（1）对于原婚姻双方私权的侵犯。结婚权是满足条件的公民应有的权利，经过合法程序的婚姻关系受法律保护。自动终止原婚姻关系而不顾及变性人及其配偶、家人的主观意愿，显然有侵犯私权之嫌疑。

（2）容易导致婚姻关系的混乱。更改了性别则自动结束原婚姻关系，无须配偶的同意，然后合情、合理、合法的与他人缔结婚姻，可能会造成财产分割、子女抚养、父母赡养等一系列离婚中有制度解决的问题无章可循，更为重要的是，可能使得有异性倾向的已婚者或者因财产等纠纷难以实现合法离婚的人积极选择变性后自动解除婚姻关系，甚至不排除有人通过变性造假，解除原有婚姻关系，达到重新建立婚姻的目的。换言之，这样的做法道德成本、社会责任成本，特别是家庭责任成本，都会很高。

2. 另一观点认为，变性人改变性别后可以做性别变更登记，但原有的婚姻关系依然合法，受法律保护，只是婚姻关系上的“异态”而已，不会自然消失，也不能申请撤销，只能采取协议离婚或诉讼离婚途径解决问题，离婚的效力至婚姻关系解除之日起算。民政部即采取这个思路，对地方的变性人性别登记问题作出了答复。但是，有学者认为，“此规定有悖法理，与婚姻关系的本质不符，有违于我国的文化传统、伦理道德和善意风俗及现行立法，也会在实践中产生混乱”[①]。并指出，“我国基于历史渊源、文化传统背景、公序良俗等是不会认可同性婚，现行立法也只承认异性结合的婚姻形式，如果变性人与配偶的婚姻关系参照协议离婚办理，就等于变相承认同性婚，造成同性离婚的结果，这样会与我国现行法律相矛盾，陷入一种法理上和伦理上的困惑和尴尬，一方面，我们不承认同性婚，一方面又要让他们按协议离婚程序解除婚姻关系。”

本文认为，民政部该举措的确会造成变性手术之后到离婚生效之前这段时间同性婚姻处于合法状态这一问题，可能与我国不承认同性婚姻相矛盾。就这个问题，正如在前文“变性相关问题探讨”中的第三部分“变性人的自然身份和社会身份”中论述的一样，我大体上赞同民政部参考最高人民法院和公安部的意见后

---

① 张伟：《评论：变性人婚姻家庭面临的法律问题》，载《法制日报》，2005-10-16。

作出的答复，具体原因在此不再赘述。以下就具体现实操作问题提出几点建议：

（1）可以对医院做变性手术作出法律或法规规定，要求做变性手术者先行解决原婚姻关系问题，即先行通过离婚方式解除婚姻关系，再行改变性别，防止同性婚姻状态的出现，也避免由此带来的变性人重婚等问题。作为变性手术行业临床规范，确定施行变性手术的条件中就有“……必须没有以其解剖学性别（即原性别）结婚”①。目前行业内公认的临床操作规范都来自最新版的权威著作《整形外科学教科书》，其中就规定了做变性手术的几个条件，可以简称为“一个申请、一个同意、三个证明”（前文已有叙述），然而，由于只是行业的操作规范，并不具有法律强制效力，加上利益诱惑，现实中违反这些规范的行为较多。因此，迫切需要将这些重要的行业规范纳入法律法规之中，这对于规范变性手术行业，减少手术纠纷和其他不良后果具有十分重要的作用。

（2）对于在此规定前已经做了变性手术而没有离婚的，由于该婚姻登记时满足结婚的法定条件，婚姻合法有效，应允许同性婚姻作为婚姻的“异态”而过渡性地存在。

（3）变性人改变性别后应征得家人同意，持变性手术证明以及性别鉴定证明及时向公安部门申请性别变更登记，同时以“一方性别改变”为由协议解除婚姻（只要夫妻双方同意，民政机关、立法机关应该扩大协议离婚的范围至“一方性别改变”），自批准性别变更登记和解除婚姻之日起，双方的婚姻关系终止，在未获批准之前，双方的婚姻关系仍继续存在。

以上是本文关于变性人重婚及其相关问题的浅薄探析。最后，

---

① 资料来源：百度百科“变性手术”，载http：//baike.baidu.com/view/661788.htm。

想说的是，法律应该与时俱进，在变性已经成为并不罕见的现象的情况下，我国现行法律在此领域的空白给现实带来了很多问题，完善立法已经到了迫在眉睫的地步！

【点评】 该文在通俗易懂的图表的指引下，按照时间阶段着重分析了各阶段陈某的行为是否构成重婚罪，条理较为清楚，从犯罪构成和对策探讨两方面做了较为深入的分情况研究，是为可取之处，克服了思维的单一性。在犯罪构成中，虽然作者在罪体上认为陈某符合重婚罪的条件，但是紧接着，在罪责方面，作者分列三种情况加以阐述和分析，从而基本上否定了行为人的主观故意，并推翻了重婚罪的成立。尽管结果可能有争议，但这种思维方法是值得推荐的。此后，作者在可行性方案探讨中，也对该案涉及的具体现实操作问题提出了几点建议，这是值得肯定的。该文还有一个特点是对法律法规和相关资料的把握较为全面，比如《整形外科学教科书》、《中国变性手术准入制》、河南省公安厅和卫生厅的具体规定、2002 年民政部的答复、《婚姻登记条例》、最高人民法院《关于〈婚姻登记管理条例〉施行后发生的以夫妻名义非法同居的重婚案件是否以重婚罪定罪处罚的批复》等，这在该案的其他作者的作品中是很难都见到的。不过，作者能够在罪责分析上加强违法性认识和事实性认识的分析，将会使文章的说服力得到增强，理论层次得到提升。（蔡桂生）

8. 刑谦抑，法有情

——同性恋重婚案分析

郑莹莹*

一、问题

对本案处理，主要存在两种观点。一种观点认为，变性手术并不导致陈某的身份改变，所以原婚姻关系仍然存在，其行为自当构成重婚罪。另一种观点则认为，在陈某变性且进行婚姻登记后，其在法律上的身份已经是女性无疑，所以原婚姻关系不能在两个女性之间存续，故不构成重婚罪。这两种观点的争议点在于，其一，变性手术完成后，陈某在法律上的性别是否发生改变；其二，其变性后的性别会不会影响到原婚姻关系的存续。由于变性问题在我国立法上尚属空白，所以相关分析将会借助一些法律解释手段，故先从法理分析着手，为下文的实务讨论做理论铺垫。现作分析如下：

二、法理分析

随着医学的发展，人类不仅攻克了众多以往被认为是无法治

---

* 作者系北京大学法学院 2006 级本科生。

愈的疾病，而且连受之于上帝的性别也成为了手术刀“加工”的对象。变性手术，已昂首挺胸地走进了我们的视野，据统计，国内变性手术已有千余例。随着变性人群越发壮大，在伦理、法律方面也出现了不少争议，人们渐渐改变了最初对变性讳莫如深的态度，转而展开了激烈讨论。

产生争议的重要原因之一，是法律并没有及时对这一新事物作出应对。目前我国有关变性人的立法尚有诸多空白，这在国际上也是一个普遍的问题。在国内，根据有关政策的规定，在变性人要求变更登记性别且出具了符合规定的医学性别鉴定证明（开具证明的医疗单位必须是县级以上医院，且具备鉴定性别变更的技术能力）并经过省级卫生主管部门的认可后，给予办理。如果连最基础的身份问题都没能得到法律上的妥善问题，那么结婚问题、离婚问题、子女抚养问题又怎么解决呢?

罗斯科·庞德说过，“法律必须是稳定的，但不可一成不变”。这句话正好精妙地说明了变性问题在法律上的现状。虽然都具有强制性，但与政策命令的“朝令夕改”不同，法律必须具有一定的稳定性，这既是法律权威的来源，也是法作为人们行为指南的必然要求。“一个完全不具稳定性的法律制度，只能是一系列仅为了对付一时变故而指定的特定措施。它会缺乏逻辑上的自恰性和连续性。这样，人们在为将来安排交易或制订计划的时候，就会无从确定昨天的法律是否会成为明天的法律。”① 但是，“立法者难以预见到社会生活中涌现出来的大量错综复杂的、各种各样的情

① ［美］E. 博登海默：《法理学、法律哲学与法律方法》，339 页，北京，中国政法大学出版社，2004。

况……它是难以满足一个处在永久运动中的社会的所有新的需要的”①。为适应社会生活的新变化，法律也不能静止僵化、墨守成规而应该渐进式地发展变革。

但法律的变革必须有十足的必要性，且变革也需要一个过程，这使得部分问题很难在发生后得到快速解决，甚至有一些因为非大众化而“难入法眼”。难道在当下，我们就没有办法解决此类问题了吗？除了制定新的法律之外，还有什么方式帮助我们解决迫在眉睫的法律问题呢？

周旺生教授在《法理探索》一书中提到了突发事件能够在三个层面上检验一国法律的成熟程度：现行法律、法规、先例有否能够直接援用的原则、规则等；现行制度框架内有否可供法律人运用法律思维方法妥善解决问题的空间；是否允许在短时间内建置必要的新制度。② 首先，法律解释的技术可助我们在第一个层面上应对挑战。任何法律的适用都离不开一个解释的过程，进一步，通过对过去法律的解释可以将其适用到现在的生活中，从而在保护法律稳定性的同时适应形势的发展。“它（法律）是圆满的，它的内在丰富性，它的逻辑延展力，在自己的领域中任何时刻都涵盖了法律判决的整体需要。”③ 当然，这句话现在看来未免绝对，但法的解释确实是世界性的现象，是法律实际生活，尤其是法律适用中一种不可缺少的现象。也许有人会问，对法律进行解释会不会扩大法律的惩罚范围，曲解立法原意。本文认为，正确运用

---

① ［法］亨利·莱维·布律尔：《法律社会学》，63页，上海，上海人民出版社，1987。

② 参见周旺生：《法理探索》，587～589页，北京，人民出版社，2005。

③ ［德］亚图·考夫曼：《类推与“事物本质”——兼论类型理论》，7页，台北，学林文化事业有限公司，1999。

法律解释技术的前提是立足于保护宪法中规定的公民的基本权利，根据各种权利在法律中的不同地位，对相互冲突的利益作出法律上的平衡。具体的法律解释的方法，如文义解释、历史解释、目的解释等，是我们探索立法者原意的有效方法。同时，刑法特有的原则，如罪刑法定、罪刑相适应，及民事法律的特有原则，如意思自治、权利神圣、公序良俗等，本来就有其法律约束力，在法律无规定或者规定模糊不清时，理应适用上述原则以应对，因此，把握住这些原则，对我们填补法律空白大有裨益。

基于以上观点，下面对陈某重婚罪案做简要分析。

三、实务讨论

根据我国《刑法》第258条规定，重婚罪乃是指有配偶而重婚的，或者明知他人有配偶而与之结婚的。结合本罪的犯罪构成要件，现作出分析如下：

（一）罪体

1. 行为

重婚罪表现为有配偶又与他人结婚，或者明知他人有配偶而与之结婚的行为。所谓有配偶，是指男女双方结婚后，其婚姻关系未经法律程序解除而仍在存续中，即男人有妻，女人有夫；所谓有配偶又与他人结婚，是指本人已有配偶又与他人结婚；这里所说的结婚，是指双方到婚姻登记机关进行登记，领取了合法手续而结婚。①

---

① 参见苏长青：《侵犯公民民主权利和妨害婚姻家庭罪》，322页，北京，中国人民公安大学出版社，1999。

结合本案情况，陈某在第二次结婚时，第一次的婚姻关系并未经法律程序解除，但这并不代表此关系仍在存续。根据一夫一妻制的原则，我们知道，我们国家的合法婚姻要求婚姻双方必须是一男一女，同性婚姻目前并未得到承认，两个女性之间必然不可能存在婚姻关系（关于这一点，我们将在"客体"中做详细分析）。这时，就遇到了第一个问题：此时的陈某还是男性吗？

对于这个问题，各国法律也有不同规定。泰国的法律规定，男性变为女性后仍然保持法律上的男性，即性别置换后，他们的出生证、身份证和护照显示他们还是男性，且不能与男性结婚。德国 1980 年 10 月颁布的《更名和性别身份变更特别法案》（即《变性人法案》）提供两种选择，且可以互相独立或连续适用。《变性人法案》第 1 条规定"次要解决方法"，即更名。如果他三年来不再感觉自己属于自身的生物性别，法官可以授权申请人更名，更名不意味着进行变性手术。如果申请人在作出决定后成为父母，则法官的决定就废止。该法案第 2 条规定"主要解决方法"，确立手术后，法官可以授权变性和更改法律性别，但法案要求申请人未婚且不能生育。英国法规定变性人可以改变护照、驾照和医疗证上的性别，但不能得到新的出生证，也不能以新的性别结婚。相对而言，日本法的规定则宽容得多。2003 年的《性别认同障碍特别法》草案提出要更改法律性别要满足 5 个条件：（1）20 岁以上；（2）未婚；（3）没有子女；（4）因变性手术而无生殖能力；（5）外生殖器官类似于变性后的人。在申请者完成上述条件及被家庭法院判决更改法律性别后，申请者可以根据《民法典》和其他法律及条例的申请条件，按法律性别成员对待。①

我认为，回答这个问题，首先要弄清楚如何确定一个人的性别。根据视角不同，人的性别可以在 6 个不同层次中进行划分，它们分别是：

(1) 基因性别：目前已经发现十余种与性别发育相关的基因，它们分别从不同的发育阶段对胎儿的性征发育进行调控。

(2) 染色体性别：正常男性的性染色体的核型表现为：46，XY；正常女性的性染色体的核型表现为：46，XX。

(3) 性腺性别：在医学临床上，人们实际上主要依据性腺组织的特点对性别进行划分。性腺为睾丸时，不论外阴的外形如何，均划分为男性；性腺为卵巢时，则划分为女性。

(4) 生殖器性别：外生殖器性别是人们最熟悉的性别划分方法，即根据直视下外生殖器的外形来划分。

(5) 心理性别：是指个体对自己性别的认同，这一方面与基因调控相关，另一方面也与家庭教育和角色认定有关。

(6) 社会性别：主要是指个体所在的生存环境对其性别的认定，包括家人、朋友、周围人群、社会机构和法律机关的认定等。②

这 6 条标准看似简单，但在变性的前提下，问题就变得十分复杂。目前的变性手术不可能对基因、染色体作出任何改变。那么，变性手术之后的陈某显然不能说是完全意义上的女性。此时，陈某的性别变得十分尴尬，用现有的性别标准很难作出准确界定，

---

① 参见刘国生：《关于变性手术后的法律文件更改实践及启示》，载《法学与医学杂志》，130 页，第 13 卷。

② 资料来源：百度百科，载http：//baike. baidu. com/view/26498. htm。

可以说是“半男半女”。难道要为变性人创造出第三种性别吗？

第一，本文认为，陈某，包括广大变性人群，之所以选择进行手术，是在易性癖支配下的改变自己性别努力，也是对自己身体支配权的行使。易性癖可以被称作是一种心理疾病，但绝不是犯罪；支配自己身体可以说是有悖伦理，但绝对不违法。按照康德的学说，人之价值正在于人的自由。① 为了实现改变性别的愿望，变性人作出了巨大牺牲，承受了难以想象的压力，这时如果在法律上还不能承认他们的新性别是极不人性的，也是任何一个正义尚存的法治社会所不允许的。而且，医学普遍认为，变性手术是治疗易性癖的方法之一，为了对这种治疗方法在法律上给予肯定，也应当承认变性后的性别。

第二，目前身份登记上的性别，主要的依据是出生证明所标明的性别，而出生证明上的性别又来自出生时医生根据生殖器所做的判断，这在通常情况下不会出现太大问题；即使存在畸形、发育不良导致生殖器难以判断时，也能够通过染色体检测作出最准确判断。总的来说，法律上性别的判断，是以解剖学的判断结果为主，辅以染色体判断。而变性手术完成后，生殖器形态也改造完成，在解剖学上，可以说已经是女性了。这样的标准即使不是那么完美，但法学毕竟不是医学，只要制定出明确的法律上的界定标准，为判断法律上的性别提供严格指导就足够了，至于变性手术的技术性问题，大可留给医学解决。

况且，在法律上限制人一生只能有一个性别也是没什么意义的。无论生命权、健康权、人格权、身份权，都是以“自然人”为单位的，而自然人是“基于自然规律出生的人”，并没有说明在两

---

① 参见陈兴良：《刑法的启蒙》，114页，北京，法律出版社，2003。

种性别之间有什么差别，所有这些权利在性别改变了之后都还是能同样程度地行使，这正是所谓的“男女平等”。就如职业、住所、肤色一样，改变性别只是突破传统观念束缚的问题。只要保证一个人在一个时间上只具有一个性别，不会出现“既男又女”、“不男不女”的情况，其他大可不必过分苛求。而且，目前性别在我国民法中主要是具有身份上的意义，而人格中包含了姓名权、名誉权等诸多权利，但对性别则未提及。然而，由于传统观念影响，性别被赋予了浓重的名誉上的意义。尽管法律已经赋予了人身体权，但性别不仅是诸多身体特征在性方面的综合体现，更负载着人格尊严的意义，那么除了身体权，也应当在一般人格权中给予性别保护。有人担心，性别改变不利于社会管理；也有人说，承认性别的改变会在立法上带来不小的麻烦。我想，这种说法本来没有错，但推而广之，相对于身份证号姓名不就麻烦了吗，甚至于立法本身不就是一个麻烦吗？不能因为繁复而否定人的权利，法终究是要服务于人的，在人的价值面前，任何效率考虑都显得微不足道。所谓社会管理，本来就不应当被过分强调；改变性别，张三还是张三，前科、债务等社会关系经过适当调整都还可以附加在此人身上（况且一味强调前科也不利于此人重新融入社会，也极少有人变性是为了洗心革面），只要把握住出生、死亡两个确定自然人存在与否的关键时间点就足够了。性别是人的特征之一，但人有着复杂的社会属性、自然属性，改变性别只是突破了一般人的想象力，并没有突破人的社会属性，甚至连自然属性也未突破，更不可能创造出新人。基于此，本文认为，法律上应当承认陈某有获得女性身份的权利。

好在本案中，陈某幸运地完成了变性手术并取得了公安机关颁发的新的身份证明（虽然我个人认为这是本案最值得批评之处）。应该说，基于前文的分析，我认为公安机关为变性人变更性别本身是没有错的。那么，在法律上变更性别登记之后，陈某已经是一个女性了。既然是女性，那么陈某与秦女士的婚姻显然不能正常存续，此时的陈某已是他人之妻，并不完全符合行为构成要件的要求。刑法上，讲究法无明文规定不为罪，如果缺乏行为构成要件，不能通过扩大解释使陈某入罪。陈兴良教授曾讲过，“刑法是一种不得已的恶。用之得当，个人与社会两受其益；用之不当，个人与社会两受其害。因此，对于刑罚之可能的扩张和滥用，我们必须保持着足够的警惕。不得已的恶只能不得已而用之，此乃用刑之道也”，这句话在我们解决变性人重婚问题时尤其要重视。“在现代社会，公民个人的权利与利益得以重视与强调……而刑法的作用仅限于维持社会必要的生存条件。这就是刑法紧缩的深刻原因。”①

2. 客体

本罪侵犯的客体是婚姻双方中妻子一方关于一夫一妻的权利，它影响了先前婚姻关系的正常存续。那么，本案中，陈某性别的改变是否足以影响原婚姻关系的存续呢？

一夫一妻制是我国《婚姻法》的一项基本原则，它要求任何已成年的人在同一时间只能有一个配偶，不允许一夫多妻或者一妻多夫的现象存在。从理论和实践上分析，法律确立一夫一妻制的基本原则是十分必要的。因为首先，夫妻关系只有建立在彼此相爱的基础上才可能有真正的幸福可言，这就意味着双方在情感上要保持相互的忠诚。其次，夫妻关系是一种受国家法律保护的人身关系，双方都享有一定的权利和义务。比如说同居就是双方的权利和义务，任何一方不能随便别居，一方有权要求另一方履

① 陈兴良：《刑法理念导读》，197页，北京，法律出版社，2003。

行同居的义务，使自己在这方面的权利得到实现，但同时也包括自己在行使这方面的权利时，不能妨碍对方行使权利，而要达到这一点，只有在一夫一妻制的情况下才有可能，否则就会“造成一批只享有权利而不履行义务的婚姻特权人物”①。根据本原则的要求，婚姻应是一男一女的结合。一夫一妻制的特征在于婚姻关系在一男一女之间产生，任何人不能同时有两个或者两个以上的配偶，坚持一夫一妻制就意味着同性间不能形成婚姻关系。“两性差别和性的本能是婚姻成立的自然条件，如果没有两性间的这种自然条件，婚姻则无从产生，也没有存在的意义。”② 同性婚姻被世界上绝大多数国家所禁止，我国法律也不承认同性婚姻。

在本案中，陈某能嫁作他人妇，肯定是取得了新的性别登记，通过上一节的分析，我认为这也是合理的。那么在登记成为女性后，他还能作为原婚姻的一方吗？答案显然是否定的，两个女性显然不可能维持正常的婚姻，变性导致两性差别的消失，性的本能也不复存在，这关涉原婚姻的存亡。然而民政部曾表示，变性之后原婚姻登记合法有效，解除婚姻关系参照协议离婚处理。这无疑是违反《婚姻法》规定的。如果变性后的婚姻关系保持不变，就会出现法律不允许的同性婚姻。富勒曾经说过，“法治的实质必然是：在对公民发生作用时，政府应忠实地运用曾宣布是应由公民遵守并决定其权利和义务的规则。如果法律不是这个意思，那么，就什么意思都没有。”③ 要么承认同性可婚，要么规定变性后

① 苏长青：《侵犯公民民主权利和妨害婚姻家庭罪》，324页，北京，中国人民公安大学出版社，1999。

② 马原主编：《新婚姻法案例评析》，106页，北京，人民法院出版社，2002。

③ 转引自吕世伦主编：《现代西方法学流派》，68页，北京，中国大百科全书出版社，2000。

原婚姻关系消灭。尽管本文认为承认同性可婚也许并不是一个很坏的选择，这在荷兰、加拿大也已经实现，但在我国浓重的传统观点和主导政策的大背景下，一时之间在法律上承认同性婚姻有很大困难。那么，就应当完善制度，解决变性人的原婚姻关系问题，而不是消极地以自相矛盾的方式处理。对此问题的解决，方式有很多。

首先，可建议当事人在进行变性手术前与配偶协商好变性后的婚姻关系问题，能够协议离婚最好，当然，不能够强制离婚。

其次，如果协商不成，也不是说就不能够进行变性手术。应当承认，变性手术是由整容、特殊器官的摘除等一些基本医疗活动组成的，拆开来看并无不妥，只是由于人们对新兴事物需要有一个接受的过程。选择进行变性手术是人们行使身体权，支配自己身体的表现。而所谓配偶权、同居权等婚姻家庭中的权利显然是要以身体权作为基础的，因而身体权是更为根本的权利。尽管婚姻双方要受到婚姻关系一定的约束，但这种约束的合法效力并不及于更为上位的身体权。对此，我们可以赋予其配偶一定的赔偿请求权，毕竟一旦进行变性手术将丧失生育能力，配偶的同居请求权也不可能再得到实现，甚至婚姻关系也将归于消灭；同时，建议手术前尽量取得配偶的同意，以免事后争端不断。

最后，如果根本未进行协商，如上所述，变性手术仍可以以变性一方的同意而进行，但在其取得了新的性别登记后，原婚姻关系自动归于消灭。这方面的制度我认为可以仿照宣告死亡，一旦变性手术经由资质机构认定成功，就应当为变性人变更性别登记；一旦完成性别登记，原婚姻关系自动归于终结；此期间任何涉及性别的争端，以实际性别为准，登记只是社会管理的方式。也许有人会说，有的婚姻双方在一方变性后，并不打算离婚而是自愿继续作为配偶生活在一起，规定婚姻关系自动消灭是不是有剥夺婚姻自由之嫌？那么，反问一句，众多想要结婚的同性恋人是否也被剥夺了婚姻自由？没错，任何自由都是法律限度内的自由，都不可能是绝对的无法无天的自由，婚姻自由也不例外，我国并未赋予结成同性婚姻的自由。既然同性恋不允许结婚，已成同性的婚姻双方自然不能以婚姻自由为理由要求继续保留婚姻关系。双方如果愿意继续生活在一起、共同抚养子女，没有问题，这是市民生活，公民有自主决定的权利，但在法律上这种关系不再成为受保护的婚姻关系，这是没有任何疑义的。

另一方面，"在法律有'疑问'的情况下，法院并不能因此而免于适用法律……法官也可以依据立法者追求的目的来确定某一法律条文的意义"①。重婚罪是典型的源自道德的罪名，最初针对的应该是旧社会一夫多妻的婚姻制度，以保护妇女权利，改良社会风气。在重婚罪产生之初，可能立法者连同性结婚的情况都没有考虑。只是随着社会发展，同性恋渐渐进入公众视野，而一夫一妻刚好为我们禁止同性结婚提供了一件顺手的武器，从文义解释的角度来讲，这也是没有问题的。既然我们利用一夫一妻制解决了同性不婚的问题，同样的规定也适用于变性人的原婚姻关系。因此，从法条解释的角度，也应当认为原婚姻关系不复存在。

（二）罪责

本罪的责任形式是直接故意。在所谓的"明知他人有配偶而与之结婚"，这里规定的明知是构成本罪的必要条件。这在实践中

① ［法］卡斯东·斯特法尼等：《法国刑法总论讲义》，140页，北京，中国政法大学出版社，1998。

一般没有什么疑问，除了极其特殊的情况，当事人甚至不知道自己已经“被结了婚”（这种在当事人不知情的情况下，由他人代理成立的婚姻关系当然也是无效的），一般人对自己的婚姻状况还是有清醒的认识的。

本案中，陈某的行为受谴责的另一原因是陈某明知自己有十几年的合法妻子，还进行变性手术并且再次结婚，并且通过其言行（抱歉一笑，“不要再等我了”等），可以看出他毫无愧疚之意。这显然是对婚内义务的极度的蔑视，但由于情况特殊，我们处理刑法问题不能过分受感情因素左右。而且，要处理陈某的不负责任的行为，除了重婚罪，我们还有别的办法，严密的法网自然不会让任何不法行为逍遥法外。

尽管在上文我们否定了对陈某以重婚罪作出处罚的法律基础，但情感上对其抛弃妻子的不负责任的行为还是难以接受。这种感情是正常的，而法律的任务之一是维护正常的社会秩序，对一些违反公序良俗的行为不能作出处理的法律，就不能说是一部正义的法律。那么，我们在法律上可以为秦女士寻求保护找到哪些依据呢？

首先，是《婚姻法》有关配偶权的规定。配偶权的主体是配偶双方，这意味着对于配偶利益由双方共同支配，任何一方不能就配偶的共同利益为单独决定。[①] 夫妻的同居义务是配偶权的内容之一，是婚姻关系建立和得以维持的基本条件，家庭职能得以发挥的基础和前提。这也是婚姻自然属性的必然要求。所谓夫妻同居义务，是指男女双方以配偶身份共同生活的义务。“同居”的内

---

① 参见杨立新等：《人身权法判例与学说》，341页，长春，吉林人民出版社，2003。

容不仅包括夫妻共同居住于婚姻住所，而且还包括共同物质生活和夫妻性生活等内容，其中夫妻性生活是十分重要的内容。在性生活方面，包含作为和不作为两个方面的义务，其中作为义务，是指对配偶提供满足性需求的义务，否则，就构成对夫妻同居义务的不履行。根据“以故意遗弃对方为目的，无正当理由，不履行同居义务达到一定时间”[①] 的判断标准，陈某显然已属此列。但是，对不履行此义务的法律后果，我国法律并没有明确规定。为此，建议因非正常的法定事由而停止同居，他方可以提出同居权利的要求，并在权利最终不能实现的情况下，经双方协议离婚或依法向人民法院提起离婚诉讼[②]，并采取扣押收入、赔偿等方法予以制裁。

变性前协议离婚的，法律可以减少介入。婚姻关系本质上就像一种合同关系，那么在解除合同时，违约一方是否要给付一定的“违约金”，完全可以通过协商决定。本案的特殊之处在于，秦女士在此时已经无法再行使离婚请求权，婚姻关系已不存在。但可以想象，在丈夫变作女人嫁为人妇之后，心理上承受了巨大的压力；且在丈夫离家近两年的时间里，秦女士可以说是独自一人负担着整个家庭，法律赋予的配偶权她都无法享有，更承受了来自社会、来自生活的巨大压力。从婚姻中的义务来讲，当秦女士生活遇到困难时，陈某显然无法履行夫妻间相互扶助的义务；当秦女士孤单的时候，陈某显然无法履行同居的义务……陈某的不辞而别，将自己的合法妻子置于困难的境地，其失踪长达近两年。

---

① 杨立新等：《人身权法判例与学说》，344 页，长春，吉林人民出版社，2003。

② 参见马忆南：《婚姻家庭法新论》，178 页，北京，北京大学出版社，2002。

虽然未能履行这些义务不像忠实义务那样，在刑法中有专门的罪名——重婚罪来约束，但是秦女士的权利可以通过提起民事诉讼来得到一定的补偿。“侵权行为法在相当范围之内通过以反映交换和价值要求的损害赔偿的方法对公民权利予以保护，取代了古代社会刑法所承担的相当一部分功能，从而使刑法调整范围紧缩，使其成为补充法。”① 也许有人说，秦女士所受的伤害怎么能用金钱来衡量？话虽如此，但除此之外，我们还能基于什么样的补偿？维持两个女性之间的婚姻？强制陈某再变回男性？一些金钱上的补偿至少会让秦女士今后的生活容易一些，同时带来些许精神上的抚慰。与其选择刑罚，不如作出补偿，我认为，这也是社会和谐应有的理念之一。

四、思考

也许真正要规范的，是实施变性手术的医疗机构和相关行政部门。在未取得配偶同意的情况下，陈某如何顺利进行了变性手术？医疗市场的不规范，也为公安机关工作带来了极大困难。因此我认为，首先，鉴于变性手术的特殊性，有资质的医疗机构在进行手术时也应该与相关机关密切合作，已婚的要争取配偶同意，有案底或者在逃要慎重核实。其次，即使是法律上承认变性人变更性别登记的权利之后，还牵涉到变性成功的判断的问题。目前完整的变性手术需要经历一个漫长的过程，包括先期的心理准备、整容手术、器官的切除与再造、术后的激素调理、半年的心理调试等。那么，究竟手术进行到哪一个阶段算是改变了性别呢？如

① 陈兴良：《刑法理念导读》，198页，北京，法律出版社，2003。

果手术完成后效果不佳，出现医疗问题呢？比如说，某人进行变性，在整容之后因为一些原因手术无限期中断了，那么他可以申请变更性别吗？大多数人认为是不行的。另外，现实生活中还出现过这样的例子，在手术完成后，生殖器再造巩固不当，导致“不男不女”，此时根本没有生殖器可供我们判断其性别，那么此人能不能申请变更性别呢？单纯依靠生殖器官的判断，在此时就遇到了无性别人的矛盾。最后，更加令人诧异的是，本案中陈某是在没有取得配偶同意的情况下，偷偷完成了漫长的变性手术。而变性后，陈某又顺利地再次结婚，难道公安机关在变更性别登记时就丢失了当事人以前所有的个人信息？如果在近两年的过程中，任何一个步骤仅按现有规定操作，本案就根本不会发展到“重婚”的程度。我想，这些都是需要尽快出台相关标准来规范的问题，不仅是在变更性别的意义上，也在于为变性手术的医疗事故提供一定的处理依据。

我认为，随着社会观念的开明，承认同性婚姻可能是一个趋势。现今反对同性婚姻的理由多是认为同性婚姻不利于社会发展，有悖伦理等。有学者认为，刑法可能出现的负价值主要表现在三个方面：“耗费人力物力，危及公民权利和留下情感阴影。”[①] 现在少部分同性恋者也许已经体会到了这三方面的负价值。同性恋并不是犯罪，只是个人的情感选择，可以说不具有什么社会危害性。况且承认同性婚姻并不是鼓励人们同性恋，要相信大多数人的观点并不会如此容易受到误导。承认同性婚姻，一方面可以体现整个社会对小部分性取向异常的人的宽容与保护；另一方面，承认之可以使现在多处于社会黑暗角落的同性恋关系更明晰，也有利

---

① 谢望原：《刑法价值论》，65 页，北京，中国检察出版社，1999。

于国家对此类关系的管理与保护，比如在卫生健康方面提供指导等。就像我们承认了事实婚，并不会鼓励人们不领取结婚证，反而保护了少数法律意识不强的婚姻关系。反之，忽视同性恋关系的存在并不会使这种关系消失，暗处的滋长反而使得同性恋关系自身问题重重，成为了暴力案件、艾滋病的滋生场所。勇敢面对，才能合理解决。

五、小结

上述分析仅是我个人一点不成熟的思考，本来以为离我们很遥远的事情，经过这一次的“强制思考”，竟勾起了我极大的兴趣。写完此次的案例分析后，我发现自己好像隐隐地也在期待，期待有一天，认真思考过的问题，有一个尘埃落定的解决。

【点评】该文作者运用罪体—罪责理论模型对案例中的陈某进行仔细的分析，认为公安机关确认性别变更是该案之关键，在罪体上即否定了重婚罪的构成，另一方面，作者为了保护秦女士的正当利益，建议通过民法来解决，以弥补秦女士的损失，同时还认定医疗机构和相关行政部门在此案件中负有责任，从而在强调刑法谦抑的理论视野中，较好地阐述了作者个人的具体结论。由于作者在文中注意使用假设和推理等思维方式，所以该文在逻辑上也有可圈可点的地方。本文还有两个比较明显的特征，第一，能够通过阅读经典著作来加深文章的理论深度，比如在文章开头引用罗斯科·庞德的话后，又阅读了E. 博登海默的作品，特别值得注意的是作者还读了亨利·莱维·布律尔的《法律社会学》以及亚图·考夫曼的《类推与“事物本质”——兼论类型理论》，前一本书目前在坊间已经少见，后者的中文译本则仅有繁体字版，并不容易搜寻到，作者能够在精读教科书的基础上读一些专著式的理论著作，实为难得。第二，该文视野也较为开阔，比如在讲性别区别时，能够注意读其他学科知识。不过，在该文文末，作者若能从该案结论反射研究刑法总论，而不是铺陈大词，兴许会有更好的学术意义。（蔡桂生）

9. “他”“她”之间

黄若微*

一、重婚罪构成简述

本案可以简单归纳如下：秦女士与陈某结婚后，陈某失踪近两年，在一这期间，陈某进行了变性手术，重新办理女性身份证明，并与另一男子结婚。

本案要考查的核心问题在于陈某变性后与他人结婚的行为是否构成了重婚罪。因此，本文将在一开始对重婚罪的构成要件进行简要分析。虽然不免烦琐，但是后文的论证将表明在一开始明确这些基本问题的必要性。

所谓重婚罪，依据我国《刑法》第258条规定，是指“有配偶而重婚的，或者明知他人有配偶而与之结婚的”行为。

（一）重婚罪的罪体分析

重婚罪的主体是已有配偶者，客体是我国的一夫一妻制度（陈兴良老师在《规范刑法学》一书中，认为重婚罪的客体是他人①，笔者个人认为还有值得商榷之处），均较为明确，故不作论

---

* 作者系北京大学法学院2006级本科生。

① 参见陈兴良：《规范刑法学》，495页，北京，中国政法大学出版社，2003。

述。罪体部分，重点讨论重婚罪的行为问题。

由我国刑法规定来看，重婚罪包括两类行为：一是有配偶而与他人结婚，二是明知他人有配偶而与之结婚。后一种行为，就是一般所谓的“第三者”，本案中的陈某并不属于这种情况，故不予讨论。对重婚行为的理解，难点在于对“有配偶”应作何种解释？

一般认为，有配偶就是指已经与他人建立起法律上的婚姻关系，即所谓的法律婚。但是，现阶段一个不容忽视的事实是，社会中存在着一些人，他们违反结婚程序而以夫妻名义公开同居生活、群众也公认他们是夫妻，即所谓的事实婚姻的大量存在。事实婚姻，是否属于《刑法》第 258 条规定的“有配偶”的情况？

根据法律婚和事实婚的排列组合，二者可能存在以下四种情况：

1. 前后婚均为法律婚；

2. 前后婚均为事实婚；

3. 前婚为法律婚，后婚为事实婚；

4. 前婚为事实婚，后婚为法律婚。

以上四种情况，第一种前后均为法律婚的，毫无疑义符合重婚罪的行为要件。问题在于，后三种情况应如何定性？

根据最高人民法院《关于〈婚姻登记管理条例〉施行后发生的以夫妻名义非法同居的重婚案件是否以重婚罪定罪处罚的批复》，“有配偶的人与他人以夫妻名义同居生活的，或者明知他人有配偶而与之以夫妻名义同居生活的，仍应按重婚罪定罪处罚。”① 这一解释，将后婚是事实婚的情况纳入了重婚罪的范围之内，但是前婚的情况为何？前婚是否只能为法律婚？本文认为，重婚罪

① 陈兴良：《规范刑法学》，495 页，北京，中国政法大学出版社，2003。

的前婚只能是法律婚，即所谓的“有配偶”指的是法律婚的情况。在没有明文规定前婚是否包括事实婚的情况下，不应对其作任意的，尤其是不利于被告人的扩大解释，否则任意扩大重婚罪的涵盖范围，不符合罪刑法定的原则，不利于维护社会关系的稳定。因此，只有前后婚均为法律婚和前婚为法律婚、后婚为事实婚的情况，才符合重婚罪的行为要件。

（二）重婚罪的罪责分析

重婚罪的责任形式是故意，即以行为人必须明知自己的行为是重婚行为为前提。因此，若第三人受到蒙蔽，以为对方没有配偶而与之结婚的，第三人不具有重婚故意，故不构成重婚罪。

二、陈某的自然属性与社会属性的变化

本案中，陈某患有特殊的疾病——易性癖。所谓易性癖，通常被认为是在个体性角色中表现出的性别自我认知障碍性疾患。著名精神病学、性学和内分泌专家 Harry Benjamin 对“性”和“性别”曾有过精辟的论述，他说：“性（sex）是你所看到的，性别（gender）是你所感觉到的。两者之间的协调对人类的幸福至关重要。”易性癖患者是这样一个特殊的人群：他们清楚地知道自己的生物学性别，但却在心理上感觉并深信自己为另一性别的人，并强烈要求改变自己的生物学性别，渴望完全按异性的角色去生活。患者为自己的身心不一承受着巨大的心理煎熬和痛苦，情况严重者，往往有自残和自杀倾向。1949 年考德威尔首先将这种现象称为“易性癖”，把这样的个体称为“易性癖者”。目前我国的易性癖发病率资料不详，一般认为该病的发病率为 1/50 000～1/100 000左右，而且男女比例

基本接近。[①]

陈某在变性之后，由男性变为女性，自然属性发生了变化，这是没有疑义的。问题在于，其社会属性是否随着自然属性的变化而发生改变？

本文认为，陈某的自然属性的变化（由男性变为女性），是其社会属性发生变化的一个基础事实，但是社会属性变化的关键在于陈某向原籍公安机关重新办理了女性身份证明的行为。自然属性的变化是一个私人的过程，是个人完成生理或者心理变化的过程。而社会属性的变化，更多的是一个社会认同的过程，在各种社会认同之中，具有法律意义的就是国家相关职能部门的认定，在本案中，就是由公安机关所作的女性身份证明。在此，我想拿民法中的物权行为独立性理论做一个类比。物权行为独立性理论认为，双方之间的物权变动，不仅要存在一个让与合意，还必须有一个独立的物权行为，方能完成。“此种独立于债权行为之外，直接使物权发生变动的法律行为，即是物权行为。”[②] 可能这个类比并不恰当，但是，我想要说明的是，正如债权行为的发生并不能完成物权的变动一样，人的自然属性的变化并不必然导致社会属性的变化，而必须要由具有相应职权的国家机关予以认定，才是直接促成社会属性的转变完成的关键。陈某正是由于在原籍公安机关重新办理了女性身份证明，才真正完成了从“他”到“她”的转变过程。

反对者可能会认为，陈某的社会属性变化不能仅仅依据公安机关新作出的女性身份证明，而应该以是否得到一定范围内普遍

---

① 易性癖的相关资料，参见付登礼、何梅：《关于变性手术的伦理问题的研究综述》，20页，载《中国医学伦理学》，2002（3）。

② 王泽鉴：《民法学说与判例研究》，第1册，240页，北京，中国政法大学出版社，2005。

的认同为准。对此，我不敢苟同。确实，如前所述，社会属性的变化需要社会的认同，其中包括了国家职能部门的认定、亲属的认同以及生活圈子中其他相关人的认同。但是这些“认同”之中，唯一具有法律意义的就是国家职能部门的认定。在得到国家机关的认定之后，即使有人不认同，也不能从规范意义上对陈某的女性身份予以否定。

由上得出结论：陈某的社会属性，基于其自然属性的变化和向公安机关办理了女性身份证明的法律事实而发生了变化。

三、两次婚姻的效力问题

为方便本部分的讨论，在此需要先对我国现行法规定的婚姻成立的条件、婚姻无效的条件和婚姻关系的消灭作出说明。

（一）婚姻成立的条件

根据我国《婚姻法》的规定，婚姻成立的必备要件有：第一，结婚的主体为异性男女，这是由婚姻的自然属性决定的，在我国现行法还没有承认同性婚姻之前，仍应明确坚持性别限制的结婚必备要件。第二，当事人必须有结婚的合意。第三，达到法定婚龄。婚姻成立的禁止性要件有：第一，禁止重婚；第二，禁止一定范围内血亲结婚；第三，禁止患一定疾病的人结婚。

（二）婚姻无效的条件

《婚姻法》第 10 条规定：有下列情形之一的，婚姻无效：（1）重婚的；（2）有禁止结婚的亲属关系的；（3）婚前患有医学上认为不应当结婚的疾病，婚后尚未治愈的；（4）未到法定婚龄的。

这四种原因都违反了结婚的实质要件，均导致婚姻的无效。[①] 根据最高法院司法解释，这里的无效婚姻仅指已经办理结婚登记的无效婚姻。婚姻的无效是宣告无效，即指婚姻的无效必须经由有权机关的宣告，而非当然无效。

（三）婚姻终止

婚姻终止即婚姻关系的消灭，“是指合法有效的婚姻关系因发生一定的法律事实而消灭”[②]。造成婚姻终止的法律事实主要有两种，一个法律事实是婚姻当事一方民事主体资格消灭（一般认为包括了自然死亡和宣告死亡两种情形）；另一法律事实为离婚，但本案中不涉及离婚问题，故不予讨论。

陈某的第一次婚姻主要涉及的是婚姻无效和婚姻终止的问题。

首先看婚姻无效的问题。秦女士与陈某的婚姻是否因为陈某患有易性癖而自始无效？易言之，即陈某所患的易性癖是否属于《婚姻法》第 10 条所称“医学上认为不应当结婚的疾病”？若易性癖不属于“医学上认为不应当结婚的疾病”，秦女士和陈某的婚姻就不存在无效的问题；若认为陈某的第一次婚姻因其患有易性癖而自始无效，如前所述，由于这种“无效”是一种宣告无效而非当然无效，而从所给案情来看，陈某的第一次婚姻并未经过有权机关（婚姻登记部门或者人民法院）的宣告。无论从哪个观点来看，最终推出的结论都是相同的，秦女士与陈某的婚姻并不存在自始无效的问题。

其次是婚姻终止的问题。以自然死亡作为婚姻关系的终止是各国法律所确认的基本原则。有些国家在立法中明文规定了婚姻

① 参见杨遂全等：《婚姻家庭法新论》，100～101 页，北京，法律出版社，2003。
② 杨遂全等：《婚姻家庭法新论》，230 页，北京，法律出版社，2003。

关系因夫妻一方死亡而终止；而我国《婚姻法》中对此并没有明确的规定。但是，从我国《民法通则》来看，自然人的自然死亡造成其民事主体资格的当然丧失，即婚姻关系中的当事一方的主体资格已经丧失，婚姻关系也因此而当然终止。

关于宣告死亡，最高人民法院《关于贯彻执行〈中华人民共和国民法通则〉若干问题的意见》第37条规定，被宣告死亡的人与配偶的婚姻关系，自死亡宣告之日起消灭。若死亡宣告被撤销，涉及的婚姻问题可能有两种情况：若原配偶未再婚，其婚姻自行恢复，无须再经登记手续；若原配偶已再婚，其婚姻关系不能自行恢复。

现行立法中并未考虑到变性人婚姻的问题。为填补此法律漏洞，需要进行民法上的类推适用。我国台湾地区著名民法学家王泽鉴先生提出的类推适用基本思考方式，富有参考价值，图示如下：

同一法律理由：规范意旨

↗　　　　　　　↘

法律明文规定的案例类型A→法律未设规定的案例类型B

（平等原则）

该思考模式主要步骤有三：首先，确认法律漏洞之存在，即某种案例类型B，法律无明文规定；其次，基于平等原则，寻找相类似的案例类型A，探求其规范意旨，以发现同一法律理由；最后，将A案例类型之法律效果，移植于B案例类型之上。[①]

那么变性是否致使婚姻终止的问题，与自然死亡还是宣告死

① 该思考模式，详见王泽鉴：《民法总则》，64～65页，北京，中国政法大学出版社，2001。

亡更为相似呢？从宣告死亡的立法原意来看，立法者设立宣告死亡制度之初衷，在于解决因失踪人长期杳无音信而造成的相关法律关系不稳定的状况，旨在维护利害关系人而非失踪人的利益。而自然死亡之所以造成婚姻关系的终结，根本原因在于婚姻当事一方因为死亡已经不复存在，即其作为有效婚姻当事一方所必须具备的主体资格已经消灭了，因此造成了婚姻的当然终止。我认为，在我国尚未承认同性婚姻的情况下，婚姻当事一方变性（这里的变性，是指通过手术实现变性后，又经过了公安机关进行女性身份证明的认定，或可称之为“法律上的变性”）之后，作为有效婚姻一方所必须具备的主体资格也随之消灭，婚姻关系也因此当然终止。在这一点上，变性和自然死亡更为接近——两者同样是因为婚姻当事一方的自然属性发生了根本性的变化（死亡，或者性别的转换），使得作为有效婚姻一方所必须具备的主体资格丧失，从而当然终止了婚姻关系。两者的区别只在于，自然死亡是一个从“being”到“no-being”的过程，而变性则是一个从“being”到“another-being”的过程——但是，原先的这个“being”都已经不复存在，婚姻关系存在的基础，即当事一方的主体资格已经不存在了，因此婚姻关系当然也就终止了。既然法律赋予自然死亡以婚姻当然终止的效力，那么变性也应该具备相同的法律效力，即引起婚姻的当然终止。

综上所述，本文认为，陈某的变性造成了第一次婚姻的当然终止。并且，由于陈某第一次婚姻已经因其变性而当然终止，无论第二次婚姻效力究竟如何，陈某都不可能构成重婚罪了。因此，对于第二次婚姻效力的问题，不再详细论述。当然，获得女性身份后的陈某，第二次婚姻是合法有效的。

四、陈某的行为是否构成重婚罪？

行文至此，似乎可以得出一个水到渠成的结论了——陈某的行为并不构成重婚罪。理由如下：

首先，本文第一部分已经明确指出，重婚是指“有配偶而重婚的，或者明知他人有配偶而与之结婚的”行为，其特征在于先后成立了两个或两个以上婚姻关系，前婚为法律婚，后婚既可为法律婚，也可为事实婚；并且在后婚成立时，前婚效力仍然持续。而在本案中，如第三部分所述，陈某与秦女士的第一次婚姻已经因为陈某的变性而当然终止（可以认为是在陈某向公安机关办理了女性身份证明起终止），也就是说，在陈某以女性身份缔结第二次婚姻的时候，前婚的效力已经终止。由此可知，陈某的行为不符合重婚罪的构成要件，故不能构成重婚罪。

其次，表面上看，陈某拥有一夫一妻，似乎破坏了惩罚重婚罪所要保护的一夫一妻制度。但必须注意的是，重婚罪中所破坏的一夫一妻制度，其含义在于一人同时拥有两个配偶——这里的关键词是“同时”。也就是说，两次婚姻必须同时有效，即在效力持续期间上存在交集，才能构成重婚罪。而本案中陈某的两次婚姻，是先后有效，而不是同时有效，陈某作为“他”时有一个妻子，作为“她”时有一个丈夫，若认为陈某破坏了一夫一妻制度，岂不是要认为陈某同时既是“他”又是“她”？这显然是荒谬的。因此，陈某并未破坏一夫一妻制度，并未侵害重婚罪的客体。

再次，从刑法介入可能造成的实际后果来看，认定陈某犯了重婚罪也是不妥当的。假设陈某被判重婚罪，前妻秦女士能从中获得什么呢？丈夫已经变成了女人，由于目前的变性手术都是不可恢复、不可逆转的，因此第一次婚姻的自然基础或说生理基础已经不复存在，破镜重圆的可能性为零。而对于陈某新组建的家庭而言，根据1980年最高人民法院研究室《关于军事法院判处的重婚案件其非法婚姻部分由谁判决问题的电话答复》中规定：“非法婚姻是构成重婚罪的前提，法院在判决重婚案件的同时，判决书中应一并写明解除非法婚姻，这不属于刑事诉讼附带民事诉讼的问题”①。也就是说，若陈某被判为重婚罪，陈某的第二次婚姻就成了重婚案件中的“非法婚姻”，由法院在判决书中宣告解除——这样陈某本来可能幸福的第二次婚姻也遭到了摧残。仅仅为了惩罚行为人在第一次婚姻中的过错，就一定要以拆散其第二次婚姻为代价吗？这是一个“三败俱伤”的结果。刑法的介入，不能不考虑这样的后果。

最后，需要说明的是，刑法不介入，并不意味着民法就一定无所作为。刑法本着自身的谦抑性原则，对陈某的行为不发动国家力量予以刑法上的谴责，但这并不意味着陈某就毫无过错。恰恰相反，由于陈某的行为具有道德上的可谴责性——不负责任地抛弃前妻离家出走，在未通知前妻的情况下就变性并嫁与他人，对第一次婚姻造成了致命的伤害——正因为如此，才会有人要求将陈某的这一行为犯罪化。陈某的变性致使婚姻终止的行为，和自然死亡致使婚姻终止不同的一点在于，陈某在其中是有意志自由的，是有过错的，致使第一次婚姻的终止，侵犯了前妻的权利，也严重地伤害了前妻。因此，我认为，尽管陈某的行为不构成重婚罪，但是在本案相关的民事诉讼中，如夫妻共同财产分割、子女抚养等问题上，应当向有利于秦女士的方向倾斜。这与民法作

① 赵秉志主编：《中国刑法案例与学理研究》，第4卷，303页，北京，法律出版社，2004。

为市民法的特征是相吻合的。另外，对于变性人结婚这样一个立法空白，应该尽早通过立法予以填补，以维护法律的稳定性，例如规定变性之前应当通知原配偶，以免发生本案类似的情况。当然，这个问题并不是本文也不是本课程所要讨论的重点，故不展开详细论述，不过我认为它是很有意义的。**多元化的纠纷解决机制，自是刑法谦抑性的题中应有之义。**

五、法律解释——罪与非罪的两次过滤

以上分析，最终都以本部分为落脚点。法律解释是法律适用的前提，要将前面的“should be”，转化为实践中的“be”，需要通过法律解释这座桥梁。而法律漏洞的存在尤其凸显出了法律解释的意义。而我国对于变性人婚姻问题的立法空白，给予了法律解释较大的空间。

第一次过滤——类推适用《民法通则》关于自然死亡的规定：这一问题其实在第三部分，即对陈某两次婚姻的效力问题进行讨论时已经有比较详细的论述。本案的核心问题就在于：婚姻关系是否因为夫妻一方变性而当然终止？对此，我国《婚姻法》并无明确规定。当特别法中没有相应规定时，就应该转而寻找普通法中的规定。《民法通则》第 9 条规定：“公民从出生时起到死亡时止，具有民事权利能力，依法享有民事权利，承担民事义务。”所谓权利能力，是法律赋予自然人从事民事活动，取得民事权利，承担民事义务的资格和一般法律前提，由此可知，婚姻的成立自然也以双方具有相应的民事权利能力为前提。自然人的死亡，引起的最直接的法律后果就是其权利能力丧失，婚姻成立的基础也因此而丧失，婚姻当然终止——这个推理过程应该是没有问题的。也就是说，双方都存活于

世，是婚姻存在的自然基础之一。同理，由于我国目前还未承认同性婚姻，因此双方性别互异也是婚姻成立的自然基础之一。按照前述关于类推适用的思考模式，可以认为自然死亡和变性对于婚姻的终止具有相同的法律意义——都造成了婚姻存在的自然基础的丧失，因此两者也应被赋予相同的法律效果——也就是婚姻的当然终止。由于陈某的第一次婚姻在“他”变成“她”之后就终止了，因此也就不存在所谓重婚的问题了。

第二次过滤——《刑法》第13条但书规定的适用：当然，本文的“第一层过滤网”构建得并不十分严密，并不能得到每一个人的认同。那么，当第一层过滤网没能阻止陈某行为的犯罪化时，还有第二层过滤网——《刑法》第13条的但书规定。我国《刑法》第13条规定的是犯罪的定义，传统上认为这是一个实质与形式相统一的犯罪定义[①]，其中，但书规定“但是情节显著轻微危害不大的，不认为是犯罪。”在综合考虑本案情形和刑法介入的可能后果的基础之上，陈某的行为不属于应该犯罪化、应该受到刑法谴责的行为，因此《刑法》第13条的但书规定的适用就成了出罪的一个可能的途径——从所给案件事实来看，陈某的行为并没有达到刑法所要求的社会危害性，情节也可以列入“显著轻微”之列，因此对陈某重婚罪的指控并不能成立。

当然，本文认为，在第一次过滤中就可以排除陈某的重婚罪的成立，第二次过滤只是为了防止在实践中出现“漏网”的情况，属于“救急”措施，是为了防止陈某行为被犯罪化的最后一道无可奈何之下才使用的防线，而不是本文所认为的“正解”。

---

① 参见杨春洗等主编：《中国刑法论》，32页，北京，北京大学出版社，2005。

六、法里法外：一些问题的探讨

上述是对本案的基本的分析，也是本文的主体部分。但是仅仅“就案论案”，难免感到有些观点不能表达尽致。因此在最后部分，本文将进行一些相关问题的简单探讨，仅仅是一些不成熟的想法，不揣浅陋，希望与读者共享。

（一）更加文明的刑法

在刑事诉讼法的课程上，陈瑞华老师曾经提到，我们国家的老百姓看到有人被逮捕，就觉得这个人已经犯了罪，是肯定要坐牢的。然而实际上，逮捕只是一种在侦查阶段使用的强制措施而已，但是一般人已然将其赋予了国家惩罚的意义。由此，可以发现两个问题：第一，刑法作为国家对个人作出的最为严厉的评价和谴责，在一般人心目中有极大的威慑力，有时甚至只是触及刑法的边缘，就能让人感到强大的国家力量迎面扑来。第二，我们国家的刑法过于“无孔不入”，以致在一般人心目中造成了几乎是与生俱来的对于国家惩罚的警觉，并且由于刑罚资源在某种程度上遭到了一定的滥用，使得“泛刑罚化”的印象在一般人心目中根深蒂固。这样无孔不入的刑法，这样过于泛滥的刑罚，都不是一个真正法制的国家，或者说一个真正文明的国家所应有的。

耶林有言：“刑罚如两刃之剑，用之不得其当，则国家与个人两受其害。”① 而防止刑罚滥用的根本手段，就是在刑罚观念与犯

---

① 林山田：《刑罚学》，127页，台北，“商务印书馆”，1985，转引自陈兴良：《刑法哲学》，6页，北京，中国政法大学出版社，1992。

罪观念之间建立起牢固的联系，二者必须“前后相继，紧密相连”[1]。因此，“罪之谦抑”就成为了“刑之谦抑”的前提。目前，西方国家实现刑罚谦抑的主要途径也正在于非犯罪化和非刑罚化。从立法者角度来说，“非犯罪化”就是在立法中将一些已然不合时宜或者有悖于社会发展的罪名进行尽可能的缩减；而对于刑法的适用者——司法者来说，将一些位于法律边缘、可为罪也可不为罪的情况作出罪处理，则构成了“非犯罪化”的另一方面。

因此本文认为，在刑法介入之前，也就是在考虑对某一行为是否要做犯罪化处理的时候，“一方面应当确认该行为具有相当程度的社会危害性；另一方面又应当确认，作为该行为的法律反应，刑罚具有无可避免性”[2]。在本案中，陈某的行为并不具备适用刑法所要求的相当程度的社会危害性——是的，他伤害了前妻秦女士的感情，给第一次婚姻造成了毁灭性的打击，但是我认为，这样一种“危害性”并不足以使其行为受到刑罚的遣责；从另一方面来看，倘若对陈某施加刑罚，后果也不见得好——秦女士的婚姻不可能破镜重圆，因为她的丈夫已经变成了一个女人，而陈某的第二次婚姻又遭到了巨大的挫折，这个结果中，每个人都是输家，那么刑法还有介入的必要吗？答案是显而易见的。

（二）逻辑的奴隶，抑或是社会关系的调节器

“在刑法的这张脸上，包含着被害人的父母、兄弟的悲伤与愤怒，包含着对犯人的怜悯和体恤，也包含着对犯人将来的期望与祈盼，此外还一定包含着法官在充分理解犯人的犯罪动机的同时

① ［法］福柯：《规训与惩罚》，113页，北京，三联书店，2003。
② 陈兴良：《刑法哲学》，7页，北京，中国政法大学出版社，1992。

又不得不对犯人科处刑罚的泪水。"[①] 西原春夫此语难免有过于煽情之嫌，然而却十分形象地表明了刑法，或者说法律，作为社会关系调节器的根本属性。

诚如霍姆斯在其著名的演讲《法律的道路》中所言，"对于法律人的训练就是一种逻辑上的训练"[②]。确实，逻辑对于法律的重要性是不言而喻的。然而霍姆斯同时也指出了这样一种观点——认为逻辑是法律发展中唯一发挥力量的因素——的错误性。"逻辑的方法和形式迎合了人们对于确定性的热切渴望和存在于每一个人心灵当中的宁静平和。但是，一般而言，确定性只是一种幻觉，而心灵的宁静也并非人之命运。在逻辑形式的背后，存在着对于相互竞争的立法理由的相对价值和重要意义的判断。"[③] 由此，霍姆斯进一步指出，司法者必须充分认识到"他们权衡对于社会利益的考虑的责任"[④]。这也就是说，法律并不是纯逻辑的衍化，其存在的根本目的在于解决实际问题，通过调节、平衡社会利益的冲突，最终实现"最大多数人的最大幸福"。

然而必须认识到的是，由于法律自身所具有的、不可避免的保守性，造成了法律人往往容易陷入对法律自身逻辑的自我迷恋而不能自拔，从而罔顾社会现状，忘记了法律的根本意义在于调节和平衡社会利益，而并不是为了实现自身的逻辑。法律不应是

---

① 张明楷：《死刑问题上学者和法官的距离》，载《中外法学》，2005（5）。

② ［美］霍姆斯：《法律的生命在于经验——霍姆斯法学文集》，217页，北京，清华大学出版社，2007。

③ ［美］霍姆斯：《法律的生命在于经验——霍姆斯法学文集》，217页，北京，清华大学出版社，2007。

④ ［美］霍姆斯：《法律的生命在于经验——霍姆斯法学文集》，219页，北京，清华大学出版社，2007。

少数法律精英们通过精巧的逻辑游戏来炫示智力的玩具，而应该是最质朴无华然而又是最切实有效的社会利益的平衡者、保护者。一个真正的法律人应该知道如何让逻辑的力量服从于法律正义的实现，而不是以逻辑的实现为其终极目的——那样的话，他不过是一个法律匠而已，和任何一种熟练工人没有任何区别。

本案中，对于像变性人结婚这样一个处于法律边缘或者说法律空白的问题，司法者需要的是对于所涉及的多方面的社会利益的精心考量和审慎权衡。司法者在考虑到刑法介入的种种可能后果并进行了比较权衡之后，放弃了对于陈某的行为进行犯罪化，没有将其纳入刑法评价范围。但是陈某的行为又确实侵害了其前妻的权利，这个时候，民法就可以发挥其作为市民法在调整市民社会关系中的作用了。从中我们可以看到，一定的社会利益的权衡，是一切逻辑活动的起点，也是一切逻辑活动的最终归宿。至于在权衡利益时该以何种标准作出取舍，我依然选择赞同边沁的观点——“最大多数人的最大幸福”。

【点评】该文结构清晰，语言流畅，对重婚罪构成要件、陈某的自然属性与社会属性的变化、陈某两次婚姻的效力问题、陈某的行为是否构成重婚罪以及法律解释等问题进行了研究。正如本文题目所表明的，“他”“她”之间展示了变性在本文中的重要角色，由于性别上的更换，使得作者将之比拟于民法上的自然死亡，从而得出：陈某第一次婚姻已经因其变性而当然终止；那么陈某不构成重婚罪就成为必然了，作者还运用但书规定，对陈某的行为进行非罪化，主张民法的介入，认为多元化的纠纷解决机制，自是刑法谦抑性的题中应有之义。虽然结论上存在争议，但是这种综合角度的解决问题之方法却是值得肯定的，该案中争议不仅是一个刑法问题，也同样是一个民法、法理问题，甚或牵涉到法外的问题，所以，作者在本案探讨的基础上，还行走于“法里法外”，在“更加文明的刑法”、“逻辑的奴隶”等问题上作了议论，虽然文字略显青涩，但仍具有一定意义。此外，在比拟自然死亡上，作者若能进一步加深探讨这种类推适用的合法性和合理性、民法和刑法的关联、刑法之禁止类推和法律解释的关系、刑法谦抑等问题，则会让人们更容易接受作者的结论。（蔡桂生）

10. 公平区人民法院刑事判决书*

蒋道娟**

（××××）×刑初字第××号

自诉人：秦女士

被告人：陈某

辩护人：×××

自诉人秦女士以被告人陈某犯重婚罪，向本院提起控诉。本院受理后，依法由审判员正义独任审判，不公开开庭审理了本案。自诉人秦女士、被告人陈某及其辩护人×××、证人×××等到庭参加诉讼。本案现已审理终结。

本案案情：秦女士与陈某于1993年结婚，后陈某于2002年失踪，秦女士在2004年遇到陈某，发现陈某已做变性手术成为女性，并与他人结婚，经查，陈某自幼患有易性癖。原告秦女士状告被告陈某犯重婚罪。

本庭经过审理作出如下判决：

第一，在罪体上，根据我国《刑法》第258条规定："有配偶而重婚的，或者明知他人有配偶而与之结婚的，处二年以下有期

---

* 本文以模拟判决书的形式为案件进行了分析评判。

** 作者系北京大学法学院2006级本科生。

徒刑或者拘役。”可知，构成重婚罪必须具备的条件是当事人一方或双方已存在有效的婚姻关系，或者说前一婚姻关系仍然有效存续，如果一方或双方虽有婚姻关系，但其婚姻已被宣告无效或撤销，亦不能构成重婚。但是对于无效婚姻或可撤销婚姻的当事人，在其婚姻未被宣告为无效或撤销之前，仍属于有配偶的人，若与他人结婚的仍属于重婚。

陈某与秦女士的婚姻在其做变性手术之前，是合法有效的，并受法律保护，但在他做完变性手术之后，其生理机能甚至心理状态已转为女性，这时，陈某与秦女士的婚姻关系，就自动变成了两个女性之间的结合，由于我国现行《婚姻法》规定的婚姻是“男女双方”的结合，法律上不承认同性婚姻的存在，因此，陈某与秦女士之婚姻在事实上和法律上自动变为无效婚姻或可撤销婚姻，即他们之婚姻关系逻辑上已不存在，这一点是双方当事人都认同的。但是，此类婚姻在法律上的效力是，在其婚姻未被宣告为无效或撤销之前，该夫妻双方仍属于有配偶的人，从程序上看，“一项婚姻未经法律诉讼便不能宣布为无效”的原则在世界各国的立法和实践中都有体现，在我国也事实上确立了此原则，确认婚姻无效或撤销婚姻需依诉讼方式进行或经过当地民政部门登记离婚，无论何种方式，都要有一定的法律程序与手续。而陈某与秦女士的婚姻在变为无效或可撤销之后的期间内，双方均没有履行法律上的程序，其婚姻关系并没有结束，因此陈某在第二次结婚前属于有配偶之人，故陈某符合重婚罪的主体性质，并且与另一人结婚，实施了重婚的行为。

第二，在罪责上，陈某的突然失踪、私自做变性手术、到公安机关登记新的身份证并再次与他人结婚之事实均没有与秦女士商量或告知秦女士。根据《婚姻法》的基本原理，夫妻之间有相互扶养、相互忠诚的义务，对于家庭的重大事项，有相互协商的责任。而陈某的做法违反了夫妻之间彼此忠诚的义务，是对配偶权利的不尊重。最关键的是我们认为因做变性手术而导致婚姻关系归于无效或可撤销的情况，是与其中一方配偶的死亡而导致的婚姻关系消灭不一样的，必须经过法定程序方可消灭，这就类似于一方的失踪也必须经过法院的宣告失踪方可暂时结束其法律上的身份与关系，可以认定陈某为明知自己有配偶而与他人结婚，故其具有主观上的直接故意。

第三，在刑事责任承担上，考虑我国《刑法》与《婚姻法》中关于婚姻与重婚的规定，根据我国《刑法》第 13 条的但书规定："情节显著轻微危害不大的，不认为是犯罪。"和最高人民法院 1984 年 8 月 30 日在《关于贯彻执行民事政策法律若干问题的意见》中所强调的："因重婚而提出离婚的……首先由刑庭处理重婚问题。对离婚问题，要根据婚姻基础、重婚的原因和子女利益等情况酌情处理。"

因此，对于本案，本庭认为，被告陈某有充分的正当理由认为其婚姻关系状况有其特殊性与"应当获得法律同情"性。陈某自幼患"易性癖"，且经查明该情况属实。目前医学上普遍认为，易性癖是一种心理障碍性疾病，属于性别身份识别障碍症，患者在心理上感觉到自己是异性，并渴望改变自己的生物学性别，该病的治疗方法有心理治疗、药物治疗和外科手术治疗。变性手术即是利用医学整形外科手术，切除患者原有生殖器改成异性的结构并切除性腺，同时进行表形重塑，以符合其自我性别的认定，消除其性别身份识别障碍，使之心理平衡。①

该病的发病率对于绝大多数普通人来说比较罕见，被告陈某所承受的心理压力根据正常性推断是很大的，而且他的突然失踪并做

① 参见匡调元：《性别体质学探讨》，载《上海中医药杂志》，2000 (1)。

变性手术的行为我们认为也属于罕见行为，对于这样的同样受宪法与法律保护的公民与其他公民相比，其显然具有心理与生理上的不公平性，是属于社会中处于弱势的少数派，如果我们将陈某作为一个正常的、与同样犯重婚罪的普通人一样看待，那么就是赤裸裸的基于分配正义而进行的不平等的合法剥夺与惩罚，我们认为这与惩罚一个“私密窃取”了别人钱包的患有精神病的人，而判他犯了“盗窃罪”是一样的荒谬。即使可能根据自由意志说，陈某并不是像精神病人一样完全失去了支配其自由意志之能力，但也可以认为他在与秦女士的婚姻上不具有健全的自由意志（因其本身有易性癖）。

同时我们也考虑到被告方意见中的罪刑法定原则，但本案不能单纯地认为法律上没有对之加以规定，根据法律解释的意思解释等，还是可以得出被告具有重婚罪的，但是基于《刑法》的“谦抑性”原则，即在定罪与适用刑法中，采取紧缩的态度，用最少的刑法支出来达到有效预防和控制犯罪的目的，这也是罪刑法定原则的必然要求。加之对于该案的后果来说，其危害后果的程度的确达不到要实施刑事制裁的程度，考虑具体情况，根据个案平衡原则和我国《刑法》第 13 条，因其情节显著轻微，不认为是犯罪，并且陈某不承担刑事责任。

第四，对于该案的附带民事诉讼（如果秦女士提起），本庭认为，陈某即使不承担刑事责任，但因其有直接故意的行为而对秦女士造成了心理及经济上的损失，应当有责任赔偿秦女士之精神及物质损失，并且双方应当尽快依法律程序解除婚姻关系，并协商解决相关财产事宜。

综上，本庭宣判原告秦女士诉被告陈某重婚罪一案：被告陈某从主观上与客观上有构成重婚罪之事实，但考虑本案被告的特殊生理情况，根据《刑法》第 13 条，因其社会危害显著轻微，不认为是犯罪，认定被告不承担刑事责任，但负责承担原告合理的民事赔偿责任。

以下是本案判决之学理基础，及由本案引起的司法实践操作的探讨：

一、关于陈某是否违反一夫一妻制的说明

一夫一妻制，是指一男一女结为夫妻的婚姻制度，又称个体婚制，其基本含义有：(1) 任何人都不能同时有两个或两个以上配偶。(2) 已婚的在配偶死亡或离婚之前，不得再行结婚。(3) 一切公开或隐蔽的一夫多妻或一妻多夫都是非法的，应予以处理和制裁。

这就是说，无论公开的或隐蔽的一夫多妻或一妻多夫的两性关系都是非法的，这显然是基于我们几千年来的生理常识而形成的既定概念，是以解剖学上的概念来判断男女性别的，因此，本案陈某变性后再婚可以说是同时有一个妻子和一个丈夫，明显不违背一夫一妻制原则，但这是一种只按字面意思理解而忽视其真正内涵的解释，在当时的立法水平与伦理观念条件下的一夫一妻制的确是如此理解的，陈某既没有多夫，也没有多妻。但是从实质上来看，一夫一妻制的正确理解为一个人应当只有一个配偶，而违背一夫一妻制的定义应该是一个人有多个配偶。婚姻关系作为一种身份法律关系，具有不可处分性与不可分割性，前者指婚姻家庭关系不是其自由处分的对象，任何人不能通过个人行为而“转让”或“放弃”其作为家庭成员的身份，后者指亲属之间的权利义务是一种统一和完整的存在，任何人不得只享受产生于婚姻家庭的权利而拒绝履行法定的义务。

这里可能又要考虑到因为我国没有承认同性婚姻，那么如果

将陈某看作女性，那么她的后婚是符合一夫一妻制的，这时他与秦女士的婚姻就变为了两个女性的婚姻，还能将她们看作是配偶吗？如果不是配偶，那么陈某是否就没有违反一夫一妻制呢？同理，如果将陈某看作男性，那么他与其后婚者又算不算配偶关系呢？我们认为，这都是由于我国不承认同性婚姻所致，但我们可以放弃其一夫一妻制的外表而深入其实质去考虑，陈某与一男一女都有过“配偶”之实，而且在两段“婚姻”的重合处，在法律上他们不符合法律的一夫多妻或一人多偶的违反一夫一妻制的原则规定，但对于这样的法律真空，必须要用司法解释来加以规范，从实质上来看，鉴于他们确有“配偶”之实，而且陈某在做变性手术时并没有通知秦女士，而且离家出走，做完变性手术后也没有及时与秦女士离婚，而是再次登记结婚，这从陈某的主观上分析是故意的，有破坏婚姻的意图与行为。

二、关于变性手术之后婚姻解除之前的法律规范问题

此案折射出我国甚至世界各国相关法律存在的滞后性，尽管变性手术已逐渐被人们了解和认可，但有关婚姻等方面的法规还没有对这一特定人群作出具体规定。一种观点认为，对于变性之后重新缔结婚姻的，其以前的婚姻关系必须依法律程序宣告解除，即必须办理离婚手续，如未履行这一法定程序，从理论上说已构成重婚罪；另一种观点认为，离婚诉讼的提起须以合法夫妻关系的存在为前提，须基于一定的身份关系才可行使，由于一方当事人的变性行为，致使婚姻的合法性丧失，一方当事人已自然丧失配偶身份权，其婚姻关系应视为如同丧偶一样自然解除，因此该变性人与原配偶之间的婚姻关系应视为不存在，原先建立在婚姻

意义上的家庭已自然解体。

这两种观点都有其自身的道理，其争议点在于夫妻一方变性后其婚姻关系是须经过法定程序而宣告解散还是自动解散，本庭之判决采第一种观点，我们认为，婚姻家庭关系和其他亲属关系是人类社会最基本、最普遍的社会关系，大约在17世纪，法国学者多马特（J. Domat）在其《自然秩序中的民法》一书中，提出了这样一个基本观点：因婚姻和出生而产生的法律义务与其他所有类型的债务不同，它较少地给予个人的意思自由，而更多地受公共秩序的支配，因而它与民法的其他领域相分离。[①] 婚姻是一种重要的法律行为，从民事角度上来说，婚姻是双方当事人基于对彼此的了解和情感的相互认同而缔结的两性契约，性质上类似于民法上的合同，但其给予个人的意思自由不能多到任意解除；相反，当事人双方都要认真履行，要想解除，必须依照法定的条件和程序进行，这也是与婚姻法的普遍性与稳定性相符合的，稳定性是一种长期的伦理结合，而不是一种短暂的基于利益的结合，如血亲关系只能基于出生、死亡的事件而发生、终止，不能通过法律行为或其他途径而人为地解除，如婚姻关系、拟制血亲关系虽是基于血亲而创设，也可以人为地解除，但至少是相对稳定的，并且其解除除了基于自然人的死亡之外，必须依靠法律程序。因此认为一方当事人变性后，建立在原婚姻意义上的家庭自然解体是不能与一方配偶死亡而使婚姻自然解体相提并论的，我们只能认定，其在事实上婚姻关系解体（如果婚姻法不同意同性婚姻的话），但在法律上其处于真空状态，在没有依法履行法定程序结束婚姻状态时，不能认为其中一方当事人丧失了配偶身份。我们认

① 参见王洪：《婚姻家庭法》，1页，北京，法律出版社，2003。

为司法解释可以将之作为法律上之拟制配偶，专门针对婚姻当事人一方在婚姻存续期间做了变性手术到该婚姻关系依法解除这段时间的对于婚姻关系的特殊规范（请注意我们讨论的前提是我国婚姻法并不承认同性婚姻时的做法，关于同性婚姻见后文）。

三、关于陈某自然身份与社会身份的变化的说明

婚姻家庭关系是特定的人与人之间的社会关系，即以男女两性和亲属间的血缘联系为其自然条件的社会关系，婚姻家庭关系具有双重属性，即社会性和自然性。婚姻家庭的自然属性，是指婚姻家庭赖以形成的自然条件和婚姻家庭所包含的自然规律，它体现了生物学、生理学规律在人类婚姻家庭方面的作用，具体表现在以下方面：男女两性的生理差别和人类的性本能，构成婚姻中男女结合的生理学基础；通过生育而实现种的繁衍，家庭中父母子女、兄弟姐妹等亲属网络的血缘关系和基因遗传，构成家庭的生物学上的特征。婚姻家庭的社会属性，是指社会制度赋予婚姻家庭的本质属性，在本质上婚姻家庭是人与人之间一种特殊的社会关系。

我们普遍认为，婚姻家庭的本质只能决定于它的社会属性，自然属性只是婚姻家庭的特点和前提条件。我们不能夸大自然属性对婚姻家庭的作用，也不能将自然属性和社会属性并列为同等地位，社会属性是人类的根本属性，婚姻家庭关系依存于一定的社会结构，具有一定的社会内容，所以婚姻的社会属性是超过自然属性的。

因此，作为身份关系的婚姻，当事人的社会身份是高于自然身份的。其社会属性是其被社会大众、社会道德与舆论所认可与评价的，对于陈某，做完变性手术后，其自然身份有了变化，其社会身份也应当发生变化，但其变化不是一个瞬间动词，而是一

个连续的过程与阶段，有一个社会身份的渐变期，因为其变性后原来的社会关系和社会权利义务有一个了解与重新缔结和再生的过程。我们认为，在这个过程中，其社会身份是处于不确定期的，陈某作为一个有正常人的理性思维的人，在其社会身份的不确定期，即其原有婚姻关系没有经过法定程序结束，这时，陈某就应该对其行为负责，原法定的婚姻没有正当解除，就不应认为其社会身份已完全变化，至少在婚姻这个社会关系上还没有完全转化。

四、关于同性婚姻之立法

其实本案涉及的一个关键的背景问题是同性婚姻是否应该被立法合法化，如果我们的答案是肯定的话，那将导致我国甚至世界上绝大多数国家婚姻法的崩溃，一夫一妻制的破灭，更进一步是社会伦理的道德反抗。与其他法律关系相比较，婚姻家庭关系有许多自身的特性：人身属性、自然属性和社会属性，婚姻家庭关系是人类的两性关系和血缘关系，这是一种特殊的社会关系，是以一定的自然条件为基础，男女两性的生理差异和人类固有的性本能是形成婚姻关系的自然条件，通过生育而形成的血缘关系，是产生家庭关系的生物学基础，因此，婚姻家庭关系要受到生理学和生物学领域内的某些自然规律的约束，比如婚姻只能在异性间缔结。这是传统婚姻法的普遍观点，从实践处理法律纠纷来说，如果不变更法律，不认同同性婚姻的合法性，在本案中可能将之作为一个特例，制定一个司法解释就可以了，但如果出现当事人双方原来是异性，合法结婚后其中一方做了变性手术而变成了同性婚姻，而且自愿继续婚姻生活时，其婚姻能否被强制宣布解除等，随着变性人和同性恋的公开化，其产生的社会问题与纠纷将会层出不穷，不是仅仅靠针对个案所作的司法解释就能完全解决的，但我们认为在这个传统婚姻法与现代新情况出现的博弈中，为了不使婚姻法瓦解，也只有实行司法解释的方式来应对这个特殊群体，不过司法解释的内容应该具有实质性的建设与应对普遍的涉及同性婚姻的内容，而这种实质性的内容就是明确的价值观念上的是否同意同性婚姻。

如果不同意，那婚姻法将继续保持其完整性，对于本案，当司法解释明确否定同性婚姻时，我们可以作出推断或者司法解释进一步说明，同性婚姻当然的无效，自当事人双方为同性时起无效，这样才能保证司法解释的权威性，这样对于社会大众的舆论与道德观念也有其安抚与迎合之意。符合“大多数人”的利益，这样看来，这种司法解释是最好的、最经济的了，而美国的判例也是如此规定的，但这唯一损害的就是那些同性恋的社会少数群体，我们无疑剥夺了他们的宪法权利，可以说造成了“多数人的暴政”。但如果我们同意同性婚姻，最直接的就是对我们的婚姻法加以修订，首先就是一夫一妻制的破灭。婚姻法规定的婚姻模式是一夫一妻制，是两个异性之间的结合，不承认同性之间婚姻的概念，根据婚姻法的精神，一个人在婚姻中只能有一个身份，或为人妻，或为人夫，不能同时既为人夫又为人妻。如果具有了双重身份，那么我们将会无法对此人的身份进行准确的判断，从而影响到此人社会行为的价值认定和法律认定。这还只是一个社会立法的问题，接踵而来的应该是全社会的道德呼声，可以说这足以掀起一场关于从社会契约论到自由、人权、宪法权利与从家庭伦理结构到道德、观念、意识的论战。而这显然不是本判决书所能定论或作出最终决断的。但是我们要强烈建议应当尽快用法律将同性婚姻这种情况加以法律规范，不能使之处于无法律的不确定状态，既然社会事实已经存在，而且其已有一定影响力，与其回避、规避法律，不如法律将之明确化。

五、对于变性手术的法律规制

目前临床采用医学整形外科手术医治易性癖已取得较好的效果，许多国家设立了专门的变性中心治疗易性癖患者，并且有相关的法律规定，我国实施变性手术的人据保守估计，国内手术例数已有数千例，由此而带来的法律问题越发凸显，对于变性手术的规制也不容忽视。从保护患者权利角度讲，易性癖患者有得到疾病医治的权利，同理，作为疾病的治疗手段，变性手术应看作是正当的、合法的。[①] 但对于哪些人可以做手术、何时做手术、做完手术后的一系列必办的变更登记甚至重办登记等都要由法律进行规范并作出明确的规定，而与本案最密切的就是应当有法律上的规范要求患者变性时不存在婚姻关系为前提，这也是一个解决变性与原婚姻的法律真空的一个办法，也就规避了由异性婚姻变为同性婚姻后，婚姻关系是否存在的问题，当然，如前所述，这也不是靠一两个司法解释就能解决的，因为变性手术还涉及其他问题，应该由专门的法律规制。美国的很多州，包括纽约、佛罗里达、威斯康星等，也专门颁布了规范变性手术的法律，易性癖患者的自由权也得到了最大限度的保障。最近发生的由变性手术引起的法律事件，引起了人们的担忧，北京市东城区公安分局经检察院批准逮捕了涉嫌诈骗的犯罪嫌疑人易某，但因易某在行骗

① 参见陈焕然、陆利平：《变性手术立法刍议》，载《科技与法律》，2002（10）。

后逃逸期间做了变性手术，给办案增添了不少麻烦。[①] 很多暴露了缺乏规范的弊病，对于变性手术进行立法，已经是紧迫和必需的了。有学者提出了具体的立法建议，如任何破坏婚姻关系和侵犯婚姻当事人的行为，均是违法行为，患者在婚姻关系存续期间的变性行为，是对原有合法婚姻的破坏，要受到法律的追究，因此给婚姻对方造成的侵害，应承担法律责任，鉴于此，应当规范要求患者变性时不存在婚姻关系。[②] 另外，还有其他的严格的技术条件，如易性癖的诊断正确无误、精神病专家证明其精神状态正常、其无子女或子女已成年、当地公安部门进行司法鉴定并备案同意术后更改身份证上的性别、至亲家属无反对意见、患者对术后可能出现的情况十分清楚并有心理准备等。[③] 这些都要求社会要及时正确地制定相应的法律对这一新事物加以规范，尽量减少它带来的负面社会危害性。

如不服本判决，可在接到判决书的第二日起××日内，通过本院或者直接向××××人民法院提出上诉。书面上诉的，应交上诉状正本一份，副本×份。

审判员：正　义

××××年××月××日

（院印）

本件与原本核对无异

书记员：×××

---

① 参见《中国民航报》，2000-03-23。

② 参见杨平、刘庆辉：《变性手术法律问题研究》，载《河北法学》，2007（2）。

③ 参见陈焕然、陆利平：Comments on Denaturation Operation Legislation，载《科技与法律》，2002（1）。

【点评】 该文的一个非常突出的特点是采取了判决书的形式对刑法案例进行剖析，在体裁上不拘一格，体现出作者独到的想法。具体而言，在该案判决结论上，作者运用罪体—罪责—罪量的犯罪构成理论，肯定了陈某在重婚罪主体上的适格（罪体）和具备重婚的主观故意（罪责），最后作者依据我国《刑法》中独特的第13条但书在刑事责任的承担上对行为人进行了非罪化（罪量）。虽然通过第13条进行非罪化显得在逻辑上有些囫囵，但是从政策的角度考虑也未尝不可。该案的陈某最终意义上是否构成重婚罪实际上并不是特别重要，因为该案本来就是存在争议的，故而分析的路径和思维的展开才是我们应当着重强调的。该文思路较为清楚，在进行了定罪上的分析后，还卓有见识地推进了法院判决书的说理，由于种种原因，我国法院判决书的说理一直为学界所诟病，这不仅仅是一个法学问题，也是一个社会问题，法学理论上的努力就是要力促形成一个讲理的氛围。此外，作者还从法政策的角度探讨了一夫一妻制、变性手术之后婚姻解除之前的法律规范、拟制配偶、自然和社会身份、同性婚姻、变性手术的法律规制等诸多问题，视野较为开阔且颇有见地。当然这也在一定程度上削弱了文章讨论焦点，作者若能加强文章的理论问题意识则更好。（蔡桂生）

下 编

抢劫性勒索行为之定性

案情及参考答案

陈兴良

2006年6月9日16时许，被告人马某纠集多人，分别乘坐两辆汽车窜至某村，将该村支书沈某的头蒙住，强行带到山上某偏僻处，持砍刀、手枪等作案工具威胁沈某要将其活埋，向沈某强行索要10万元，并声称是借款，以后要归还。后经沈某求饶，双方谈至3万元。马某当场给沈某打了张“今借到沈某三万元整，三个月内归还”的欠条。随后，马某将沈某送下山，找了辆出租车，让司机和沈某一起去取钱，并威胁其不得报警。沈某借机脱身后报警，马某在等候取款时被警方抓获。

问题：请分析马某的行为是否构成犯罪，以及构成何种犯罪(绑架罪、敲诈勒索罪、抢劫罪)?

本案被告人马某的行为，首先存在一个是否构成犯罪的问题，然后才是构成何种犯罪的问题。就是否构成犯罪而言，主要涉及被告人马某的行为是否属于强制性借款。因为在本案中，被告人马某声称是借款，并且也确实给沈某打了一张3万元的欠条。如果仅仅是在借款当中使用暴力或者以暴力相威胁，行为人主观上并没有非法占有他人财物的故意，则不构成犯罪。只有以借款为名，实际上是以暴力或者以暴力相威胁为手段而非法占有他人财物，马某的行为才构成犯罪。

当然，在本案中判断被告人马某的行为是否借款，不能仅仅凭其口头声称，也不能光看欠条，而是要看是否存在其他证据，例如事先和他人是如何商量的，是否存在急需用款的事由，以及归还的可能性等。根据以上情况加以综合判断。

如果本案被告人马某确实是以非法占有为目的，借款只是一种借口而已，那么，就需要进一步分析马某的行为构成何种犯罪。这里主要涉及绑架罪、敲诈勒索罪和抢劫罪三个罪名，我采用排除法，逐个加以论证。

我们首先来看绑架罪。根据我国《刑法》第239条的规定，绑架罪存在三种情形：一是以勒索财物为目的绑架他人；二是绑架他人作为人质；三是以勒索财物为目的偷盗婴儿。本案涉及的是绑架罪的第一种情形，也就是通常所说的绑架勒赎。在刑法理论上，以勒索财物为目的的绑架罪，其绑架手段是指使用暴力、胁迫或者其他方法将他人予以劫持或者以实力控制，对此并无争议。但勒索财物的对象是谁，由于法律规定不明确，实践中容易发生误解。应该说，绑架罪的勒索财物并非向绑架人本人勒索财物，而是利用被绑架人的亲属或者他人对被绑架人安危的忧虑而向被绑架人以外的其他人勒索财物，这也正是绑架勒赎的含义所在。

在本案中，马某对被害人沈某使用暴力将其劫持，这一行为在外观上与绑架罪是相同的。但马某并没有扣押沈某为人质而向其亲属勒索财物，而是向被害人沈某本人勒索财物，因而马某的行为不符合绑架罪的构成要件，不能以此定罪。

那么，被告人马某的行为是否构成敲诈勒索罪呢？根据我国《刑法》第274条的规定，敲诈勒索罪是指以非法占有为目的，对被害人实施威胁或者要挟的方法，强行索取数额较大的公私财物的行为。由此可见，敲诈勒索罪的手段是威胁或者要挟，尽管威胁内容可能包括暴力，但这种暴力不可能是当场使用的暴力，而只能是将来可能实施的暴力。如果说，在以胁迫为手段的抢劫罪的情况下，还会发生抢劫罪与敲诈勒索罪不太容易区分的问题。那么，在当场使用暴力的情况下，其索要财物的行为不可能构成敲诈勒索罪，是毫无疑问的。而在本案中，被告人马某已经实施暴力将被害人沈某劫持，因此，尽管马某具有对沈某强行勒索财物的行为，但其行为已经不属于敲诈勒索，而是一种使用暴力的勒索，因而马某的行为不构成敲诈勒索罪。

既然被告人马某的行为不构成绑架罪和敲诈勒索罪，那么是否必然构成抢劫罪呢？马某的行为是否构成抢劫罪，还是一个需要论证的问题。根据我国《刑法》第263条的规定，抢劫罪是指以非法占有为目的，以暴力、胁迫或者其他方法，强行夺取公私财物的行为。在我国传统刑法理论上，对抢劫罪的认定上强调“两个当场”，并以此作为与敲诈勒索罪的区分。这两个当场就是：当场使用暴力与当场取得财物。笼统地说，这两个当场似乎能够成立：抢劫罪是当场使用暴力，敲诈勒索罪是将来使用暴力；抢劫罪是当场取得财物，敲诈勒索罪是将来取得财物。但仔细分析，上述两个当场的观点存在明显的漏洞。在不具备两个当场的情况下是否就一定构成敲诈勒索罪呢？例如，当场使用暴力而将来取得财物，或者将来使用暴力而当场取得财物。

为叙述方便，我们先讨论将来使用暴力而当场取得财物，这里的将来使用暴力是指以将来使用暴力相威胁。抢劫罪的胁迫应当是以当场使用暴力相威胁，因此，若以将来使用暴力相威胁而当场取得财物，显然不构成抢劫罪。在这种情形下，可以成立敲诈勒索罪。因此，敲诈勒索罪也可以是当场取财。

关于当场使用暴力而将来取得财物，其行为不构成敲诈勒索罪，我在前面已经论及。在这种情形下，如果强调两个当场，也不能构成抢劫罪。因此，我们就对当场取得财物抢劫罪是否成立的必要条件产生疑问。在绝大多数抢劫罪中，都是当场取得财物的，但是也并不排除在个别情况下不是当场取得财物也可以构成抢劫罪，这就是所谓抢劫性勒索。德国刑法典第255条有关于抢劫性勒索（也译为暴力敲诈）的规定：以对他人人身实施暴力或立即危害其身体或生命为胁迫，进行敲诈勒索的，按抢劫罪论处。对于这一规定，我国留德学者樊文认为，这是一个独立罪名，处罚上以抢劫罪的刑罚幅度处罚。而译成“以抢劫罪论处”，容易让人误解为构成抢劫罪。樊文认为，本罪与抢劫的关系取决于：勒索的犯罪构成要件是否受处分财产要求的限制。如果以自我损失的财产处分为前提，那么，勒索与抢劫的犯罪构成要件就是一种排他性关系。因为劫取和交付（财产处分）原则上是相互排斥的。如果是劫取就是抢劫，如果是自我损失的交付就是勒索。（樊文的上述观点是在电子邮件中与我讨论当年司考的刑法题目时所述，特此注明。）按照这个观点，劫取与勒索是有区别的：劫取是犯罪人在财物所有人或者保管人完全丧失意志自由情况下的占有财物，而勒索是犯罪人在所有人或者保管人产生恐惧心理而交付财物，两者存在程度上的差别。基于这一区分，应将抢劫性勒索视为勒索罪的加重情形，仅仅因为其性质严重而准用抢劫罪的法定刑而已。这一分析也许是有道理的，但在我国刑法中不能完全照搬。因为我国刑法未对所谓抢劫性勒索罪作明文规定，如果将其理解为敲诈勒索罪，则明显是轻纵犯罪人。因为抢劫性勒索其手段具有暴力性，在性质上与抢劫相当。在这种情况下，我认为在我国刑法中抢劫性勒索应以抢劫罪论处。因此，抢劫罪的当场取得财物并非适用于任何案件。从本案的情况来看，被告人马某采用暴力手段劫持沈某，又以借款为名强行勒索3万元，其行为构成抢劫罪。但沈某在取钱时借机脱身报警，并将马某抓获。因此，被告人马某的行为属于抢劫未遂。

1. 徘徊于此罪与彼罪之间

——对“非典型”暴力取财犯罪行为的认定

梁　日*

本案中被告人马某实施了多个行为，其目的都是以暴力或胁迫的方式非法占有他人财物，而这些行为从表面上看似乎既具有敲诈勒索的性质，又具备绑架和抢劫的特征，那么马某究竟构成何罪，抑或是马某的行为尚不构成犯罪？由于上述几种罪名极为相似，并且在构成要件上存在交叉区域，因此仅仅根据法条的表述，无法判断马某的行为性质。本文将通过对以上三个罪名进行犯罪构成的梳理和比较，结合具体案情进行分析，才能给出一个更加客观的结论，从而正确地适用刑法，并充分实现法律所追求的终极价值——正义。

一、马某的行为是否构成敲诈勒索罪？

在本案中，马某等人以“活埋”来胁迫村支书沈某，目的是对沈某形成精神控制，并通过威胁的方法达到了被害人同意支付其3万元的效果，那么马某的行为是否构成敲诈勒索罪呢？《刑法》

---

* 作者系北京大学法学院2006级本科生。

第274条中规定："敲诈勒索公私财物，数额较大的，处三年以下有期徒刑、拘役或者管制；数额巨大或者有其他严重情节的，处三年以上十年以下有期徒刑。"由此可见，我国刑法对敲诈勒索罪规定得较为抽象和概括，是一种简单罪状，因此应根据一般理解，对敲诈勒索罪的构成作如下分析。

（一）对于敲诈勒索罪的规范分析

敲诈勒索罪是指以非法占有为目的，采用威胁或者要挟的方法，强行夺取公私财物，数额较大的行为。

1. 罪体

行为：敲诈勒索罪的行为是采用威胁或者要挟的方法，强行索取公私财物。这里的威胁，是指对被害人及其亲属以杀、伤相威胁。要挟则是指以揭发、张扬被害人的违法行为或者以隐私相要挟。强行夺取公私财物，既可以是当场取得，又可以是事后取得。应当指出的是，上述敲诈行为与勒索行为之间的关系存在以下两种情形：(1) 敲诈而事后取财。该情形是指以威胁或者要挟的方法使人恐惧，从而事后取得财物。例如，通过投递恐吓信而事后取财。(2) 敲诈而当场取财。该情形是指以威胁的方法敲诈勒索，从而当场取财，其威胁内容不具有当场实施性，而只能是以事后付诸实施为必要条件。

客体：敲诈勒索罪的客体是公私财物。

2. 罪责

敲诈勒索罪的责任形式是故意，并且具有非法占有的目的。这里的故意，是指明知是敲诈勒索行为而有意实施的主观心理状态。

（二）结合案情的分析

在本案中，行为人马某实施该行为针对的客体是村支书沈某的财物，在主观心理上是故意，且马某具备刑事责任能力①，因此对于客体和罪责的认定是比较清楚的。那么，要判断马某是否构成敲诈勒索罪，就应着重分析其行为是否符合敲诈勒索罪的行为要件。

在以上的分析中，我们已经知道敲诈勒索行为存在两种情形：第一种是敲诈而事后取财，第二种是敲诈而当场取财。敲诈而事后取财指以威胁或者要挟的方法使人恐惧，例如通过投递恐吓信而事后取财。在本案中，马某实际上是当场向沈某索要财物，只是在沈某身上没有足够钱财的情况下，马某才让沈某回家取钱；同时，马某并非与沈某约定了另外的时间或场所进行财产交付，而是命令沈某立即取钱，马上回来将钱财交付于自己，该钱财的交付具有当场的性质。因此，马某的目的行为并非是敲诈而事后取财，不属于敲诈勒索罪行为要件中的第一种情形。

那么，马某的行为是否符合第二种情形，即敲诈而当场取财呢？本文认为马某的行为也不符合第二种情形。理由在于：由于第二种情形中，要求威胁的内容必须不具有当场性，而在本案中，马某等人持砍刀、手枪等作案工具威胁沈某要将其活埋，而这种威胁是具有当场实施性的威胁，若是沈某不答应交付财物，马某等人就会将其马上活埋，这种具有当场实施性的威胁已经超出了敲诈勒索的范围，不具有敲诈勒索行为的特征。因此，马某的行为不能认定为是敲诈勒索行为。

综上所述，由于马某对沈某的威胁具有当场实施的可能性，该威胁行为不符合敲诈勒索罪的行为特征，因此马某并不满足敲

---

① 在案情概要中并未提到马某是否具备刑事责任能力，为便于分析，本文假定马某具备刑事责任能力。

诈勒索罪的构成要件。

二、马某的行为是否构成绑架罪?

马某一伙出于勒索财物的目的，使用暴力手段，将村支书沈某挟持，并置于马某等人的控制之下，使沈某失去人身自由。那么，马某是否构成了绑架罪呢?《刑法》第239条规定："以勒索财物为目的绑架他人的，或者绑架他人作为人质的，处十年以上有期徒刑或者无期徒刑，并处罚金或者没收财产；致使被绑架人死亡或者杀害被绑架人的，处死刑，并处没收财产。"同样地，仅从刑法条文中并不能准确认定该罪，因此我们要结合绑架罪的犯罪构成对案情具体分析，才能解决这个问题。

（一）对于绑架罪的规范分析

绑架罪是指以勒索财物为目的绑架他人的，或者出于政治性和其他目的绑架他人作为人质，或者以勒索财物为目的偷盗婴幼儿的行为。

1. 罪体

行为：绑架罪的行为是使用暴力、胁迫或者其他方法，绑架他人。这里的暴力是指直接对被害人进行捆绑等人身强制或者对被害人进行殴打、伤害等人身攻击。胁迫，是指对被害人及其家属以实施暴力相威胁或者实行其他精神强制。其他方法，是指暴力、胁迫以外的其他方法，例如使用药物、醉酒的方式使被害人昏迷或者昏睡。通过上述三种方法，使被害人处于不能反抗或者不敢反抗的境地，从而将被害人非法绑架离开其住所或者所在地，并置于行为人的直接控制之下。

客体：绑架罪的客体是他人。

结果：绑架罪的结果是他人的人身权利及公私财产所有权利受到侵犯。但应注意的是，这里所说的人身权利不仅包括被绑架人的人身自由权、安全权等权利，还包括与被绑架人密切相关的第三人的自决权。[①] 这里所谓侵犯第三人的自决权，是指第三人（通常是指被绑架人的亲属、朋友或者其他相关者）明知人质被绑架，出于对人质安全的担忧，为使人质能得到安全释放，被迫为或不为某种行为。因此，绑架罪所造成的结果不仅侵犯到被绑架人的人身安全，也侵犯了第三人的自决权。

2. 罪责

绑架罪的责任形式是故意。这里的故意，是指明知是绑架行为而有意实施的主观心理状态。

（二）结合案情的分析

与对上一个罪名的分析相似，在本案中，对于客体和罪责的认定是比较简单、清楚的，因而要判断马某的行为是否构成绑架罪，关键在于如何理解绑架罪的本质。

首先，从绑架罪的目的来看，强迫第三人为或不为某种行为，是绑架者直接追求的目的，这种目的本身就包含着对第三人的自决权的侵犯。其次，从结果来看，绑架罪的行为也导致了第三人的自决权受到侵犯的结果。最后，从绑架罪的社会危害性来看，如果行为人在绑架他人之后，仅仅是向被绑架者提出不法要求，并没有侵犯第三人的自决权，那么其危害影响的范围就比较有限，就不能成为真正意义上的绑架。

因此，绑架罪的本质特征是利用第三人对人质安全的担忧来

---

① 参见阮齐林：《绑架罪的法定刑对绑架罪认定的制约》，载《法学研究》，2002 (2)。

实现勒索钱财或达到其他非法目的，它不仅侵害了人质的自由，而且侵犯了第三人的自决权。但在本案中，马某虽然将沈某从原地劫走，但马某是直接向沈某本人索要财物，并未向任何第三人提出交付赎金的要求，甚至没有亲属知道沈某被人劫持，没有人对沈某人身安全担忧而被迫交付财物，因此在本案中，根本不存在第三人的自决权遭受侵犯的结果，马某的行为并不符合绑架罪的本质特征。

综上所述，在本案中，被使用暴力的人和被迫交付财物的人是同一人，沈某既是人身侵犯的受害者，又是财产犯罪的受害者。马某的行为仅仅是对沈某个人权利的侵犯，并未使沈某的亲属对沈某的生命安全形成某种担忧，并未侵犯第三人的自决权，因此马某的行为不符合绑架罪的本质特征，其行为不构成绑架罪。

三、马某的行为是否构成抢劫罪？

本案中的马某通过暴力、胁迫手段，迫使沈某当即交付财物，马某的行为不仅侵犯了沈某的人身权利，同时也侵犯了沈某的财产权利。其行为具有抢劫罪的典型特征。根据《刑法》第 263 条规定："以暴力、胁迫或者其他方法抢劫公私财物的，处三年以上十年以下有期徒刑，并处罚金；有下列情形之一的，处十年以上有期徒刑、无期徒刑或者死刑，并处罚金或者没收财产。"那么马某的行为是否构成抢劫罪呢？本文将在以下篇幅中结合案情对此进行分析。

（一）对于抢劫罪的规范分析

抢劫罪是指以非法占有为目的，以暴力、胁迫或者其他方法，强行夺取公私财物的行为。

1. 罪体

行为：抢劫罪的行为是以暴力、胁迫或者其他方法，强行夺取公私财物。抢劫罪是复行为犯，包括手段行为与目的行为。

手段行为：抢劫罪的手段行为是使用暴力、胁迫或者其他方法。这里的暴力，是指对被害人身体实施袭击或者其他强暴手段，例如殴打、伤害、捆绑、禁闭等足以危及被害人身体健康或者生命安全，致使被害人不能抗拒的方法。胁迫，是指以立即实施暴力相威胁，实行精神强制，使被害人产生恐惧而不敢反抗的方法。其他方法，是指除上述暴力、胁迫方法以外，对被害人采取用酒灌醉、用药物麻醉等手段，使被害人不知反抗或者丧失反抗能力的方法。

目的行为：抢劫罪的目的行为是强行夺取公私财物。这里的夺取，既包括从被害人手中夺取，也包括被害人被迫交付。

客体：抢劫罪的客体是人身和财物，因此，抢劫罪具有双重客体。

2. 罪责

抢劫罪的责任形式是故意，并且具有非法占有公私财物的目的。这里的故意，是指明知是抢劫行为而有意实施的主观心理状态。

（二）结合案情的分析

1. 对于马某行为性质的分析

判断马某是否构成抢劫罪，其关键就在于如何认定马某行为的性质。由于抢劫罪的行为是复行为，因此对于本案中马某的行为要作两方面的分析。首先，马某是用暴力手段将沈某强行带走，随后又以砍刀、手枪对其进行精神上的强制，并以立即实施暴力——“活埋”相威胁，由此可见，马某采用了暴力和胁迫的方法使被害人沈某不能也不敢反抗，其所实施行为符合抢劫行为中手段行为的特征。其次，马某通过暴力和胁迫的手段，迫使被害人沈某答应交付 3 万元，这也符合抢劫行为中目的行为的特征。

2. 对于“当场”的认定

抢劫罪的典型特征之一是具有“当场性”，那么本案中马某虽然向沈某强行借款 3 万元，但并不是立即取得，而是将沈某送下山让其回家取钱，那么还能否认定马某行为的当场性呢?

要回答这个问题，就必须先了解抢劫罪中“当场性”特征的含义。一般来说，这里所说的当场性应该包括手段行为的当场性和目的行为的当场性。

首先，从手段行为的当场性来看。抢劫罪中手段行为的发生都是针对人身实施的，是为了有效地排除被害人的反抗，从而可以马上强夺财物。因此，抢劫罪的暴力行为只能发生在行为人和被害人都同时存在的“当场”。另外，在以胁迫为手段的抢劫中，对于胁迫内容的实现而言，也应该要求“当场性”，即暴力胁迫的内容具有当场实现的可能性。因为胁迫作为抢劫取财的手段行为，只有其内容具有当场实现的可能性，才足以对被害人形成心理上的控制，从而使行为人顺利获取财物。也正是因为抢劫罪中胁迫内容的实现具有当场性，才能将其与敲诈勒索罪相区分。同时，我们应该注意到，只要手段行为仍然处于持续状态，从整体上看行为并未间断的，那么在此期间行为人取财的，仍然应该认为符合“当场”的时间要求。

本案中，一方面，马某对沈某当场使用了暴力手段和威胁手段，威胁沈某若不答应其要求便要将其活埋，从当时的条件来看，马某手中握有武器，且纠集了一群人，他们完全有可能当场将沈某活埋，这是一种具有当场实现性的胁迫，因此从内容上看，马某的手段行为具有当场性。

另一方面，马某对沈某实施暴力、胁迫，其目的是为了从沈某身上获取财物，只是由于沈某身上并未携带足够的钱财，马某才让其下山回家取钱，而在沈某下山之时，马某仍威胁其不许报警。一方面，即使沈某下山回家，但马某对其精神上的强制仍在延续，其胁迫行为实际上并未终止，因此，其手段行为从实施上看也具有当场性。

其次，从目的行为的当场性来看。“当场”通常表现为手段行为实施之后立即获取财物，但我们对当场不能做机械的理解，在某些情况下目的行为可以与手段行为相隔一定的时间。我们应注意到，目的行为有持续性的特点。即目的行为可能一经实施即告完成，例如行为人直接从被害人身上抢走财物；但目的行为也可能因客观原因，会持续一段时间。例如行为人强令被害人打开密码手提箱，进而取财，这中间就有一个开箱的过程和持续状态，不能因为被害人的开箱需要一段时间，就认为取财行为不具有当场性。具体到本案中，虽然沈某取钱要经过一段时间，表面上看取财行为不具备当场性，但正如上文所举的例子，被劫者打开密码箱取钱同样需要一段时间，仍然属于抢劫罪的范围。我们不能因为行为人不能立即取得钱财，就否认其取财行为的当场性。只要行为人的目的是要立即取得财物，那么就可以认定其目的行为具有当场性。本案中马某是命令沈某马上取钱回来交付，其目的是立即取得钱财，因此，可以认定马某的目的行为也具有当场性。

综上所述，虽然马某将沈某送下山，让其回家取钱，取完钱后回来再交付。表面上看马某的抢劫行为不具有当场性的特点，但由于马某对沈某的胁迫带有延续性，沈某即使下山也不能摆脱该威胁，从整体上看马某的胁迫行为并未间断；并且马某从行为中也表现出其立即取得钱财的目的。其手段行为和目的行为都具备当场性这一要素，因此，本案中的马某的行为仍符合抢劫罪中对于当场的要求。

3. 对于马某主观罪责上的认定

本案中马某强行向沈某索要人民币 10 万元，并声称是借款，后谈至 3 万元，且马某又当场给沈某打了 3 个月归还的欠条。那么能否认为马某在主观上不具有非法占有沈某财产的故意，从而否认马某行为的犯罪性？

本案中马某所实施的行为具有一定的欺骗性，使得从表面看其行为只是一种借款行为，马某并没有显示出要非法占有沈某财产不还的意思，而是主动向沈某出具欠条，写明“三个月内归还”，因此从表面上看，马某似乎并不是在抢劫，而是在强行地与沈某寻求建立一种债务关系。但实际上，当沈某面对着手持凶器，威胁要将其活埋的马某等人时，又如何敢说一个“不”字？此时的“借款”关系中，借款人沈某在威胁之下，对是否借款已不能完整地进行意思表示，因此这种所谓的“借款”关系是完全无效的。而马某的行为，明显地具有以暴力相威胁的非法性，并且该威胁性足以达到致使沈某不敢反抗的程度，使得沈某的意志完全被马某所控制，所以这里所谓的“借款”只是马某抢劫的一个幌子，实际上这个借款过程就是暴力威胁下的“抢劫”。这就类似于某人在街上行走，突然窜出来两个小混混，手持匕首，威胁道：“兄弟，借点钱使使!”在此情况下，难道能认为他们是在借钱而不是在抢劫吗？显然不能。本案中马某虽然声称为借款，并出具 3 个月内归还的欠条，但马某是否归还以及其借款声明，并不影响马某取得财物的暴力性和非法性。因此，从客观的实际情况来分析，不能认为马某不具有非法占有他人财产的故意。

四、绑架罪、敲诈勒索与抢劫罪的比较分析

在对以上三罪分别加以分析后，我认为有必要对这三个罪进行综合的分析比较，从而得出最终的结论。

（一）绑架罪与抢劫罪

1. 相同点

绑架罪与抢劫罪在行为的结果上，均侵犯了被害人的人身权利及财产权利；在罪责方面均为故意，以非法占有他人的财物为目的；在客观行为方面，两罪也表现出许多相同的特点，如一般均使用暴力、胁迫或者其他使被害人不能反抗或不敢反抗的强制性手段。由于两罪在这些方面的相似点，使得在某些情况下，对这两种犯罪行为难以区分。本案中马某行为同时具有以上共同的几个特点，而也正是因为如此，我们才提出了马某的行为应定绑架罪还是抢劫罪的疑问。

2. 不同点

抢劫罪与绑架罪的不同点主要在于，抢劫罪的暴力取财，被使用暴力的人和被迫交出财物的是同一人；而绑架罪中，行为人的取财是向被绑架人的亲属取财，并且是利用被绑架人的亲属或者其他朋友，对于被绑架人的生命的担忧而不得已交付赎金。实际上就是抢劫罪的危害结果与绑架罪的危害结果是不同的。抢劫罪的危害结果只是侵犯了被害人的人身权利和财产权利；绑架罪不仅侵犯到被绑架人的人身安全的权利以及财产权，而且对被害人的亲属还造成了某种侵害，一方面它侵害了被绑架人亲属的自决权，另一方面它使被绑架人亲属对被绑人的生命安全形成某种担忧。

在理解了抢劫罪与绑架罪的不同点之后，本案的情况就变得清晰起来，马某为了实现其非法占有他人财产的目的，以暴力方式控制了沈某的人身自由，但在这一过程中，马某始终只侵犯了沈某个人的权利，只向沈某个人索要钱财，而其亲属并不知道沈某被威胁、扣押，其亲属的权利及感情并未受到任何侵犯。马某的行为只符合了抢劫罪的要件，并不符合绑架罪的行为要件。因此我们可以认定，马某构成抢劫罪，而不构成绑架罪。

（二）敲诈勒索罪与抢劫罪

1. 相同点

抢劫罪与敲诈勒索罪均属侵犯财产的犯罪。从行为上看，两罪都可能使用威胁或胁迫的手段；从危害结果上看，两罪不仅都侵犯了公私财物的所有权关系，还侵犯到公民的生命健康权等人身权利。从罪体上看，两者具有相同的犯罪目的，即具有非法占有公私财物的目的。由此可见，抢劫罪与敲诈勒索罪有众多的相似之处，且刑法对抢劫罪和敲诈勒索罪的规定也较为简单，因此必须对其进一步地区分，才能对本案的具体情况加以认定。

2. 不同点

虽然抢劫罪与敲诈勒索罪存在着众多相似的地方，但二者也存在着许多重要的区别：（1）威胁的实施方式不同。抢劫罪的威胁是直接对被害人提出的，而敲诈勒索罪既可对着被害人，也可通过第三者或以书信、电信等间接方式发出。通常的敲诈勒索，最常见的就是寄敲诈勒索信，要求被害人付款，如是不付就杀了被害人或是要向被害人家中或店中投毒。因此一般来说，抢劫罪是一种当面犯罪，具有当场性和当面性。而敲诈勒索罪在通常情况下不是当面的，而是隐蔽的，具有隐藏性。（2）威胁内容可能实施的时间不同。在当面敲诈的情况下，两罪不易区分，区分的关键就在于暴力威胁是否能够当场实施。抢劫罪的暴力威胁是能够当场实施的；而敲诈勒索罪以暴力相威胁到付诸实施有一定的时间间隔，即暴力威胁的内容不能当场实施。（3）威胁的效果有所不同。敲诈勒索罪中的威胁手段是为了使被害人产生恐惧感和压迫感，但是并没有达到不能反抗的地步。被害人在决定是否交付财物上尚有考虑、选择的余地。而抢劫罪中的威胁，是为了使被害人当场受到精神强制，完全丧失反抗的意志，除当场交出财物外，没有考虑、选择的余地。（4）获得财物的时间不尽相同。抢劫罪是当场取得财物；而敲诈勒索罪是既可以当场取得财物，也可以事后取得财物。

对于本案来说，区分马某的行为是构成抢劫罪还是构成敲诈勒索罪关键有三点：一是马某暴力威胁是否能够当场实施；二是看马某的威胁产生了何种效果；三是马某是否可以当场取得财物。

首先，马某对沈某威胁的主要内容是要求沈某答应"借钱"，若不答应其要求便要将沈某活埋，从当时的条件来看，马某手中握有砍刀、手枪等武器，且纠集了一群人，完全控制了沈某的人身自由，在这样一种双方力量对比严重失衡的条件下，他们完全能够当场将沈某活埋。因此，马某的暴力威胁是能够当场实施的。

其次，敲诈勒索罪中的威胁手段是为了使被害人产生恐惧感和压迫感，但威胁的程度没有抢劫罪所威胁的程度高，被害人在决定是否交付财物上尚有考虑、选择的余地。例如行为人威胁被害人，若是不给钱就毒死被害人全家，那么此时被害人对于是否相信这一威胁还有选择、考虑的余地，甚至还可以采取一些防范措施，其并未完全丧失反抗的能力及意志。而本案中马某不仅使沈某产生恐惧感和压迫感，且只留给沈某一条路：只有交钱，不然马上将其活埋致死，在此情况下，被害人沈某已经没有选择、考虑的余地。因此，马某的威胁行为达到了使被害人完全丧失反抗意志的效果，也达到了抢劫罪中对威胁要求的程度。

最后，由于马某让沈某回家取钱，那么在取得财物时间的问题上就可能出现争议。能否认为在取钱这一过程中，由于马某不能在当场取得财物，从而认为马某对沈某是在进行敲诈而事后取财呢？对于以上问题，我认为我们对当场不能做机械的理解。的确，我们一般所说的“当场”是行为人行为后立即获取财物，但我们也必须注意到，行为人获取财物分两种情况，一种是行为人自己进行抢夺，在这种情况下，当场性比较容易区分；而另一种是行为人实施威胁行为，让被害人自己交出财物，在该情况下，被害人有可能立即交出财物，但其交出财物的行为也有可能延续一段时间。例如行为人威胁被害人交出信用卡，但由于该信用卡的钱只能由被害人本人领取，那么被害人去将钱取出再交给行为人，这一行为有可能延续很长的时间，但本质上仍然是抢劫。本案中的情况与上例相似，沈某虽然回家取钱，可能会经过一段较长的时间，但是这仍然是沈某被迫交付财物的行为，只不过该行为延续的时间较长而已。因此，不能认为本案中马某让沈某回家取钱就是事后取财，沈某的行为实质上还是抢劫行为。

小结：通过以上对绑架罪、敲诈勒索与抢劫罪的比较分析可知，由于马某索要财物的对象仅为沈某本人而非其家属，且马某对沈某实施威胁及其取财均具有当场性，据此可以认定：马某的行为既不构成绑架罪，也不构成敲诈勒索罪，而是构成抢劫罪。

五、对本案中犯罪形态的认定

经过以上分析，可知马某的行为已构成抢劫罪，但由于被害人沈某的逃脱，致使马某获取财物的目的未能实现，那么该如何认定马某的犯罪形态呢？由于本案中马某在抢劫中使用了手枪进行威胁，属于刑法中规定的情节加重犯，因此要认定马某的犯罪形态，除了要分析抢劫罪既遂和未遂的认定标准，还要考虑马某持枪抢劫的情节。

（一）抢劫罪既遂和未遂的认定标准

在我国目前刑法理论中，对抢劫罪的既遂与未遂的认定标准存在认识上的分歧，其中主要有四种观点：（1）认为抢劫罪属于侵犯财产罪，应当以是否抢得财物为既遂与未遂的标准。（2）认为抢劫罪是复杂客体，既侵犯财产权利，也侵犯人身权利，因此，不论是否抢得财物，只要在抢劫中侵犯了被害人的人身权利，就是抢劫罪的既遂。（3）认为抢劫罪实际上是两个犯罪构成，因此应当按照两种情况分别确定既遂的标准，对一般抢劫罪，以是否劫取到财物为既遂的标准，但是对致人重伤或者死亡的抢劫，不论是否抢到财物，均按既遂处理；而其中结果加重犯不存在未遂的问题。（4）认为在没有造成人身伤亡的情况下，以是否抢得财物为既遂的标准；在造成人身轻伤、重伤或者死亡的情况下，无论是否取得财物都视为既遂，不存在未遂。[①]

对于普通抢劫罪的既遂，有关司法解释采纳了第四种观点，即应以行为人是否抢到财物或是否造成被害人轻伤作为其既遂与未遂的区分标志。由于抢劫罪侵犯的是复杂客体，既侵犯了财产权利，又侵犯了人身权利，因此具备劫取财物或者造成他人轻伤以上后果两种情形之一的，都属于抢劫罪的既遂。只有当既未劫

① 参见林准、高铭暄、单长宗编：《中国刑法教程》，501～502页，北京，人民法院出版社，1989。

取财物，又未造成他人人身伤害后果的，才属于抢劫未遂。在本案中，被告人马某虽然使用暴力手段将沈某劫走，并对其进行威胁，但并未对沈某造成轻伤以上的人身伤害，且马某也并未取得财物，因此从这一点上看，马某的行为应该属于抢劫罪的未遂形态。但是，由于马某是持枪抢劫，这属于抢劫罪中的加重处罚事由，那么在这种情况下，还能否将马某的行为认定为未遂？因此，我们有必要对抢劫罪的情节加重犯是否存在未遂加以分析。

（二）情节加重的抢劫罪是否存在未遂

对于情节加重犯是否存在未遂，我国的刑法学界仍然存在着争议，我认为情节加重犯还是存在既遂和未遂的区分的，理由如下：

首先，情节加重犯的未遂形态符合罪刑均衡原则。情节加重具有独立的犯罪构成，有独立的法定刑，由于情节加重犯的危害性高于基本犯的社会危害性，其法定刑的设置就重于基本犯的法定刑。当情节加重的要件欠缺时，其社会危害性肯定低于要件充足时的社会危害性，如果不承认情节加重犯的未遂形态，则刑罚的适用是同一的，显然有违罪刑均衡原则。

其次，如果否认情节加重犯存在犯罪未遂，同样会否定此类犯罪中存在犯罪中止。在情节加重犯中，行为人可以出于主观意愿在着手犯罪后，主动停止犯罪，防止犯罪后果的发生，那么同样的就会由于行为人意志以外的原因使其犯罪未得逞。如果否定情节加重犯存在未遂，与犯罪未遂处于同样状态的犯罪中止也会失去存在的依据，不利于鼓励犯罪分子放弃犯罪，这是违背立法者的立法本意的。

最后，承认抢劫罪的情节加重犯存在未遂，并不会导致轻纵罪犯。有许多人主张情节加重犯只有既遂而无未遂的一个原因是，担心在符合情节加重的情况下成立未遂会轻纵罪犯。但即便是有加重情节，如果行为人并未取得财物，这同取得财物的加重情节相比，在危害程度上还是存在着较大差别，仍然有必要实行区别对待。况且，对未遂犯我国刑法采取的是得减主义，法官完全可以依据其自由裁量权，在综合全案情况下不予以处罚、从轻或者减轻处罚。

对于本案中的马某来说，虽然其持枪抢劫属于手段的加重犯，但同样存在未遂的形态。由于马某并未对被害人造成轻伤以上的伤害，且并未取得财物，因此可以认定马某的犯罪形态是抢劫未遂。

六、结论

综上，马某的行为与一般的抢劫罪有所不同，带有一些绑架和敲诈的元素，其行为的性质可以说是徘徊在这三个罪名之间。通过对三个罪名的规范性分析及比较，我认为马某的行为符合抢劫罪的本质特征，是一种“非典型的抢劫罪”，因此马某的行为不构成绑架罪或是敲诈勒索罪，而是构成抢劫罪。同时，由于马某并未取得财物也没有伤害被害人，因此本案中马某应以抢劫罪的未遂犯论处。

【点评】本文作为本科二年级刑法分论平时作业，能够清晰、流畅、中肯、周延地分析现实案情，辨析类似罪名的不同，是难能可贵的。具体来说，本文具有以下几个优点：第一，思路清晰。本文先分别根据《刑法》规定分析各个不同犯罪的犯罪构成，其中，抓住主要矛盾点，着重分析了抢劫罪“两个当场”的认定；

再比较三个不同的罪名的区别，确认案件的定性；最后，分析案件的犯罪形态，如未完成形态，情节加重犯等。思路清晰，一目了然。第二，抓住要领。本文对于绑架罪、敲诈勒索罪和抢劫罪的辨析，抓住了三个罪名的关键特征和区别：绑架罪的关键特征在于犯罪行为是否侵害第三人的自决权；敲诈勒索罪的关键特征在于威胁的非当场性和案件中被害人意志的相对自由；抢劫罪的关键特征在于手段行为和目的行为的两个“当场性”。第三，思维周延。本文在对犯罪定性之后，还分析了案件的犯罪形态，这是一部分同学没有做到的，体现了作者思维的周延。并且，本文区分了抢劫罪基本犯的未完成形态和抢劫罪情节加重犯的未完成形态，这点更是难得，因为很多同学都会将两者混淆。第四，语言流畅。本文语言言简意赅，主次分明，没有不必要的重复，但对于问题的关键处，也不惜笔墨。当然，文章也有一些不足之处。例如，对于敲诈勒索罪中“威胁”的非当场性是存在争议的，文章说理不够充分，对于案件的取财行为的当场性分析不够透彻，对于抢劫罪的情节加重犯是否存在未遂说理不够充分等。当然，瑕不掩瑜，本文仍不失为一篇佳作。（文姬）

2. 比较视野中的规范分析
——以辨别相似罪名之方法对疑难案例的规范性分析

张　瑞*

一、关于是否构成犯罪的总括性分析

从表面上看，由于及时的报警，被告人马某并未造成直接的危害结果。那么，马某的行为是否构成犯罪呢？虽然我们不能撇开具体的罪名来谈论犯罪构成，但是，犯罪本身也具有其特征。如果马某的行为符合犯罪所具有的特征，那么我们可以推论马某的行为构成犯罪。根据通说，犯罪具有以下三种特征：

（一）刑事违法性

刑事违法性是指触犯刑律，即某一个人的行为符合刑法分则所规定的犯罪构成要件。这是罪刑法定原则的要求，是对犯罪行为的否定的法律评价。我认为，本案例中马某的行为具有刑事违法性，其行为符合刑法分则中所规定的抢劫罪的构成要件，这将在下文中加以论述。

---

* 作者系北京大学法学院 2006 级本科生。

（二）法益侵害性

法益侵害性，是指对于刑法所保护的利益的侵害。我国《刑法》第13条规定："一切危害国家主权、领土完整和安全，分裂国家、颠覆人民民主专政的政权和推翻社会主义制度，破坏社会秩序和经济秩序，侵犯国有财产或者劳动群众集体所有的财产，侵犯公民私人所有的财产，侵犯公民的人身权利、民主权利和其他权利，以及其他危害社会的行为，依照法律应当受刑罚处罚的，都是犯罪。"可以看出，从国家主权到集体所有的财产，再到公民私人所有的财产、公民人身权利等都是我国《刑法》所维护的法益。虽然说离开刑法具体规定来谈论法益侵害性是空洞的，但我认为无论马某的罪名具体为何（将在下文中讨论），单就以本案例的事实情况而言，马某的行为侵犯了公民的两项法益——生命安全和私人财产。在马某等人持械威胁沈某时，他们侵犯了沈某的生命安全；而在其向沈某索取钱财时，他们侵犯了沈某的私人财产。法益侵害具有两种情形：一是实害，二是危险。在本案例中，由于马某在等候取款时被警方抓获，因此其行为并没有对法益造成现实侵害。然而，其行为却具有对法益侵害的可能，使沈某的生命安全、私人财产等法益处于遭受侵害的危险状态，因此同样具有法益侵害性。

（三）应受惩罚性

应受惩罚性是犯罪的另一个重要特征，表明国家对于具有刑事违法性和法益侵害性的行为的刑罚惩罚。犯罪是适用刑罚的前提，刑罚是犯罪的法律后果。如果一个行为不应受到刑罚惩罚，也就意味着它不是犯罪。由于案例中马某的行为既符合刑法分则的犯罪构成规定，又侵害了沈某的生命安全、私人财产等法益，因此具有遭受刑罚的该当性。此外，我国《刑法》第13条对于犯罪概念有但书规定："但是情节显著轻微危害不大的，不认为是犯罪。"而本案例涉及3万元的财产，又有持砍刀、手枪等作案工具并威胁沈某的犯罪情节，显然不属于情节显著轻微危害不大的情况，具有应受惩罚性。

二、三种可能罪名的犯罪构成要件

从本案例所给出的事实来看，马某所实施的犯罪行为大致包括了持凶器以暴力相威胁、索要财物等内容。纵观整个刑法分则的规定，我们不难找出三个与案件中马某的犯罪行为最接近的罪名，即抢劫罪、绑架罪以及敲诈勒索罪。下面，将对三种罪名的犯罪构成要件一一作简单论述，并指出与该案件的契合点，进行合理的假设和怀疑。

（一）绑架罪

1. 概念

我国《刑法》第239条规定："以勒索财物为目的绑架他人的，或者绑架他人作为人质的，处十年以上有期徒刑或者无期徒刑，并处罚金或者没收财产；致使被绑架人死亡或者杀害被绑架人的，处死刑，并处没收财产。"概括起来说，绑架罪是指利用他人对人质安危的忧虑，以勒索财物或满足其他不法要求为目的，使用暴力、胁迫等手段劫持或以实力控制他人的行为。从《刑法》规定的绑架罪的概念中可以推导出绑架罪的犯罪构成要件。

2. 犯罪构成

（1）罪体

1）行为：使用暴力、胁迫或者其他方法，绑架他人。暴力是指直接对被害人进行捆绑等人身强制或者对被害人进行殴打、伤害等人身攻击。胁迫是指对被害人及其家属以实施暴力相威胁或者实行其他精神强制。通过以上等方法，使被害人处于不能反抗或者不敢反抗的境地，从而将被害人非法绑架离开其住所或所在地，并置于行为人的直接控制之下，使其丧失人身自由。

2）客体：他人。

（2）罪责

1）责任形式：故意，是指明知是绑架行为而有意实施的主观心理状态。

2）目的犯：绑架罪是法定目的犯，刑法根据其主观目的不同，将绑架罪分为三种类型。

其一，以勒索财物为目的的绑架；

其二，出于政治性和其他目的绑架他人作为人质；

其三，以勒索财物为目的偷盗婴幼儿。

3. 结合案例分析

（1）绑架罪与本案例的契合之处

首先，从马某的犯罪行为来分析，马某将沈某的头蒙住（使用暴力方法），强行带到山上某偏僻处，作案人数较多，且持有砍刀、手枪等作案工具，使被害人沈某处于不能反抗或者不敢反抗的境地，并置于行为人马某等人的直接控制之下，使其丧失人身自由。这些行为都与绑架罪的行为具有相同点。

其次，从主观上讲，马某有索取非法财物的目的，这一点从马某威胁沈某，并强行索要 3 万元可以看出。而索取非法财物也正是绑架罪的最终目的所在，因此主观上与绑架罪所要求的主观要件有相同点。

（2）本案例情况与绑架罪构成的差异所在

首先，还是从马某的犯罪行为分析，马某是向沈某本人索取财物，而并不是向沈某的亲友提出的。虽然绑架罪的构成并不要求实际实施勒索的行为，但由马某直接向沈某本人提出索取财物的这一案件事实来看，即使马某要索取财物，也绝不是向沈某的亲友索取。这里我们可以作一个假设，假如马某将沈某带至偏僻处后，立即向沈某的亲友打电话要求赎金，或者在向沈某提出索要财物的要求之后又向其亲友打电话要求赎金，我认为在这种情况下马某的行为才算是绑架，但该种假设在案件事实中并未出现。因此，从行为来看，马某向沈某本人索取财物，与绑架罪要求的向相关人勒索财物或提出其他不法要求相违背。

其次，从主观方面来看，绑架罪要求行为人具有利用他人对被绑架人的安危的担忧，以被绑架人为人质而勒索财物或满足其他不法要求的目的。虽然主观目的说认为，勒索仅仅是主观目的即可，绑架罪的实行行为仅包括绑架行为而不包括勒索行为。在本案例中，如果马某触犯了绑架罪，那么其行为也仅止步于绑架行为而已，虽然其向沈某索要财物，但并未向沈某的相关人勒索财物，因此勒索行为尚未实施。那么，我们就只能分析马某的主观目的了，即其是否具有利用他人对沈某安危的担忧而勒索财物的目的？我认为，根据案件事实，马某应当没有该种主观目的。如果马某具有勒索财物的目的，则在将沈某控制之后，其完全有条件通过电话等方式告知沈某的家人或者朋友，以此来勒索赎金。但马某非但没有这样做，反而直接向沈某索要财物，并且让其去取钱。从这些事实当中我们就可以推断出马某没有利用沈某的亲友等对其安危的担忧而勒索财物的目的。但马某在作案时是否具有在沈某取回钱之后再向其亲友勒索的故意呢？由于马某在等候取款时就被警方抓获了，因此即使马某在作案时存在该种故意，其在作案过程中也并没有表现出来，我们很难凭空鉴别该种故意是否存在，所以这种假设是无意义的。综上所述，我认为马某并不具有绑架罪所要求的主观故意。

（二）敲诈勒索罪

1. 概念

我国《刑法》第274条规定："敲诈勒索公私财物，数额较大的，处三年以下有期徒刑、拘役或者管制；数额巨大或者有其他严重情节的，处三年以上十年以下有期徒刑。"敲诈勒索罪也就是指以非法占有为目的，对财物所有人、占有人使用威胁或要挟的方法，索取数额较大的公私财物的行为。虽然《刑法》关于敲诈勒索罪的规定较为简单，但可以推导出敲诈勒索罪的犯罪构成要件。

2. 犯罪构成要件

（1）罪体

1）行为：采用威胁或者要挟的方法，强行索取公私财物。威胁是指对被害人及其亲属以杀、伤相威胁。强行夺取公私财物，既可以是当场取得，也可以是事后取得。敲诈行为和勒索行为之间的关系存在两种情形：一种是敲诈而当场取财，以威胁的方法敲诈勒索而当场取财的，威胁内容具有当场实施性；一种是敲诈而事后取财，以威胁或要挟的方法使人恐惧而事后取财。

2）客体：公私财物

（2）罪责

责任形式是故意，并且具有非法占有的目的。这里的故意，是指明知是敲诈勒索行为而有意实施的主观心理状态。

（3）罪量

数额较大。根据2000年4月28日最高人民法院《关于敲诈勒索罪数额认定标准问题的规定》，以1 000元至3 000元为起点。

3. 结合本案例分析

(1) 敲诈勒索罪与本案例的契合之处

首先，从行为来看，马某以“活埋”沈某相威胁，使沈某产生恐惧感，从而侵害了其意思决定的自由，逼迫沈某就范，将财物交给自己；被害人沈某的精神受到强制，被迫答应将3万元交给马某，并前去取钱准备交给马某。马某既采用了威胁的方法，又有强行索取财物的行为（虽未完成，但该行为已然开始实施）。因此，从行为角度看，马某的行为一定程度上符合敲诈勒索罪所要求的行为要件。

其次，从主观而言，马某是直接故意，并以非法占有沈某的财物为目的，这一点基本符合敲诈勒索罪所要求的主观要件。

最后，从罪量上看，一开始马某向沈某强行索要10万元，随后经沈某求饶，马某仍向沈某索要3万元，早已满足刑法中“数额较大”这一罪量要求。虽然最后马某并未得到3万元，但成立本罪以具有造成数额较大的财产损害的高度危险性为已足。

(2) 本案例情况与敲诈勒索罪构成的差异所在

首先，通说认为，敲诈勒索罪的行为仅限于威胁，而不当场实施暴力，并且敲诈勒索罪当中所威胁的暴力，是事后将要实施的暴力，而非当场立即实施的暴力。在本案例中，马某除了通过强制手段将沈某带至偏僻处之外，就没有对其实施其他暴力了。那么，根据马某的威胁内容（要将沈某“活埋”），由于当时沈某完全处于马某等人的控制之下，活埋是一种能够并且很有可能立即实施的暴力，因此该种暴力不符合敲诈勒索罪中“事后暴力”的特征。

其次，通说也认为敲诈勒索罪当中的胁迫不能达到足以抑制他人反抗的程度，否则难以与抢劫罪相区别。在本案例中，马某威胁沈某如果不交付3万元就将其活埋，而且该种威胁的暴力有立即实施的可能性，在这种情况下，可以说沈某除了答应马某的要求外别无选择，因而马某的这种胁迫完全足以达到抑制他人反抗的程度，不符合敲诈勒索罪对胁迫程度的要求。

再次，也有观点认为，为了迫使被害人承诺交付财物或者巩固对被害人造成的精神强制，也可能当场实施暴力，而该种暴力的背后隐藏的是胁迫。假设此时马某为了让沈某更加屈服或更加畏惧，威胁沈某如不交付财物就对其拳脚相加，而沈某此时又拒绝了交付财物，那么该种威胁的暴力就有可能转化为当场实施的暴力，但该种暴力在本质上更接近于一种胁迫，即如果沈某再不交付财物就还要继续遭受皮肉之苦。那么，在本案件中，马某威胁沈某如不配合就将其“活埋”，这种威胁会不会像上述假设的情况一样，威胁的内容是否会转化为现实呢？如果答案是肯定的，则威胁的暴力内容就转化成了敲诈勒索的当场暴力。那么，“活埋”是否能够成为一种符合敲诈勒索罪的当场暴力呢？譬如如果沈某拒绝马某的要求，马某是否会一声令下将沈某“活埋”，以使其产生恐惧呢？显然，这是非常荒谬的。因为“活埋”不同于一般的拳打脚踢，是一种暴力程度极高的行为，已经达到了足以压制他人反抗，乃至致人死亡的地步。而敲诈勒索罪所要求的暴力，其目的仅在于使被害人感到恐惧，暴力相对比较轻微，并且不能达到足以压制他人反抗的程度，被害人在承受暴力以后仍然可以选择交付或者不交付财物，生命、身体当场并没有危险，但本案例中的“活埋”行为一旦实施，沈某就再无反抗能力，其根本没有选择余地，因此“活埋”显然不符合敲诈勒索罪关于暴力的条件。

因此，综上所述，一方面马某威胁的暴力是一种当场立即实施的暴力，而并非事后暴力，另一方面即使敲诈勒索罪包含了当场实施暴力的情况，由于“活埋”暴力程度过高，根本不符合敲诈勒索罪所要求的该暴力不能压制他人反抗的条件，因此马某的行为不符合敲诈勒索罪的构成条件。

（三）抢劫罪

1. 概念

我国《刑法》第263条规定：“以暴力、胁迫或者其他方法抢劫公私财物的，处三年以上十年以下有期徒刑，并处罚金；有下列情形之一的，处十年以上有期徒刑、无期徒刑或者死刑，并处罚金或者没收财产：（一）入户抢劫的；（二）在公共交通工具上抢劫的；（三）抢劫银行或者其他金融机构的；（四）多次抢劫或者抢劫数额巨大的；（五）抢劫致人重伤、死亡的；（六）冒充军警人员抢劫的；（七）持枪抢劫的；（八）抢劫军用物资或者抢险、救灾、救济物资的。”简单地说，抢劫罪就是指以非法占有为目的，以暴力、胁迫或者其他方法，强行劫取公私财物的行为。

2. 犯罪构成要件

（1）罪体

1）行为：指以暴力、胁迫或者其他方法，强行夺取财物或者使他人被迫交付财物的行为。抢劫罪是一种复行为犯，包括手段行为和结果行为。

第一，手段行为：使用暴力、胁迫或者其他方法。这里的胁迫，是指以立即实施的暴力相威胁，实行精神强制，使被害人产生恐惧而不敢反抗的方法。

第二，结果行为：当场强行夺取公私财物，既包括从被害人手中夺取，也包括被害人被迫交出。

2）客体：双重客体，包括人身和财物。

（2）罪责

1）责任能力：已满 14 周岁不满 16 周岁的人犯抢劫罪的，应当负刑事责任。

2）责任形式：抢劫罪的责任形式是故意，并且具有非法占有公私财物的目的。该故意是指明知是抢劫行为而有意实施的主观心理状态。

3. 本案例中马某的行为构成抢劫罪

（1）行为

首先，从手段行为方面分析。在案例中，马某等人持手枪、砍刀等作案工具威胁要将沈某活埋，从这一点我们可以看出马某的手段行为是刑法所规定的胁迫行为。胁迫，是指告知对方将要对其予以加害，以对其进行精神强制。根据通说，是要以立即实施的暴力相威胁。而在本案例中，马某等人将沈某强行带至偏僻处，其人多势众并且持有手枪、砍刀等作案工具，该种暴力是立即就可以实施的。虽然马某主观上也并不一定真正具有当场加害的意思，但其绝对具有该加害能力，这不影响该种胁迫的成立。而沈某作为一个正常人，能够理解该胁迫内容以及如果不配合会导致的后果，从而受到精神上的强制。

客观说认为，实施的胁迫，从一般人认同的社会观念上看，已经达到足以压制被害者反抗的程度。主观说则认为，实施的胁迫，应当从行为人、被害者的主观感受角度看，该胁迫已经达到足以压制被害人反抗的程度。我认为客观说更为有理，但无论采主观说还是客观说，本案例中马某所威胁的“活埋”，无论从一般人角度看，还是从行为人马某和被害人沈某来看，都已经达到足以压制被害者反抗的程度，是毋庸置疑的。

其次，从结果行为方面分析，使用暴力、胁迫等方法当场取得财物的，才构成抢劫罪。一方面，这里的“当场”概念十分重要，是指暴力、胁迫手段和财物取得之间具有时间上、场所上的紧密连续性。本案例当中，存有一个疑点，即马某在让沈某取钱时，是找了一辆出租车，让司机与沈某同去取钱，那么这是否不符合“当场”的概念呢？我认为这里对当场的理解不能过于狭隘，在后文中将就此专门论述。另一方面，强取是在实施暴力、胁迫以后使财物转移的行为。通说认为，抢劫罪中的暴力、胁迫和财产的强取之间应当有因果关系，抢劫罪的本质在于实施暴力、胁迫等手段而夺取财物。在本案例中，不难看出，马某劫走沈某、威胁沈某的手段行为都是基于强取的意思而实施的，而沈某被迫答应马某并前去取钱的结果也是在实施了胁迫之后才实现的。

（2）客体

抢劫罪的客体具有双重属性。一方面，行为人违反被害人的意思取得了财物；另一方面，行为人还对被害人人身权利具有高度危险性。首先，本案例中，行为人马某以暴力的方式将沈某带至偏僻处从而限制其人身自由，又在众人持砍刀、手枪等作案工具的情况下威胁沈某，要其交出钱财，虽然其实际上并没有对沈某实施暴力，但一方面其已经限制了沈某的人身自由，从而侵犯了沈某的人身自由权利，另一方面又以“活埋”相威胁，使沈某的生命安全受到极大的威胁，对沈某的人身权利具有高度危险性。其次，马某向沈某强行索要10万元，后又谈至3万元，这是一种违反被害人意思索取财物的行为，虽然其最终并未得到钱财，但该种行为已经实施，因此沈某的财物是马某罪行的客体。

（3）责任形式

抢劫罪在责任形式上表现为故意，要求行为人必须有强取他人财物的意思，并对财物必须通过暴力、胁迫等违反被害人意志的方法才能取得有所认识。本案例中，马某具有强取沈某财物的意思，这从其向沈某强行索要财物这一行为当中就可以看出；而马某积极主动采取的暴力、胁迫的一系列行为也是为了使沈某屈服，从而达到索财这一目的而服务的，是一种直接故意。因此，马某在主观上完全符合抢劫罪所要求的责任形式。

综上所述，我认为马某的行为构成抢劫罪。至于案件中尚存的几个疑点以及抢劫罪的犯罪形态问题，将在后文中讨论。

三、抢劫罪与其他二罪之间的重要界限

通过前文分析，已经初步确定马某的行为构成了抢劫罪。然而，抢劫罪与绑架罪、敲诈勒索罪本来就难以区别，而本案例中马某的行为也的确符合绑架罪、敲诈勒索罪的一些条件。我认为为了进一步确定马某所构成的犯罪，区分抢劫罪和其他两种犯罪是十分必要的。

（一）抢劫罪与绑架罪的重要界限

抢劫与绑架一样，都是用暴力、胁迫等方法来取得财物，都符合“暴力取财”这一重要特征，具有相似性。那么，如何对两种罪名作出区分？综观两个罪名的犯罪构成要件以及其所侵犯的法益，我们不难总结出以下几点区别：

1. 是否为复行为犯罪的问题

从犯罪构成上看，抢劫罪是一种复行为犯罪，同时要求手段行为和结果行为，取财正是这样一种结果行为，如果没有索取财物的行为，就不构成抢劫罪；而绑架罪则并非复行为犯罪，并不要求实际实施了勒索行为，只要具有勒索财物的目的而绑架的，即可构成绑架罪。

2. 关于暴力对象与取财对象的分离问题

在抢劫罪当中，被使用暴力的人和被迫交出财物的人是同一个人，该人既是人身侵犯的受害者，又是财产犯罪的受害者。而绑架勒赎，则是向被绑架人的亲人朋友取财，暴力对象与取财对象是相分离的。

3. 主观上故意的区别

绑架罪在主观方面要求行为人具有利用他人对被绑架人安危的担忧而勒索财物的目的，利用被绑架人的亲友对其安危的担忧是绑架罪在主观上一个很大的特点，而抢劫罪则并没有这样的要求。

4. 所侵害的法益问题

虽然抢劫行为与绑架行为所侵犯的兼有人身安全以及财产两种法益，但是抢劫行为所侵犯的法益仅属于受害者一人，而绑架则不仅侵犯到被绑架人的人身安全，而且对被绑架人的亲属或朋友还造成了某种侵害，这种侵害既包括精神上的也包括物质上的。精神上，被绑架人的亲属或朋友遭受着为自己亲友生命安全而担忧的折磨，物质上还承受着因交付赎金而受到的财产损失。由此看来，抢劫罪所侵害的法益仅属于受害者一人，而绑架罪所侵害的法益不仅属于被绑架人，还包括了被绑架人的亲属、朋友。因此，应当在这一点上对二者进行区分。

5. 对本案例的具体分析

在本案例中，马某等人实施犯罪的过程中所针对的只有沈某一人。马某等人先使用暴力手段使沈某处于其控制之下，再持凶器威胁沈某，向沈某索取钱财。可见，一方面，在本案例中暴力对象与取财对象始终是沈某一人，并未发生分离，马某主观上也没有利用他人对沈某安危的担忧而勒索财物的目的；另一方面，除了沈某之外，马某的行为没有再侵犯沈某亲友的法益，没有对其亲友造成精神上和物质上的损害，其侵犯的法益仅属于沈某一人。因此，我们结合抢劫罪、绑架罪的界限和本案例的具体情况，可以认定马某的行为所构成的应当是抢劫罪而不是绑架罪。

（二）抢劫罪与敲诈勒索罪的重要界限

抢劫罪和敲诈勒索罪一样，都以非法获取公私财物为目的，也多以暴力相威胁。本案例中，行为人采取了以暴力相威胁的方法强行索取他人财物，在该种情况下很容易将两种罪名混淆，因此这就涉及了对敲诈勒索罪和抢劫罪的区分问题。我认为两个罪名之间主要有以下两点区别：

1. 犯罪的当面性问题

一般说来，抢劫罪是一种当面犯罪，被害人与犯罪人之间是面对面的，而敲诈勒索罪通常是以寄敲诈勒索信或者打敲诈勒索电话等非当面的方式进行。然而，也并不排除有当面敲诈勒索的情形。

2. 暴力的即时性问题

暴力的即时性是区分以暴力相威胁的抢劫罪与敲诈勒索罪的关键所在。区别在于，抢劫罪所威胁的暴力是立即付诸实施的暴力，而敲诈勒索罪所威胁的暴力是事后将要实施的暴力。从所威胁的暴力是否即时，我们可以对抢劫罪和敲诈勒索罪进行区分。

3. 暴力以及胁迫的程度问题

敲诈勒索罪当中的暴力以及胁迫，均不能达到足以抑制他人反抗的程度。而抢劫罪当中的暴力以及威胁则恰好相反，必须达到压制被害人反抗的程度。

4. 对本案例的具体分析

本案例中，犯罪人马某与受害人沈某一直是当面的，因此就一般情况来说这是一种抢劫罪。然而为了谨慎起见，我们也不能排除当面敲诈勒索的可能。那么，就涉及马某所威胁的暴力是否具有即时性，以及该种胁迫的程度问题。一方面，马某等人“持砍刀、手枪等作案工具威胁沈某要将其活埋，向沈某强行索要10万元”，可见，马某以“活埋”这一暴力行为相威胁。我认为从当时的状况来看，如果沈某不答应马某的请求，其很有可能遭受到立即的暴力——“活埋”，“活埋”这个暴力行为是完全可以当场实施的。因此，马某所作的是一种即时的暴力威胁，而不是一种事后暴力的威胁。另一方面，马某所胁迫的内容暴力程度极高，威胁到了沈某的生命安全，在这种情况下，沈某是毫无反抗余地的，他只能答应马某的要求，因此该种胁迫是一种达到压制被害人反抗程度的胁迫。从对本案例的具体分析中，我们可以认定马某的行为构成了抢劫罪而非敲诈勒索罪。

四、本案例中两大疑点的解决

经过前文的大量论述，基本可以确定马某构成了抢劫罪。然而，该案例有一定的特殊性，我认为要最终确定马某是否构成抢劫罪，案例中还有两个疑点需要解决。

（一）疑点一——马某的“借款”以及欠条

案例当中，马某虽然向沈某强行索要钱财，但却声称是借款，以后会归还，并且当场给沈某打了一张“三个月内归还”的欠条。那么，该种行为是否会影响到抢劫罪的成立，我们又应当如何看待这一行为呢？我认为马某的这种行为不会影响抢劫罪的成立，有以下两点理由：

第一，马某与沈某之间并未真正产生债权债务关系，该欠条并不具有任何法律效力。这里要引入民法上的观点，正常的债权关系应当在双方当事人平等自愿的情况下形成。而在该案例当中，沈某在一种被胁迫、精神上受到无比压制的情况下，不自愿地答应马某的要求，与之形成所谓的债权关系，其意思表示并不自由。并且马某的行为极其恶劣，有损社会公共秩序，违反了法律规定。因此，即使马某打了一张欠条，其民事行为也是无效的，该债权关系更是自始至终都未成立。

第二，主观上，我们应当推定马某以非法占有该财产为目的，借钱只是一种幌子，其并非真的要借钱。一方面，从社会生活经验而言，如果马某真心借钱，其不应当以这种暴力、胁迫的方式进行，从其暴力手段、威胁内容来看，其主观上应当是以非法占有该钱财为目的；另一方面，从刑法所要保护的法益以及维护社会公共秩序而言，即使事实上马某真的以借钱为目的，而其对此又无法举证证明，那么法律上应当将其视为以非法占有为目的，理由很简单，如果不这样，那么所有的抢劫犯都可以在实施犯罪行为时先打欠条，再强取财物，以免除刑事责任，而这样必然导致社会公共秩序遭到严重破坏，被害人的利益无法保护，刑法所保护的法益也将被践踏殆尽。因此，我认为无论马某是否打了欠条，都应当推定其以非法占有财产为目的。

综上所述，我认为马某的“借款”行为根本不能影响抢劫罪的成立。

（二）疑点二——沈某取钱途中马某不在场

案例中，马某让沈某前往取钱，将其送下山，并找了辆出租车让司机和沈某一起去取钱。一方面，马某在沈某取钱的途中并不在场，而抢劫罪要求“当场性”，即被害人应当一直处于行为人的控制之下，行为人应当“当场取得财物”，即行为人的胁迫手段和财物取得之间具有时间上、场所上的紧密连续性；另一方面，马某的该种行为是否是放走沈某的表现？这是否会影响抢劫罪的成立呢？我认为不会，有以下理由：

首先，从主观上讲，马某并没有真正让沈某自由离开的意思。马某让沈某离开的目的是让沈某取完钱之后返回，并且自认为沈某会在取钱之后返回。这一点从警察抓获马某时马某还在等候沈某取款归来这一事实可以看出。此外，马某在沈某离开前还威胁不许其报警。我们可以看出马某主观上的恶意并未减少，其行为既不是犯罪中止，也不是基于放松对沈某的控制而为的。至于后来沈某的逃脱，实属马某的意料范围之外。

其次，对于抢劫罪的"当场性"我们应当作宽泛理解。一方面，假设沈某在取了钱之后真的又回到马某处，那么马某的行为仍是抢劫，因为其胁迫手段和财物取得之间是具有时间上、场所上的紧密连续性的，即使中间有沈某在马某不在场的情况下前往取钱这一事实，这也是十分短暂的，并不真正违背"当场性"。另一方面，我认为沈某在借机逃脱之前其实从未真正脱离马某的控制。由于马某之前对沈某的种种威胁恐吓，因此马某对沈某有一种精神控制，既然沈某未逃离马某的控制，那么就不会违背"当场性"的要求。而最终马某终于丧失了对沈某的控制，这不是马某主观上期望的结果，而是由沈某的逃脱所致。

综上所述，我认为沈某取钱时马某不在场这一事实并不影响马某构成抢劫罪。

五、关于犯罪形态的分析

我认为本案例中马某所构成的抢劫罪的犯罪形态，应当属于犯罪未遂。我国《刑法》第 23 条规定："已经着手实行犯罪，由于犯罪分子意志以外的原因而未得逞的，是犯罪未遂。对于未遂犯，可以比照既遂犯从轻或者减轻处罚。"关于抢劫罪既遂的标准，学界尚有争议。但根据我国的司法解释规定，由于抢劫罪侵犯的是复杂客体，既侵犯了财产权利，又侵犯了人身权利，因此具备劫取财物或者造成他人轻伤以上后果两种情形之一的，都属于抢劫罪的既遂，只有两种后果都未造成的，才属于未遂。

本案例中，一方面，马某已经着手实施抢劫行为，但由于其意志以外的原因（即沈某在前往取钱的途中逃脱并报警）而最终并未转移财产占有；另一方面，马某并未造成沈某轻伤以上的后果，至少这在案例中不能体现。因此，马某的犯罪形态应当为犯罪未遂。

六、本案的加重情节

（一）持枪抢劫

我国《刑法》第 263 条明确将持枪抢劫等 8 种严重情节作为抢劫罪处 10 年以上有期徒刑、无期徒刑或者死刑的法定条件。本案例中，马某等人持手枪等工具作案，属于抢劫罪的加重情节。

（二）抢劫数额巨大

《刑法》第 263 条同样明确规定将抢劫数额巨大作为抢劫罪的严重情节。关于数额巨大的标准，各地并不统一，通常以 3 万元为起点。虽然作为抢劫罪严重情节的数额巨大，主要是一种客观评价，即行为人抢劫实际所得的数额达到巨大标准。但是，也不排除行为人明显以数额巨大的财物为抢劫目的，即使行为人最终实际上因意志以外的原因未抢得财物，也应认定为抢劫数额巨大。

本案例中，马某一开始就以抢劫 10 万元为目的，而后在沈某的恳求下才降至 3 万元，已经达到了数额巨大的标准，虽然最终犯罪未遂，也应当认为是抢劫数额巨大，应当加重处罚，但应视为严重抢劫罪中相对较轻的一种情形，不宜与既遂中的抢劫数额巨大等同。

七、结论

我们首先对犯罪进行了总括性分析，发现马某的行为基本符合犯罪的特征；然后对绑架罪、敲诈勒索罪以及抢劫罪三种最有可能的罪名进行了犯罪构成分析，最后推论出马某行为构成抢劫罪；接着又区别了抢劫罪与绑架罪、抢劫罪与敲诈勒索罪，进一步确定了马某构成抢劫罪的正确性；然后文章又分析了案例中的两大疑点，使马某的抢劫罪成立再无疑义；最后文章又分析了犯罪形态以及两个法定加重情节，得出马某犯罪未遂以及其抢劫为加重型抢劫的结论。通过层层分析，我们最终可以得出结论：马某的行为构成了抢劫罪，并且为抢劫罪未遂。

【点评】本文的结构和结论与上篇文章都较为相似，也具有思路清晰、抓住要领、思维周延、语言流畅等特点。除此之外，本文还有以下几点不同或者说是优点：第一，本文否定了敲诈勒索罪威胁的非当场性，认为在敲诈勒索罪中，普通的威胁可以当场实施，但是暴力行为具有“非当场性”，即不能当场实施暴力，而只能够以以后实施暴力相威胁。第二，本文还着重分析了“欠条”的性质，认为“欠条”并不影响行为人的“非法占有目的”。第三，本文对于案件符合抢劫罪的取财行为的“当场性”，认为可以用较强的“精神控制”来解释，比较具有说服力。第四，本文还注意到“数额巨大”这一加重情节，体现作者思维的周延。当然，对比参考答案来说，文章将取财行为定性为“当场取财”是不正确的。虽然我们对于抢劫罪的“当场取财”不能过分狭窄地理解，但是也不能过分宽泛地理解。当然，本文能够用较强说服力的“精神控制”来说明取财行为的当场性，也不失为一种观点。另外，虽然我国通说一般认为敲诈勒索罪的暴力不能当场实施，但是，文章并没有对当场实施暴力，事后取财的行为进行分析和定性。而这个案件却正好是这一种情形。总体上来说，本文能够自圆其说，并且思路清晰、抓住要领、思维周延、语言流畅，不失为一篇佳作。（文姬）

3. 模型的运用

石 晶*

一、磨刀不误砍柴工

（一）如何判断一种行为是否构成犯罪，以及构成何种犯罪？

步骤 1. 构造模型——犯罪构成理论

按照日本刑法的话来说，犯罪构成是“一种识别犯罪的规格、标准，或者叫最低度的条件”，形象化一些，干脆把它叫做“模型”。模型就是搭起来看的，是个假的，它不是生活中真实的东西，它和生活中犯罪的原型不一样。生活中发生的具体的事案——那些真实的、活生生的、血淋淋的案件，我们把它叫做原型。

步骤 2. 将模型和原型进行比较

犯罪构成作为一个模型，其存在的意义就是要同原型进行一种比较。

在这种比较中间，原型根据模型所表征的意义而获得意义。如果模型它本身表征了一种犯罪的意义，那么原型又符合了模型的这种规定性，当然原型也就由此而获得犯罪的意义；反过来说，

* 作者系北京大学法学院 2006 级本科生。

原型和模型进行比较，如果不符合这个模型的规定性，那么就不会给它一种犯罪的评价，不会获得犯罪的意义。

至于在具体操作的意义上如何比较，将在下文中进行论述。

(二) 本文采用何种犯罪构成理论？为什么？

本文采用耦合式犯罪构成理论。

这涉及怎么去进行模型和原型的比较、怎么具体进行操作的问题。

由上文可知，犯罪构成的共同使命是为犯罪成立提供一般性的法律模型。于是，我们可以将不同的犯罪构成体系理解为不同的法律模型以及不同的使用模型的方法。

就耦合式的犯罪构成体系来说，“模型”便是一个由四块“模具”（四要件）拼成的圆。运用到司法实践中，无形中就把一个作为原型的具体案件也分成了四块，一块一块来考察，把模型一块一块的要件同原型一个一个的事实要素简单地进行比较。如果都符合，那么我们作出整体上的评价，原型由此而获得犯罪的意义；如果任何一个或几个要件不符合，最终就缺了一块或几块，拼回来的是 1/4、2/4 或 3/4 个圆，不能拼成完整的圆，那么则不构成犯罪（既遂）。

同递进式的犯罪构成体系相较，本文之所以选择耦合式的犯罪构成理论（“模型”和“用模型的方法”），原因有二：

1. 递进式体系中缺少耦合式体系中的“客体”概念

不可否认，客体有提纲挈领的作用——可以理解立法设计这个罪名究竟要打击什么，保护什么，行为的实质要害的东西是什么。分出客体能给我们一种提示：一个犯罪侵害的法益是什么？反过来，立法设立这个罪名要针对性地保护什么？

在处理一些“疑难杂症”时，“客体”这个概念的存在往往发挥重要作用，原因就在于，准确地理解了“客体”就能准确地把握法条的源头——立法本意，那么，很多罪的细枝末节就无须再讨论了，有一通百通的畅快。而且在分析问题时能时常回到“客体”，就不会走偏或是拘泥于具体细节。所以说客体是非常重要的概念。

2. 关于“行为要素”

递进式体系对“行为”的分割太琐碎，有时甚至不合情理。比如抢劫罪中，区分“手段行为”和“目的行为”的必要性就不大。分而言之，当“目的行为”是行为人的“夺取行为”时，这种夺取与之前的手段行为实际上就是一个连续一体的行为；当“目的行为”是被害人的“交付行为”时，这又容易造成“行为”与“结果”的混乱。试想，如果一个行为人在只完成了“手段行为”还没开始“目的行为”的时候就被抓获了，那么这种连“行为”都不完整的情况如何定罪呢?

当然，耦合式体系中的“行为要素”也有问题。原因在于，该体系一开始就缺乏“模型”这种指导思想。它把模型和原型是搅在一块的，所以它对四要件的每一个要件的表述都不太确切。

综上所述，本文将采用“修正”的耦合式犯罪构成体系，主要修正了其中的“行为要素”：

客观方面要件中的“行为要素”，在模型意义上是对生活中各种具体事案进行概括，对行为的外观形态的类型化描述，纯粹是外观的东西。在日本刑法中叫“裸行为”。所以“以……为目的”，以及“迫使被害人……”都不应该出现在对“行为要素”的描述中，因为前者是主观方面要件中“目的要素”的内容，后者是客观方面要件中“结果要素”的内容。

3. 关于“位阶性”

在我看来，耦合式体系中的各要件在适用位阶上更有灵活性——比如主体要件，德日体系中的年龄要件到最后去了，那么前面的审查是不是做了无用功？如果真的是按这种逻辑思路来的话，那只有经过前面的该当性、违法性审查后，最后才进行年龄的审查。

而且耦合式体系也并非“有罪推定”的产物，它同样强调要先考察客观方面要件，不能拼成“完整圆”时当然不能定罪（既遂）。

这个问题在本案中不明显。

（三）如何具体操作耦合式犯罪构成这一“模型”？

步骤 1. 将“原型”中的多个行为列出。

步骤 2. 将与“原型”中的行为有关的罪名列出，并列出该罪名的客观方面要件中的“行为要素”（强调！此处的“行为”是指纯粹外观的描述，是“裸行为”）。

步骤 3. 将“原型行为”中能与“模型行为”对应的对应。

步骤 4. 将剩下罪名的“主观方面要件”列出。

步骤 5. 看“原型行为”中的哪些行为可以反映出以上的“主观方面要件”。

步骤 6. 看“原型”是否符合所剩罪名的其他构成要件，并得出结论：是否构成犯罪，以及构成何种犯罪。

二、砍柴

（一）步骤 1. 将“原型”中的多个行为列出

本案中被告人马某的多个行为：

1. 纠集多人，分别乘坐两辆汽车窜至某村，将该村书记沈某的头蒙住，强行带到山上某偏僻处。

2. 持砍刀、手枪等作案工具威胁要将沈某活埋。

3. 向沈某强行索要 10 万元，并声称是借款。

4. 当场给沈某打了张“今日借到沈某三万元整，三个月内归还”的欠条。

5. 让出租车司机和沈某一起去取钱，并威胁其不得报警。

（二）步骤 2. 将与“原型”中的行为有关的罪名列出，并列出该罪名的客观方面要件中的“行为要素”（强调！此处的“行为”是指纯粹外观的描述，是“裸行为”）

抢劫罪：对他人实施暴力（殴打、捆绑、禁闭、伤害、杀害等），或者胁迫他人（以立即实施暴力相威胁），或者其他（把他人灌醉、用药物麻醉他人）。

绑架罪：劫持他人（方法可以是暴力、胁迫或其他）。重点是“劫持”这个行为，即把被害人带离其住所或所在地，并将其置于自己的直接控制下。至于过程中所采取的方法则是与劫持行为一体的，共同形成一个不可分割的连续行为。

敲诈勒索罪：（以杀、伤被害人的亲属）威胁、（以揭发、张扬被害人的违法行为或隐私）要挟他人，具体表现为投递恐吓信，或当面说出威胁要挟性的言语。关键——以事后将要实施的暴力相威胁，换言之，该暴力是无法在当场实施的。

（三）步骤 3. 将“原型行为”中能与“模型行为”对应的对应

原型行为 1——即劫持他人的行为

原型行为 2——即胁迫他人的行为

我们发现，“原型行为”中根本没有一个行为可以与敲诈勒索罪的“模型行为”相对应：行为人并没有说出“威胁要挟”（以事后实施暴力相威胁）的言语——乃是以立即实施暴力相威胁。

因此，我们在这一步就可以将“敲诈勒索罪”排除，不必再考虑对应该罪的其他要件（即其他模具）。

（四）步骤4. 将剩下罪名的“主观方面要件”列出

主观方面要件，包括犯罪的故意或过失和犯罪的目的（在以下两种罪中，犯罪目的均为构成犯罪要件）。

抢劫罪：故意，且以非法占有公私财物为目的。

绑架罪：故意，且以（向第三人）勒索财物为目的。

（五）步骤5. 看“原型行为”中的哪些行为可以反映出以上的“主观方面要件”

原型行为3（向沈某强行索要10万元，并声称是借款）——可以反映出其“故意，且以非法占有公私财物为目的”的主观心理状态，符合抢劫罪的主观方面要件。

然而我们发现，没有任何“原型行为”可以反映出“故意，且以（向第三人）勒索财物为目的”，即绑架罪的主观方面要件。而且，“原型行为3”反映出的恰恰是一种向“被害人”勒赎的主观心理状态，更加可以排除向“第三人”勒赎的犯罪目的。由此可以将“绑架罪”排除。

至于为何绑架罪必须要以向“第三人”勒赎为必要要件，我们认为，此处便可以引用“客体”的概念。也就是说，绑架罪的客体除了被害人的财产所有权、被害人的人身权利，其实还包括“第三人”的某种权利。向第三人勒赎必然造成第三人的担忧，“担忧”也就是一种精神损害。而我认为，这正是绑架罪区别于抢劫罪的关键之一。虽然教科书在“客体”要件中没有提到这种“第三人的利益”，但也不失为一种理解问题的角度。

（六）步骤6. 看“原型”是否符合所剩罪名的其他构成要件，并得出结论

是否符合“抢劫罪”的客体、主体要件，答案显然，不必

赘述。

最高人民法院《关于审理抢劫、抢夺刑事案件适用法律若干问题的意见》规定：具备截取财物或者造成他人轻伤以上后果两种情形之一的，都属于抢劫罪的既遂；只有当既未劫取财物，又未造成他人人身伤害后果的，才属于抢劫未遂。可见，发生法定的危害结果是抢劫罪的要件，即抢劫罪是一种结果犯。本案中，“沈某借故脱身后报警，马某在等候取款时被警方抓获”，故属于抢劫未遂。

量刑上，由于“持枪”属于八种加重事由，所以应该选择高一级的法定刑：10年以上有期徒刑、无期徒刑或死刑。

三、疑点问题详解

尽管通过以上步骤，我们得出了结论。但我们也注意到，“原型行为”中的有些行为一直都没有发挥作用。这样说来，那些行为是可有可无的吗？我们认为，这些没有进入犯罪构成要件的“原型行为”一方面是本案“疑难”的原因所在，有扰乱视听的作用；另一方面也是案件具体情节的重要组成部分，也许会影响量刑。

1. 原型行为5（让出租车司机和沈某一起去取钱，并威胁其不得报警）——涉及“当场性”的问题

在抢劫罪中，一般行为人抢得的财物是他人随身携带的，从而使得危害行为与取财结果发生于同一时间、同一地点，具有“当场性”。但我们认为，对“当场”不能做机械的解释，本案中行为人押着被害人去取钱，也是具有“当场性”的。（注：因具体案情不明，故推测马某至少是派人押着沈某同司机一起去取钱的，不然他凭什么“威胁”沈某不得报警呢？）

2. 原型行为 4（当场给沈某打了张“今日借到沈某三万元整，三个月内归还”的欠条）——主动打借条的行为性质

结合原型行为 3 中的“声称是借款”的情节，我们会有疑惑，这一“主动打借条”的行为有什么意义？会不会影响抢劫罪的主观方面要件中的“犯罪目的”要件（以非法占有公私财物为目的）的认定。我们分情况讨论：

1）行为人主观上就是“以非法占有公私财物为目的”，“声称借款”以及“主动打欠条”只不过是“以借款之名、行抢劫之实”，是一种不使犯罪行为当即暴露出来的掩护隐蔽犯罪行为的手段，也可以起到日后混淆视听的作用。

2）行为人主观上就是“强行借款”，日后是打算还钱的。

因为不了解案件发生的背景情况，我们只能根据已知的情节作出判断——第一种情况的可能性极大。从劫持行为，到胁迫行为，再到“持枪”这一情节，我们认为，马某的犯罪目的是很明显的，就是要通过暴力手段取得财物。如此兴师动众地劫持、胁迫一个人，目的只是借款——这是不合常理的。这也正是为什么法律中没有规定“强迫借款”这一罪名（不同于“强迫交易罪”），因为不合常理，也没有发生过。当然，如果有新的案件情节和背景能够补充进来，也许又会得出不同的判断结果。

3. 原型行为 1（纠集多人，分别乘坐两辆汽车窜至某村，将该村书记沈某的头蒙住，强行带到山上某偏僻处）——可否构成“非法拘禁罪”

我们知道，该行为已经符合绑架罪的“行为要素”：“行为人使用暴力、胁迫或其他方法，使被害人处于不能反抗或者不敢反抗的境地，从而将被害人带离其住所或所在地，并将其置于自己的直接控制下，使其丧失人身自由。”

而非法拘禁罪的“行为要素”中没有“将被害人带离其住所或所在地”这一层意思，它侵犯的客体只是他人的“人身自由”。可以被其他犯罪行为吸收。

还有一个问题，虽然“劫持行为”因为缺乏犯罪目的而不构成绑架罪，但这一行为对于抢劫罪的量刑上有没有影响呢？我们认为是有影响的。毕竟，多了一个“劫持行为”对他人的人身权利就多了一层侵犯。

四、宏观把握

从分则体系中的位置安排上、法定刑的配置上抓住这三个罪的本质特征。

（一）抢劫罪

3年以下有期徒刑、拘役或者管制。

3年以上10年以下有期徒刑（数额巨大或情节严重）。

属于“侵犯公民人身权利、民主权利罪”。

（二）绑架罪

10年以上有期徒刑，无期徒刑。

死刑（被害人死亡）。

属于“侵犯公民人身权利、民主权利罪”。

（三）敲诈勒索罪

3年以下有期徒刑、拘役或者管制。

3年以上10年以下有期徒刑（数额巨大或情节严重）。

属于“侵犯财产罪”。

对于同是“侵犯公民人身权利”的抢劫罪和绑架罪，从法定刑的设置上可以看出，绑架罪对人身权利的侵害程度较高（至少立法者这样认为）；虽然敲诈勒索罪和抢劫罪的法定刑相同，但敲诈勒索罪是属于“侵犯财产罪”一章的，显然立法者更注重其侵犯财产的性质，也就是说这个罪对人身权利的侵犯程度是低于抢劫罪的。

从这个角度看问题，也许可以更快更准地抓住问题的关键，解决问题时也能有个基本方向。

【点评】本文是两百多份作业中较有特色的一份。文章虽然字数不多，但是思维独特，言简意赅。具体来说，有以下几个优点值得注意：第一，思维独树一帜。本文提出了“模型”和“原型”两个概念。指出不同的犯罪构成理论是人们根据自己的价值建立的不同的“模型”，而案件事实本身是“原型”。定罪的过程就是将原型与模型进行对比的过程。第二，本文对两种犯罪构成模型的比较也有其独到之处。指出耦合式犯罪构成并非一定没有位阶性，并且指出耦合式犯罪构成中“客体”的独特作用，分析独到中肯。第三，本文言简意赅，思路清晰，语言流畅。本文首先说明模型和原型的概念，其次通过比较选择适合的犯罪构成模型，然后将原型中的行为一一分解列出，之后将原型与模型对照，进行定罪，最后还分析了几个干扰情节的定性。整篇文章一气呵成，言简意赅但说理充足，是难得的佳作。当然，本文对于递进式犯罪构成分析不够，理解也有偏颇之处。递进式犯罪构成的违法性分析比耦合式的“客体”分析，对于犯罪的实质把握更为充分。还有，经过改造的耦合式犯罪构成或者说具有位阶性的犯罪构成，已经不能称为真正的耦合式犯罪构成，而是一种递进式的犯罪构成了。（文姬）

4. 从规范到事实

刘 月*

一、从抢劫罪内部逻辑自治的角度观察马某行为为何为“抢劫未遂”

（一）规范与理论框架

1. 概念：

根据《刑法》第263条之规定，抢劫罪是以非法占有为目的，以暴力、胁迫或者其他方法，强行夺取公私财物的行为。

2. 构成

（1）罪体

1）行为：抢劫是复行为犯，由两部分构成：一方面为手段行为，即暴力、胁迫或者其他方法；另一方面为目的行为，也就是强行夺取他人财物或者迫使他人被迫地交付财物。① 下面本文仅分析与本案有关的三种行为：即暴力、胁迫行为和强行夺取。

所谓暴力，《辞海》解释为：“侵犯他人人身、财产等权利的强暴行为。”可见暴力的对象从广义上讲可以对人身实施，也可以对财产实施。刑法各罪中“暴力”之含义各不相同，可由法定刑

---

* 作者系北京大学法学院2006级本科生。

① 参见陈兴良：《口授刑法学》，582页，北京，中国人民大学出版社，2007。

设定上直接观察出——究其本质是该罪本身决定的。

对于暴力的把握，可以从暴力实施的对象、暴力实施的程度、暴力实施的种类进行解析。日本刑法理论依据这样的标准把“暴力”分为四个等级：一是最广义的暴力，包含了不法地行使有形力的所有场合，其对象可以是物，也可以是人。骚乱罪、内乱罪中的暴力，即属于此。二是广义的暴行，指不法对人行使有形力，但不要求对人的身体实施，即使是对物实施有形力，只要它能够对人的身体施加物理上的强烈影响，即为已足。公务执行妨害罪，职务强要罪，加重逃走罪中的暴力即属于此。三是狭义的暴行，是指对人身体施加不法的有形力，暴行罪中的暴力即属于此。四是最狭义的暴行，是指对人行使足以压抑人的反抗的不法有形力。强盗罪、强奸罪、强制猥亵罪中的暴行即属于此。[①] 其中的“强盗罪”和我国的“抢劫罪”本质上无异。

我们可以参照这个“暴力”划分的层级——把抢劫罪中的“暴力”理解成刑法中最严重的一种“暴力”，即实施如殴打、伤害、捆绑、杀害等足以危及被害人身体和生命的行为，致使被害人不能抗拒。

所谓胁迫，在这里是指以立即实施暴力相威胁，实施精神强制。[②] 此处的“精神强制”有什么特殊之处呢？本文认为有三点：

胁迫内容的暴力性，广义上的“胁迫”外延很广，比如揭露隐私、毁坏名誉等，但是抢劫罪中的胁迫应以伤害被害人身体或

① 参见［日］大塚仁著，冯军译：《刑法概说》（各论），80页，北京，中国人民大学出版社，2003。

② 参见陈兴良：《口授刑法学》，583页，北京，中国人民大学出版社，2007。

者危及生命之暴力表现。

胁迫效果的紧迫性，行为人发出的胁迫，系“如不答应行为人非法占有财物的要求，就要当场实施某种暴力”，故使被害人当场受到精神强制，完全丧失反抗意志，除当场交付财产外，没有考虑、选择的时间余地。

胁迫形式的即时性，即胁迫是当场当面作出的，而不是通过电话、通信等方式作出。

所谓强行夺取，一种是对他人使用暴力后直接夺取财物；另一种是迫使被害人当场交付（处分）财物，还有一种是被害人出于害怕扔掉财物逃走，行为人取得财物。

对这里的“当场”不能机械理解，不能严格地理解成“一个时间、一个地点”，此处夺取财物的地点与暴力实施的地点可能为两个，即夺取财物的地点是暴力实施地点的延伸，认定标准为被害人交出财产时仍然处于行为人暴力的控制之下。①

抢劫罪的认定不仅要求两种行为的实施，还必须在手段行为和目的行为之间存在因果联系。

2）客体：抢劫罪系双重客体，包括人身和财物。其侵犯人的身体是作为手段行为，其目的行为系侵犯财产所有人或保管人的财产所有权。各国立法多把其归入侵犯财产犯罪。故双重客体中侵犯财产权利的属性是主要的。② 即刑法在此条罪名上主要关注的规范利益是财产性权利，关注的规范行为是以侵害人身之手段获得财产利益。

---

① 比如使用暴力迫使被害人交付财物，但被害人身无分文，行为人长时间跟随被害人到距离相当远的场所取得财物的，也是当场。参见屈学武：《刑法各论》，308页，北京，社会科学文献出版社，2005。

② 参见陈兴良：《口授刑法学》，584页，北京，中国人民大学出版社，2007。

（2）罪责

抢劫罪的责任形式是故意，并且有非法占有的目的。抢劫故意，是指行为人明知自己的抢劫行为会发生侵犯他人人身和财产的危害结果，并且希望或者放任这种结果的发生。一般来讲，行为人对造成他人财产损害是出于希望的心理，但对造成他人人身的侵害则可能是持放任的态度。非法占有他人财物的目的，是指意图不法侵占他人财物的心理态度。①

（二）抢劫未遂规范分析

我国现行《刑法》第 23 条规定："已经着手实行犯罪，由于犯罪分子意志以外的原因而未得逞的，是犯罪未遂。"根据这一规定并结合《刑法》第 263 条关于抢劫罪的规定和我国刑法有关理论，抢劫罪未遂形态具有以下 3 个特征：

1. 已经着手实施抢劫罪的实行行为。只要行为人开始实施其中的手段行为（即暴力、胁迫手段或者其他方法），就认为是实行行为的着手。

2. 抢劫犯罪未完成。至于何为"抢劫犯罪未完成"理论界存在较大分歧，主要有"目的说"、"结果说"、"构成要件说"、"侵害法益说"等。根据最高人民法院《关于审理抢劫、抢夺刑事案件适用法律若干问题的意见》中第 10 条的规定："抢劫罪侵犯的是复杂客体，既侵犯财产权利又侵犯人身权利，具备劫取财物或者造成他人轻伤以上后果两者之一的，均属抢劫既遂；既未劫取财物，又未造成他人人身伤害后果的，属抢劫未遂。据此，刑法第二百六十三条规定的八种处罚情节中除'抢劫致人重伤、死亡的'这一结果加重情节之外，其余七种处罚情节同样存在既遂、未遂问

---

① 参见沈志民：《抢劫罪论》，85、87 页，长春，吉林大学出版社，2005。

题，其中属抢劫未遂的，应当根据刑法关于加重情节的法定刑规定，结合未遂犯的处理原则量刑。”

根据这一司法解释，我国在认定抢劫未遂上采取了双重标准：除《刑法》第263条第2款中“致人重伤、死亡”的结果加重犯中没有未遂形态之外（系结果加重犯的“结果”为必要的构成要件，故只有构不构成，而没有既遂未遂之分），其余形态均有未遂形态，且必须符合“既未劫取财物，又无造成他人人身伤害后果的（轻伤以上）”条件。

3. 抢劫犯罪未完成是由于行为人意志以外的原因。在判断阻止犯罪完成的因素是否属于意志以外的原因时，要以行为人当时的主观认识为标准，而不是以客观实际情况为标准。不论客观上是否能够继续实施，只要行为人在当时的条件下自认为能够继续实施并没有放弃犯罪，其阻止因素都是意志以外的原因。其包括行为人意志以外的客观因素、行为人自身因素和认识错误。[①]

（三）事实认定

在上述法条和规范理论建立的基础上，我们来分析本案案情。即马某是否符合抢劫罪所要求的主客观要件？是否成立未遂形态？我认为认定的关键有三：

首先，马某的行为是否符合“抢劫罪”中的“暴力、胁迫行为”和“强行夺取财物”行为？

其次，马某是否具有“非法占有他人财产”的主观目的？

最后，马某是否成立抢劫未遂形态？

1. 马某的行为是否符合“抢劫罪”中的“暴力、胁迫行为”和“强行夺取财物”行为？

---

① 参见沈志民：《抢劫罪论》，165页，长春，吉林大学出版社，2005。

本文将马某的整个行为过程分解成四个阶段：

案例中，马某首先纠集多人将沈某的头“蒙住”，然后强行带到山上某偏僻处。这可以认定为以暴力侵害了沈某的身体自由支配权利——用外力束缚、控制某人身体使其不能反抗。

接下来，马某等人持砍刀、手枪等作案工具威胁沈某要将其活埋，向沈某强行索要10万元，这是以非常明显的“以立即、当场实施暴力”为内容的胁迫，企图迫使被害人交付财物。此处之“威胁”可以与“抢劫罪”中的“胁迫”含义相等。[①] 按照社会一般理性人的标准，被一干手持凶器的人劫持到偏僻的山上，被胁迫交出财产——这是不可能反抗或者一旦反抗将导致巨大的身体损害甚至危及生命的代价的。因此，我认为此处的“暴力”已经达到了“致使被害人不能反抗的程度”。

接着，马某声称10万元是借款，以后要归还。后经沈某求饶，双方谈至3万元，马某当场给沈某打了张“今借到沈某三万元整，三个月内归还”的欠条。这是不是强行夺取财物？

我认为，马某当时强行逼迫沈某同意借款的行为不过是强行索要财物的掩盖行为，即一种借口，为了事后对该笔钱的来源有正当解释。从客观上讲，这并不是“借”——所谓借款，需基于所有人自由意思对财产作出“借出”的处分，显然本案中沈某在马某胁迫下作出的借款决定并非基于自由意志。从主观上讲，马某并不具有归还的意思，而是具有非法占有的意图，在下面的主观要件中，将予以详细论述。

最后，马某将沈某送下山，找了辆出租车，让司机和沈某一

---

① 我认为，按照社会普遍语义习惯和司法传统，“胁迫”较之“威胁”是一种紧迫性更强、主观恶性更强的行为。

起去取钱，并威胁其不得报警。此时与第三阶段的逼迫借款的行为结合，是不是当场夺取财物？典型意义上的“抢劫”，一般系取得被害人当时身上之财物。但是本案中“暴力胁迫”行为与“夺取财物”行为发生了空间上的转移，沈某被迫到山下取钱。我认为，这仍然算作“当场”，依照前文抢劫罪规范分析中对“当场”的解释——当场包含暴力行为延续中的夺取财物的空间。在本案中，沈某取钱是“被迫借款”的延续，其中潜在的逻辑话语是“马某一旦写下欠条，沈某立即按照欠条所载数额到银行取钱”。因此，不是另一个与被害人约定的地点，而是写下欠条后必然发生的空间转移。且在沈某取钱过程中仍处于行为人“暴力控制下”（有司机监视并且威胁“不得报警”）。我认为，这里并不是另外一个“敲诈勒索”的行为，而是应该与之前的暴力行为结合构成了抢劫行为。因此不应认定为抢劫罪和敲诈勒索罪的想象竞合。

2. 马某主观上是否具有“非法占有他人财物”的目的？

我认为有三个方面可以证明马某主观上具有“非法占有他人财产”的目的。

首先，马某系“纠集多人”，是一次有组织，有计划的行动。在组织许多人进行一个有计划的行动的时候，必然有一个明确目的。在日常生活中尚且如此，更何况行为人实施的是一个风险极高的、危害极大的暴力行为。如果真是一个合法借贷行为，远不必如此兴师动众，并且挟持被害人到偏僻处，甚至携带了凶器。因此从他们有预谋、有规划、有策略索取财物上来说，可以看出“非法占有他人财物”的目的。

其次，其以“活埋”胁迫，索要 10 万元，后来“经沈某求饶”，减为 3 万。若果真为借款，则沈某不必求饶——他定是料到一旦借出这笔钱就不可能收回，因此苦苦求饶——这实质上和行为人当场直接胁迫被害人交出身上财物之情形相似，被害人为了尽可能减少损失进行哀求。故马某写的欠条不过是一个幌子，一个对抢劫行为的掩盖行为，不能改变抢劫行为的本质。

最后，在沈某取钱过程中，马某以“不得报警”相威胁。若果真为合法借贷，则马某不可能害怕沈某报警。这说明马某明知自己行为是违法的、是会受到追究的而故意为之——即一种名为借实为抢的行为。

3. 马某是否成立抢劫未遂形态?

基于前面两点可以认定，马某已经实施抢劫罪要件中的“暴力、胁迫”手段，已经是“着手犯罪”，但因为被害人有效逃避这一意志以外因素导致最终未能获得财产，犯罪行为没有得逞，并且案例中马某并未对沈某身体造成伤害。故符合上文中关于“抢劫未遂”的分析要件。因此成立“抢劫未遂形态”。

（四）从抢劫罪自身性质来说，为何马某的行为不能被但书出罪

认定一个行为是否为犯罪的角度，首要的标准是犯罪构成要件，依据我国法律和法学理论还需要考虑是否能被《刑法》第13条但书出罪。我国《刑法》第13条中把“情节显著轻微危害不大的”行为“不认为是犯罪”。也就是说，该行为本来符合刑法分则某一罪名的要件，但是因为没有造成危害后果或者情节十分轻微，则刑法上从实质上对这种行为进行“非罪化”，有点类似于刑法中的“拟制规定”。

被“非罪化”的行为有的不被处罚，即排除出刑法规范的视野，视为普通民事侵权行为；但是有的仍然受到惩罚——受到治安管理法规、行政法规或者经济法规的处罚。可以说，有的行为只要一实施就构成犯罪——比如“杀人”行为；但是有的行为的实施必须达到一个“度”——即我们通常所称的“罪量”。这是与

行为本身的恶性程度有关的。

按照这个思路，规定罪量要件的罪需要行为达到一个度方为犯罪，那么没有规定“罪量”要件的罪只需行为完成，罪责具备即为犯罪。所以可以依照一种“逆向”的思路，考察这个罪名是否有罪量要件或在《治安管理处罚法》及其他法规中看是否处罚这种行为的低度状态。即考察是否存在“一般”的××行为和“构成犯罪”的××行为。

从刑法“抢劫罪”的规定来看并不要求罪量要件。再来观察《治安管理处罚法》，其中第49条规定“盗窃、诈骗、哄抢、抢夺、敲诈勒索或者故意损毁公私财物的，处五日以上十日以下拘留，可以并处五百元以下罚款；情节较重的，处十日以上十五日以下拘留，可以并处一千元以下罚款。”这条规定并不包括“抢劫行为”。

因此可以看出，依据我国现行法律，并不存在“一般抢劫行为”和“抢劫罪”的区分。有人认为这是立法上的疏漏。① 但是其也体现出立法者的一个价值取向：抢劫是一种社会危害性极大，侵害公民人身财产权利很严重的犯罪，因此只要是以非法占有他人财产为目的实施“抢劫罪”中的“暴力、胁迫”行为就构成犯罪，然后根据相应情节进行处罚。

根据上文分析，本案中马某已经实施暴力、胁迫行为并具有非法占有沈某财产的目的——系已实施“抢劫行为”，构成抢劫罪。不能因为最终没有获得财物认定为“危害不大”而用但书出罪。

---

① 参见沈志民：《抢劫罪论》，226～227页，长春，吉林大学出版社，2005。

二、规范角度比较抢劫罪与其他两罪，论证为何不认定为绑架罪或者敲诈勒索罪

（一）抢劫罪与绑架罪

1. 绑架罪规范分析

依照我国《刑法》第239条的规定，绑架是以勒索财物为目的绑架他人的，或者绑架他人作为人质的行为。绑架罪是一种常见犯罪，在各国刑法典中均有规定。德国刑法第239条a规定："诱拐或绑架他人，利用第三者对被绑架人之关怀，进行勒索或利用他人为掳人之情势而为此等勒索行为者……"日本刑法第225条之二规定："（一）利用近亲者或者其他人对被略取者或被诱拐者安危的忧虑，以使之交付财产为目的，略取或诱拐他人的……（二）略取或者诱拐了他人的人，利用近亲者或者其他人对被略取者或被诱拐者安危的忧虑，使之交付财产或要求交付财物的，与前项同。"[①] 在我国，绑架罪主要有三种情况：以勒索财物为目的绑架他人的，以其他非法目的绑架他人作为人质的，以勒索财物为目的偷盗婴幼儿的。前两者被称为"勒索性的绑架"。由于我国法律条文对"绑架"行为的表述极为简略，故在认定上出现了很多困难。

（1）罪体

1）行为：绑架罪的行为是单一行为还是复合行为在理论上仍有争议。复合行为说认为，绑架他人与勒索财物或者提出其他不法要求的行为两个方面缺一不可。我认为，参照对于抢劫罪的分析，绑架罪也应为复合行为。"敲诈勒索"作为目的行为并不要求行为人现实实施或者达到目的，只是作为一个主观要件存在。依

① 张明楷：《外国刑法纲要》，485～486页，北京，清华大学出版社，2007。

据我国对抢劫罪刑法条文的注释，“绑架罪的既遂并不要求其勒索行为必须发出，更不要求其目的的实现，只要行为人主观上以勒索或其他要挟为目的，客观上实施了绑架行为，即可构成既遂”。这也是与理论相符合的。

那么什么是“绑架行为”？我认为，绑架行为是行为人利用被绑架人的近亲属或其他人对被绑架人安危的忧虑，使用暴力、胁迫、麻醉或其他方法劫持或以实力控制被绑架人的行为。这里我认为，有必要区分“劫持”行为和“绑架”行为。绑架行为中必然有控制人身自由的行为，并且往往表现为“劫持”，但是“绑架”行为还必须要有向被挟持者的近亲属或者利益相关者勒索财物的目的。① 因此这虽然是一种控制被害人人身自由的行为——但是不同于拘禁行为，这里的控制目的不在于从被控制人身上得利，而是利用其家人或者其他利益相关人对被害人安危的忧虑来达到一定目的。“绑架被害人作为人质”是认定绑架罪的根本特征，也是绑架罪区分于其他个罪的本质特征。

2）客体：在不同的绑架形态中客体各不相同。在“以勒索财物为目的”的绑架中，绑架罪既侵犯人身权利又侵犯财产权利。在“以其他非法目的”的绑架中，绑架罪侵犯人身权利。由于绑架行为的特征，“勒索型绑架”中被绑架人与被勒索的对象是不同的人。这一点在日本刑法典的规定中可以更清晰地看到。

（2）罪责

绑架罪的罪责形式是故意——即明知是绑架他人并有意为之。并且具有勒索财物或者获取其他不法利益的目的。绑架罪是目的

① 有时候“绑架”不一定使得被害人身体发生空间的转换，比如行为人把未成年人的父母骗到外地然后到其家中控制其人身。

犯，此处之目的为主观要件，只要具有这个意图就构成绑架，不必以意图的表达或实现为要件。

2. 与抢劫罪的区分

在此主要分析勒索型绑架和抢劫罪的界限。表面上看两者十分相似：主观上都以取得财物为目的；客观上亦有相似之处，表现为暴力、胁迫等强制手段。但是两者有两点根本不同：

（1）勒赎型绑架罪是行为人以非法剥夺人身自由的方法，并利用被绑架人的亲属等第三人对被绑架人的安危的忧虑要挟勒索财物，勒索行为指向的对象为被绑架人以外的第三人，即被绑架人的亲属、朋友或者其他相关的人，而不可能是被绑架人。易言之，被绑架的人与被勒索的人非同一人，是一种“他赎”。而抢劫罪的方法则一般不表现为非法剥夺人身自由，而且行为人要挟的人及劫财行为指向的对象一般具有同一性。

（2）由于绑架行为与抢劫行为的差异，勒赎型绑架罪获取财物的时间与绑架行为实施的时间不具有一致性，即有一定的间隔，一般也不是当场。但是抢劫罪是当场取得财物，“当场”可以是暴力胁迫行为的延伸空间。

3. 本案中马某行为不属于绑架行为，不能认定为绑架罪

在本文第一部分中已经阐述了马某具有非法占有沈某财产的目的，但是是向被害人本人劫财。并没有“劫持被害人作为人质向其亲属和其他人勒索财物”的意图与行为。并且马某意图当场取得财物，即“当场打欠条，随即取款”。因此更符合抢劫罪的构成要件。

（二）抢劫罪与敲诈勒索罪

1. 敲诈勒索罪规范分析

敲诈勒索罪与绑架罪、抢劫罪均是一种常见犯罪。各国对此

均有规定。《德国刑法典》称之为勒索罪："违法地使用暴力或者通过带有明显恶害的威胁恐吓某人所为、忍受或者不作为和因此给被恐吓者或者他人的财产造成损失的。"《日本刑法典》称之为"恐吓罪"：是指"恐吓他人使之交付财产、取得财产的不法利益或者使他人取得的"行为。[①] 我国刑法的规定十分简略：敲诈勒索罪是指"敲诈勒索公私财物，数额较大的"。各国表述不同但是都把敲诈勒索罪作为一种侵犯财产的犯罪。

（1）罪体

1）行为：是行为人以非法占有为目的使用威胁或者要挟的方法，迫使被害人交付财物的行为。威胁，是指以将对财物所有人、占有人或者管理人及其亲友的人身实施杀害、伤害等暴力行为；要挟，是指以将揭发、散播上述人的隐私，或者将举报上述人的违法犯罪行为等。威胁与要挟的方式可以是多种多样的。此处威胁与要挟内容的实现不具有当场性，而是扬言在以后某个时间付诸实施。被害人交付财物是出于对于行为人未来实行行为的恐惧，但当场并没有达到"不能反抗"的程度。

2）客体：敲诈勒索罪侵犯的主要为被告人的财产权利。因为其威胁与要挟是以未来实施暴力为内容，故实施之时往往没有侵害被害人的身体权利。

（2）罪责

敲诈勒索罪的罪责形式是故意，并且必须有非法占有财产的目的。与抢劫罪、绑架罪一样，这里的目的是作为敲诈勒索罪的主观要件。如果不能证明行为人具有非法占有公私财产的目的，就不能认定该罪。

---

① 参见张明楷译：《日本刑法典》，第2版，92页，北京，法律出版社，2006。

（3）罪量

《刑法》第 154 条将“数额较大”作为敲诈勒索罪的定量要件。最高人民法院《关于敲诈勒索罪数额认定标准问题的规定》中称“数额较大”，以 1 000 元至3 000元为起点；“数额巨大”，以 1 万元至 3 万元为起点。

2. 与抢劫罪区分

比起绑架罪，敲诈勒索罪与抢劫罪更有相似之处：二者都有非法占有财产的目的，其索要财物都向被胁迫人作出，勒索罪中也有当场取得财物的情况。那么区分二者，特别是在当面索要财物情况下，其界限在哪里呢？我认为，二者区分的根本仍然在“行为”上：

（1）敲诈勒索罪“威胁”、“要挟”的内容是将来会实行不利于被害人的行为，不具有即时性，并且不一定是实施暴力。从“敲诈”这个词本身来看，即具有一种“诈”的意思在其中。所谓的一般带有欺骗性，而抢劫罪的“暴力”、“胁迫”行为是以当场实施暴力为内容——当场立即转化为暴力不具有这种“诈”的意思。当然，这个标准也不是绝对的，行为人为迫使被害人在将来某个时间交付财物，往往实施暴力；此外当场实施暴力并以今后进一步实施暴力相威胁的仍然是敲诈勒索——因为抢劫必须当场以暴力取得财物。①

（2）基于二者内容的不同，导致被害人意志被强制的程度不一致。在敲诈勒索中没有达到足以抑制对方反抗的程度，只是被害人在权衡利弊后被迫交出财物的。也就是敲诈勒索中，被害人

---

① 参见陈兴良、周光权：《刑法学的现代展开》，607 页，北京，中国人民大学出版社，2006。

交出财物是基于一定自由意志的处分行为。而在抢劫罪中，暴力、胁迫手段达到了致使被害人“不能反抗”的程度，完全失去自由意志。但在实践中很难作出区分。行为达到的强制程度只能通过被害人心理来判定，这是有极大的任意性的。我认为从客观上这两者突出表现为“被害人有没有选择”——如果他当时可选择报警、呼救或者制伏行为人，那么就应定为敲诈勒索罪；如果当时被害人除了交出财产别无选择，那么定为抢劫罪更为恰当。

(3) 取得财物的时间。敲诈勒索取得财物可以当场也可以限定在若干日以内，而抢劫只能在当场取得。

3. 本案中为何马某的行为不构成敲诈勒索

首先，马某是以“不借钱就活埋”对沈某进行要挟的，其要挟内容有即时性，即暴力具有当场实施性。

其次，当时沈某被劫持到偏僻的山上，面临手持凶器的马某一伙人，孤立无援，不可能报警或者求助。因此沈某除了同意所谓的“借钱”没有其他选择，故处于不能反抗、意志完全不自由的状态下。此时可以是一种变相的“抢”——这与行为人把被害人劫持到偏僻地区强取被害人身上财物实质是一样的。因此定为抢劫罪更合适。

三、比较司法实践中类似案例处理办法，从实证角度说明认定为抢劫罪的理由

我国虽然不是判例法国家。但是类似大量案件的处理得到相似处理在实践中非常常见。因为刑法自身的逻辑不可能完美，生活常新，犯罪也是变幻无穷，仅仅看到理论和规范还是比较局限的。因此我查阅大量案例，经仔细总结比较认为司法机关在处理

类似案件中也有一些规律。简单陈述如下：

(一) 挟持被害人到偏僻场所使用暴力从被害人处索得财物的行为认定

2002年山东省淄博市人民检察院诉杨保营等人抢劫、绑架、寻衅滋事案中有这样的事实：

2002年1月11日23时许，被告人杨保营、吴润鹏、李波驾车在张店海燕歌舞厅门前，将田茂云劫持到车上，用宽胶带将田茂云的眼睛、双手缠住，并将其绑架至惠民县一旅馆内拘禁。1月13日，杨保营等三人挟持田茂云到张店，从田茂云存折中取现金5 000元后将其放走。

山东省中级人民法院认为“以勒索财物为目的，采用暴力绑架他人，均构成抢劫罪、绑架罪”，系以数罪并罚论处。

但是被告人不服，提起上诉。山东省高级人民法院在审理中认为：本案的主要问题是：被告人对田茂云实施的殴打、捆绑、禁闭及索取5 000元现金的行为，应该如何定罪？

杨保营、吴润鹏、李波驾车至张店海燕歌舞厅门前的目的，是准备在此抢劫从歌舞厅出来的“三陪小姐”，其主观故意是抢劫现金，而犯罪对象却是不特定的。被害人田茂云被劫持上车后，杨保营等三人对田茂云实施了殴打、捆绑、禁闭等手段，目的是直接劫取田茂云的财产，只是由于田茂云随身没有多带现金，杨保营等人当时没有能够立即达到犯罪目的。但后来杨保营等三人仍通过暴力和胁迫等手段，迫使田茂云本人用存折取出5 000元现金。杨保营等三人向被害人田茂云暴力劫取财产的行为并没有涉及其他的人，其行为特征与以勒索财物为目的的绑架他人行为是不同的，不符合绑架罪的犯罪构成要件，该行为应定为抢劫罪。

在此判决书中明确了“抢劫罪”与“绑架罪”的界限。即被绑架人与被勒索人不为同一人。

北京市东城区也有类似判决。在北京市东城区检察院指控于海龙、张剑峰抢劫、敲诈勒索案中有这样的事实：二被告人于2005年8月27日17时许，将被害人赵某由北京市通州区劫持至东城区东直门旅馆内，以语言威胁、限制人身自由等方法向赵某索要人民币20 000元，赵某委托朋友送来人民币3 000元交给于海龙。被告人于海龙、张剑峰于2005年8月29日被北京市公安局东城分局东直门派出所抓获。

判决书中认为：二被告人强行劫持被害人，并限制其人身自由，以暴力相威胁，当场逼迫被害人向他人借钱交给自己，其行为符合抢劫罪的犯罪特征。

（二）以敲诈勒索为目的索要财物过程中当场实施暴力的行为认定

在广东省佛山市中级人民法院审理的吴建国等抢劫、敲诈勒索案中，有这样的事实：2001年12月31日晚上，被告人冯德超驾驶粤X70231号出租车在佛山市顺德区伦教路段与杨某驾驶的粤X70533号出租车发生碰撞。当晚，被告人吴建国、何开文和“王二”（另案处理）等人得知此事，由被告人冯德超、何开文和“王二”将杨某强拉上出租车带到大良皇帝酒店后面的泸州豆花饭店。被告人吴建国、何开文、冯德超和“王二”等人分别用泼酒、殴打和威胁等方式，胁迫杨某赔偿人民币1 800元，杨某被迫答应。被告人吴建国、何开文、冯德超和“王二”便驾驶出租车押着杨某到处找人借钱。期间，被告人何开文又对杨某进行殴打并持一把对折小刀威胁杨某。后杨某的师傅王某也被迫带着被告等人去朋友处借了人民币1 800元交给被告等人。得手后，赃款由被告人吴建国、何开文、冯德超等人分得，冯德超维修出租车仅花费了人民币 55 元。破案后，缴回赃款人民币 300 元，发还杨某。

原审判决认定被告人吴建国、何开文、冯德超该行为已构成抢劫罪，被告人不服，以“敲诈勒索罪”为由提起上诉，在中级法院审理中认为：上诉人吴建国、何开文、冯德超当场使用暴力和以暴力相威胁，当场劫取被害人杨某的财物，有被害人杨某的陈述和证人王某的证言证实，冯德超也曾作了部分供述，三上诉人的行为符合抢劫罪的犯罪构成，其上诉称是敲诈勒索或否认参与犯罪，理由不成立，不予采纳。①

因此，被告人虽然以“汽车相撞”的损失事实为由对被害人进行勒索，但是勒索过程中当场使用了暴力。因此转化为抢劫罪。

四、结语

综合全文规范分析、事实认定、实证分析，我认为，本案中马某的行为应认定为抢劫罪。因为被害人逃脱以致占有财物目的没有得逞，构成抢劫的未遂形态。

从理论上讲，这三个罪名确实有很多地方相互交叉、联系。在认定中仍然存在一些问题。事实情节推理中，也有一些地方不够严密，比如马某主观上非法占有财物的目的完全基于案件过程中的细节推定，因为没有事后行为的相应情节，故断定其一定具有非法占有的目的还是不够充分的。

并且在我查阅的大量案例中发现确实有很多案例存在着认定上的争议。很多判决中把以敲诈勒索为目的，使用暴力取得财物

---

① 以上案例来自北大法律信息网。

的行为作为敲诈勒索罪和抢劫罪的数罪并罚。我认为这是欠妥的，因为实际上行为只有一个，不能因为表面上同时符合两个罪名的一些要件就数罪并罚。

这些分歧有的可以依靠法律规定解决，有的超出了法律框架的解决能力。因此，在这些“框架外”的地带如何解释法律，如何适用法律，如何把形式正义变为实质正义，这是我们的困难，也是我们的价值。

【点评】本文从规范到事实，再到实践中的实证，将抢劫罪及其相关罪名辨析得较为清晰。本文总的来说，具有以下几个优点：第一，思路清晰。本文先分析抢劫罪的规范要求，认定事实符合规范，确定案件定性；再比较三个不同的罪名的区别，进一步论证案件的定性；最后，分析实践中的其他相似案件中法院的判决，批判地进行借鉴，值得肯定。第二，本文在对犯罪定性之后，还分析借鉴了实践中的判决，虽谈不上是真正的实证研究，但是其联系实践的精神是可嘉的。第三，本文作者认识到如何解释法律，如何适用法律，如何把形式正义变为实质正义，这是我们的困难，也是我们的价值。可以说是抓住了刑法解释的要义。第四，本文语言流畅，主次分明，对问题的关键分析得当，定性准确，不失为一篇佳作。当然，本文也有其不足之处，例如其对抢劫罪的“当场取财”认定后，认为案件的事实是符合所谓的“广义的当场取财”。理解过于简单，不免有所偏差。（文姬）

5. 不畏浮云遮望眼

——“强行借款”行为的定罪分析

郑莹莹*

一、问题

1. 马某等人的威胁行为符合勒索行为的特征吗?

2. 马某等人对沈某有挟持之行为，这种行为性质如何?

3. 马某声称是借款，并打下欠条的行为性质如何，对定罪有何影响?

4. 马某等人究竟犯了哪种罪?

二、分析模式

常言道，工欲善其事，必先利其器。要做好定罪分析，首先应当确定一种适当的分析模式，从而做到事半功倍。在这之前必须要明确的一点，是认定犯罪要遵循主观与客观相统一的原则。这一原则要求我们全面地评价行为人的意识与意志，以及在此支配下的行为和后果。相对于单纯的主观主义和客观主义，这更加

* 作者系北京大学法学院 2006 级本科生。

符合犯罪行为本身的性质。“某一行为之所以作为犯罪处理，首先是由于这种行为造成了法益侵害结果，或者至少具有法益侵害危险。因此，犯罪客观上的法益侵害性是犯罪评价的重要根据。事实上，人的行为是受主观的意识与意志支配的，因而对犯罪的评价，应当从客观上表现出来的法益侵害性，追溯到主观上的违法性意识及其可能性。揭示行为人的犯罪人格对于外部身体动作的支配性。因此，从主观上评价犯罪。”① 而犯罪构成作为定罪的根据，或者如贝林晚期所说的“指导形象”，也正体现了主客观相统一。无论是苏联及我国耦合式，抑或大陆法系的递进式、英美法系的双层次式，以及我们接下来将要使用的三位一体的犯罪构成体系，都包含了主客观两方面的要求。

那么，在众多的体系中，如何选择呢？这个问题的重要性在个案中的体现可能不明显，但在整个刑法适用工作中，一个精致、高效的体系就显得十分重要了。一般情况下，刑法适用过程是一个逻辑演绎的过程，以刑法规定的各个要素为大前提，案件事实为小前提，从而得出定罪量刑的结论。可是这个过程只是我们适用一个罪名的过程，而我们在最初接触到一个案件时，往往面对着纷繁复杂的众多罪名。所以，根据案件事实判断可能触及的几个罪名，是一个必经的步骤。

接下来，就需要对重点怀疑的几个罪名一一进行分析。根据罪刑法定原则，只有严格符合刑法规定的行为才能够认定为犯罪，据此，我们可以看出刑法适用的一个特点，就是高度的精确性，哪怕是一点小小的瑕疵，也足以阻止罪名的适用。所以，在罪名适用时，完全可以考虑排除法。定罪的工作机制，不是努力将案

① 陈兴良：《定罪之研究》，载北大法律信息网。

件事实往犯罪构成中“塞”，而是努力寻找案件事实与构成要件不一致的地方，从而果断地抛弃这个罪名。这就好比在草场上找高尔夫球。有人说，从场地中央找起，有人说，每隔五步低头找一下。这些都是提高效率的建议，但事实证明，这些投机取巧的小办法往往会使我们错过了脚下的球。刑法问题是容不得半点差错的，我们所要做的就是确定一个起点，扎扎实实地寻过每一寸土地。

那么这个起点在何处呢？这也是大有讲究的。我国通常采用的耦合式犯罪构成体系，四要件之间是并存关系，可以随意排列组合，某种程度上讲就是胡子眉毛一把抓。四要件之间混乱的逻辑关系是我们放弃这一体系的主要理由，基于前文，我个人认为这种分析模式“不够踏实”。而按照我们接下来将要运用的陈兴良老师的“三位一体”的犯罪构成理论，我们可以明确地将罪体中的行为作为分析的起点。简单来讲，这一理论将犯罪构成之内容进一步划分为三个递进的层次：罪体、罪责与罪量。

下面，就根据这一构成要件体系，对案件进行分析。

三、定罪分析

作为定罪分析的准备，根据案件事实，我们初步选定了三个罪名作为怀疑对象，分别为抢劫罪、敲诈勒索罪以及绑架罪。当然，马某的行为也可能触犯了不止一个罪名，比如成立想象竞合犯。接下来，就对这三个罪名作并行的分析。

（一）罪体

1. 行为

我国《刑法》第263条为抢劫罪下了这样的定义：“以暴力、

胁迫或者其他方法抢劫公私财物。”学理上将抢劫罪的定义进一步阐发为“以非法占有为目的，以暴力、胁迫或者其他方法，强行夺取公私财物的行为”。从中可以明确看出，抢劫罪的行为是指以暴力、胁迫或者其他方法，强行夺取财物或者使他人被迫交付财物的行为。因此，抢劫是复行为犯，由手段行为和目的行为两部分组成。

（1）手段行为

根据前文定义，可以看出，此处的手段行为是指“以暴力、胁迫或者其他方法”。第一类方法是暴力。暴力乃是指对被害人的身体实施袭击或其他强暴行为。抢劫犯罪中，常见的暴力形式有殴打、捆绑、挟持等。《刑法》第 263 条同时规定了抢劫罪的法定刑，其中普通抢劫为 3 年以上 10 年以下有期徒刑，具备加重情节的为 10 年以上有期徒刑、无期徒刑或者死刑，并处罚金或者没收财产。因为抢劫罪的法定刑中包含死刑，所以此处的暴力也包括杀害被害人的行为。办案中，马某等人将沈某的头“蒙住”，“强行带到山上某偏僻处”，有明显的暴力性质。正是这种暴力行为，使得沈某无法反抗，从而方便了马某等人随后向沈某索财。所以，尽管实施这种暴力时马某等人的取财目的尚不清晰，沈某此时的不能反抗也并未使他直接受到身体上的明显伤害或者财产的损失，但这种劫持行为显然是为了最终劫财目的而实施的，已经具有了明显的实行性质，并且确实为其后的索财提供了极大的方便，因而属于抢劫的手段行为。

第二类方法是胁迫，即以立即实施暴力相威胁。暴力行为是实际实施了的行为，其目的在于使被害人不能反抗。区别于暴力，胁迫所要达到目的的是一种精神强制，暴力行为尚未实施但可以立即实施，从而使被害人不敢反抗。同样以胁迫作为犯罪方式的还有《刑法》第274条规定的敲诈勒索罪。敲诈勒索罪是指以非法占有为目的，采用威胁或者要挟的方法，强行索取公私财物，数额较大的行为。可见，敲诈勒索罪中同样规定了威胁的方法。这时，如何区分抢劫罪中的胁迫和敲诈勒索罪中的威胁，就成为定罪的关键。这两者的区别还是相对明显的。抢劫罪的胁迫，是可以立即实行的暴力，如果被害人不从，就可以马上将威胁付诸实行；而敲诈勒索罪的胁迫，则是一种事后的暴力，即使被害人不从，也无法即时实行。

本案中，马某等人持砍刀、手枪，并扬言将沈某活埋，就是典型的抢劫罪威胁行为。其中，有意向被害人显示工具，使被害人意识到工具的存在，暗含的意思是“如果不服从，便马上可以利用刀，甚至是枪伤害其身体”，此种伤害无疑比赤手空拳来得严重得多。因此，暴力工具的展示是一种无言的精神威胁。而“活埋”的威胁，如果说只有马某一个人，或者威胁的发生地是在沈某所居住的村内，我们还有理由怀疑其实施可能性，在马某“纠集多人”并将沈某带至偏僻处的情况下，便是完全有可能立即实施的了。

另外，在本案中，马某等人抢劫的手段行为其实包含了暴力和胁迫两种，在已经存在暴力行为的前提下，其中的威胁究竟是即时的还是事后的，就只有理论上的意义。因为敲诈勒索罪的手段行为只含有胁迫一种，若已然突破威胁的界限而达到了实际的暴力阶段，其行为满足抢劫罪应属无疑。因此，在行为阶段，我们就排除了敲诈勒索罪名的适用。

抢劫罪手段行为中的第三类方法是对前两种方法的补足，现实中常见的是使被害人不知反抗的做法，如灌醉、麻醉等。这在本案中并无体现，出于结构完整性的考虑我们在此数语带过，不加赘述。

(2) 目的行为

在前文的定义中，“强行夺取财物或者使他人被迫交付财物”描述的即是目的行为，从中可以看出，目的行为基本上也有两种实施方式，一种是主动地夺取财物。比如将被害人捆绑起来之后，拿走被害人的随身财物。此方式的特征是有一个主动的夺取的动作，相对而言被害人就是被动地被夺去了财物。另一种则是被害人被迫交付财物。此处的“被迫”与“被动”不同，虽然从表面上看，被害人有一个交付的动作，但综合考量，这显然是犯罪人实施了足够有效的手段行为，使被害人出于害怕，或暂时的自保心理等而不情愿地交付。比如在本案中，马某要求沈某自己取 3 万元交给他，虽然在事实上他没有主动地去夺取财物，但这是因为他对自己的威胁有足够的信心，沈某取钱是出于精神上所受的胁迫。另外，尽管 3 万元的数额是双方讨价还价得出的，但不能据此就认为交付 3 万元是沈某自愿的。只是因为相对于马某一开始提出的 10 万元，3 万元的损失显然要小很多，沈某接受之，也似出于自我保护的目的。自我保护与刑法的保护并不冲突，刑法同样要保护作出了自我保护努力的被害人。况且沈某接受这个价格也是被迫的，因为轻损失也是损失。因而马某等人的行为符合“使他人被迫交付财物”的特征。

然而，抢劫罪在理论上是一种当场犯，最高人民法院《关于审理抢劫、抢夺刑事案件适用法律若干问题的意见》第 9 条指出，“抢劫罪表现为行为人劫取财物一般应在同一时间、同一地点，具有‘当场性’”。从中又产生了另一种疑问：马某并未跟随沈某前去提款，那么在沈某登上出租车后，他的威胁便不可能即时实施。是不是就变成了敲诈勒索呢？能不能因此就说马某的行为因为失去对被害人的控制抢劫就不成立了呢？首先，抢劫并非结果犯，所以即使未取得财物，马某等人已经作出了手段行为和目的行为，就已经构成抢劫未遂。举一个极端的例子，行为人抢劫路人，经搜身发现该路人身上一分钱也没有，能否定无罪呢？显然不能。那么，本案中，马某等人未取得财物也只是由于沈某有较强的自我保护意识，抓住了逃脱的机会，这对马某等人的罪行轻重不应有什么影响。其次，当场性，是指强制行为与取财行为在时间上前后相继、在空间上彼此关联。可见，相互关联的是两个行为，而不是犯罪行为与最终取得财物的结果，因为抢劫罪的成立并不要求实际取得财物，未能取得的也可构成抢劫未遂。而本案中，马某的手段行为是挟持、威胁，目的行为是使沈某被迫交付财物，二者先后发生在山上偏僻处，属于严格的“当场”。再次，尽管本文也同意在沈某登上出租车后，马某所有的威胁都变得不可立即实施，但此时马某所有的犯罪行为已实施完毕并且符合抢劫罪的要求，至于能否取得财物则取决于沈某，且不为刑法所要求，不能因为一个行为人不能控制且不为刑法所要求的要素而改变对其的定罪，这是主客观相结合以及罪刑法定原则的要求。总之，马某等人实施了一个完整的行为，而这个行为在实施当时完全符合抢劫罪的特征，与敲诈勒索无涉。至此，并行的三条线索就已经彻底中断了一条。

2. 客体

与抢劫行为的双重行为相对应的，是抢劫罪的双重客体。手段行为是针对被害人实施的，因而其客体是人，侵犯的是被害人的人身权利；目的行为是针对财物实施的，因而其客体是物，侵犯的是被害人的财产权利。

但本案中，马某等人劫持被害人的行为，很容易让我们联想到另一种常见的犯罪——绑架罪。反观之前对行为的分析，劫持人身、勒索财物，似乎适用绑架罪名也并无不妥。诚然，单纯从“劫持”这一行为上，我们很难区分两罪。其实，这两个罪名的关键区别，乃是在于二者侵犯了不同的客体。侵害客体的不同在客观上表现为取财对象的不同。

根据《刑法》第239条规定，绑架罪是指以勒索财物为目的，或者出于政治性和其他目的绑架他人作为人质，或者以勒索财物为目的的盗窃婴幼儿的行为。马某等人由于在本案中有将沈某强行带至山上偏僻处的行为，所以有人据此认为马某等人的行为构成绑架勒赎的绑架罪。根据权威词典的解释，人质是指被一方强制扣留并以其生命作抵押迫使另一方接受某些条件的人。因而绑架勒赎有两个行为对象，一是绑架的对象，一是勒赎的对象，在抢劫罪中，这两个对象则是同一个人。行为对象的双重化、分离化正是绑架罪区别于抢劫罪的主要特征。同样是鉴于绑架犯罪取财的目的，我们也将绑架勒赎确定为一种财产犯罪，其客体不是被绑架的人本身，而其被勒索的人，通常也就是被绑架人的亲人、朋友。

因此，抢劫罪的犯罪手法一般是对被害人实施暴力、胁迫或者其他方法以达到对其的精神强制，迫使他交付财产，其客体就是犯罪行为的直接对象。而绑架罪则是先控制行为对象的人身，继而向被害人进行勒索，其客体是直接行为对象以外的其他人，这是利用的被害人亲人、朋友对被害人安危的担忧。因此通常也认为相对于抢劫罪，绑架罪对侵害人身权利的意味也更重。这是我们区分两罪的主要依据。在本案中，我们发现，马某等人始终是向沈某本人索取财物。除沈某外，再没有人受到勒索，这也就是说始终没有出现可以充当绑架罪客体的人。因此，马某等人的行为不能构成绑架罪。至此，我们所选择的三个罪名，就只剩下最后一个——抢劫罪。那么，马某的行为究竟能否构成抢劫罪呢？

最高人民法院《关于审理抢劫、抢夺刑事案件适用法律若干问题的意见》第10条认为，抢劫罪侵犯的是复杂客体，既侵犯财产权利又侵犯人身权利，具备劫取财物或者造成他人轻伤以上后果两者之一的，均属抢劫既遂：既未劫取财物，又未造成他人人身伤害后果的，属抢劫未遂。根据这一规定，本案中，马某等人应处于未遂阶段。

但是在《刑法》第263条中，并未明确规定罪量要素，为什么此处要求轻伤以上才能构成既遂呢？这种意见合乎法律规定吗？首先，这是对抢劫罪性质的体现。抢劫行为的主要目的还是取财，侵害人身只是手段。这也是在双重客体的情况下，将抢劫规定在财产犯罪中的主要原因。因此，对并非主要目的的侵害人身行为规定相对较高的既遂条件，也体现法律所惩罚的主要是劫财行为，这与抢劫行为的性质也是相对应的。其次，主要是刑事政策上的考虑。在实践中，存在不少的抢劫犯罪，其中犯罪人以威胁方式强迫被害人交付财物，但最终由于种种原因未能达到既遂。此时，被害人并未受到财产上的损失，人身上也只是受到程度不定的精神强制，其社会危害性不大，若按抢劫未遂处理，则会有罪刑不相适应之嫌，也不符合刑法谦抑的价值要求。最后，对这个问题也可以从立法的体系性上考虑。在抢劫的加重情节中，第5项规定了抢劫致人重伤或者死亡的，据此程度向下推，普通抢劫的既遂应该是致人轻伤。综合以上三个理由考虑，此处以轻伤作为既遂条件还是合理的。

另一方面，《刑法》第263条规定的除第5项以外的七种加重情节同样存在既遂、未遂问题，其中，属抢劫未遂的，应当根据刑法关于加重情节的法定刑规定，结合未遂犯的处理原则量刑。之所以将致人重伤或死亡的情况排除在外，原因很明显。这一加重情节描述的是抢劫行为结果，致人重伤或死亡未遂，实际上就是轻伤或者根本没有身体上的伤害，此时只要按普通罪状加以判断即可，不牵扯“加重的未遂”。

本案中，马某等人的行为，满足了两种加重情节。《刑法》第263条第4项：多次抢劫或者抢劫数额巨大的。抢劫罪的数额，司法解释规定参照盗窃罪的有关规定。最高人民法院《关于审理盗窃案件具体应用法律若干问题的解释》第3条对数额问题作出了规定，其中“个人盗窃公私财物价值人民币3万元至10万元以上的，为‘数额特别巨大’”。本案中，马某与沈某最终协商的结果“3万元”已经符合数额特别巨大的要求。此外，还有第7项所规定的“持枪抢劫的”。

总之，在罪体方面，马某等人的行为已满足了抢劫罪的要求，具体而言，是达到了加重抢劫的未遂。由于罪体与罪责在定罪过程上是有着递进关系的，所以在罪体上符合抢劫罪的要求之后，进一步分析罪责。

（二）罪责

1. 责任能力

根据我国刑法规定，抢劫罪是八种严重的暴力犯罪之一，已满14周岁的人犯此罪，都要负刑事责任。本案中马某等人只要年满14周岁，且不具有精神病等排除责任能力的条件，就可以构成本罪。

2. 责任形式

抢劫罪的责任形式是故意，即明知是抢劫行为而实施，并且要具有非法占有的目的。马某先是纠集多人，并且随身携带了作案工具；在选择犯罪客体时，也不假思索直接劫走了该村的支书：

这表明马某等人的行为不仅是故意，而且是事先有周密预谋的故意。但本案最具特色之处，是马某在犯罪过程中向沈某开具的欠条。有人据此认为，马某等人并没有非法占有的目的，而只有强行借款的问题，所以其行为不构成犯罪，至少不构成抢劫罪。我认为，打欠条的行为并不影响其行为的性质，马某等人的行为确属抢劫无疑。下面，我们将所谓“以非法占有为目的”分为“占有”、“目的”、“非法”三层要件来做递进的阐述。

第一，“占有”一语是民法上的概念，有必要从物权法上进行解释。我们知道，占有基本上是对一种实际的支配状态的描述，而货币属于动产，其所有权随实际这种实际支配状态的转移而转移。通过这样的一种规定，我们保证了货币充分的流通性，从而使货币交换媒介的职能得以正常发挥。虽然这种规定在某些时候可能损害货币所有人的利益，但经过对两种利益的权衡，我们选择了商品经济的正常运转。所以，无论借款或抢劫，一旦实际取得货币，就认为以取得货币所有权，无论这种取得是合法抑或非法。通过以上分析，我们发现，货币作为一种特殊的动产，其所有权和占有是密切相连的。

第二，所谓占有的目的，也并非刑法所独有。民法学中对这种目的甚至有更为详细的解释。一般认为，对这种目的的要求不应过高，即不要求行为人明确知道自己是在取得所有权，只要他将实际占有的物像对待自己的财产一样对待即可构成占有的目的。那么具体到货币，怎样才算是“像对待自己的财产”一样呢？很简单：消费。货币作为一种特殊的物，其职能主要有交换媒介、价值尺度、价值储藏等。而对于所有人而言，有意义的主要是第一种功能：将货币用于消费，实现其价值。非经此过程，货币对于任何人而言都只是一张薄纸。而现实中，无论是借款抑或抢劫，其目的最终都是要将得到的货币花出去。因此我们可以说，只要是为了将钱花出去而占有货币的，就可以从其行为中解释出占有的目的。

第三，这种占有是否为非法的呢？取得合法占有的途径有很多，借用便是常见的一种。本案中马某等人也主要会通过这一点进行抗辩，主张自己虽然有占有的目的，但主观上认为自己的行为是借款，因而是合法占有的目的。对此，显然不能认可，理由有三：

首先，借款合同并不成立。借款是个民事行为，是基于双方合意而成立的法律行为。根据我国《合同法》第196条的定义，借款合同是借款人向贷款人借款，到期返还借款并支付利息的合同。自然人之间的借款可以采取口头形式。合同，字面上理解就是“合而同”的意思，民事法律行为的基本要求正是平等自愿，这在《合同法》第3条、第4条也有明文规定：合同当事人法律地位平等，一方不得将自己的意志强加给另一方；当事人依法享有自愿订立合同的权利，任何单位和个人不得非法干预。基于以上法律规定，应当认为“强行借款”的说法本身就有不可化解的矛盾。借款要有财产所有人的同意，否则“借”的说法就不成立。借与抢的区别，不在于还或不还，而在于是否有双方的合意。有双方合意的，即使不还，至多也只能算是欠债不还，受民法制约；没有合意的，即使事后退赃，也仍是抢劫，只不过具有从轻量刑的情节而已。强行，正表明借款人在贷款人不同意的情况下，取走钱款。“强行借款”严重违背了被害人的意志，立法者本身的目的就在于将这种侵犯财产所有人权利的行为规定为犯罪，从而保护财产所有权，维护正常的财产秩序。借款人“单方面认为”成立的借款合同只是一种自欺欺人、掩耳盗铃的幻想，事实上，缺乏合意根本就不会成立什么借款合同。没有有效的借款合同，所谓的“强行借款”，本质上就是抢劫！所以，即便认可马某等人是出于借款的目的，但这种强行借款的目的也仍是非法的。

其次，将客观事实与法律规定相匹配，是法律的功能，这一过程应由法律工作者作出公正的判断，而不是听从犯罪分子内心的意见。如果马某说自己是借款，法律就认为是借款，那么还要法律的规定做什么？听当事人的一面之词就可以了。而且，几乎所有犯罪分子都不会认为自己犯了罪，如果完全听从行为人的意见，那么还要“犯罪”这一概念做什么？具体到本案中，抢劫行为的一大特征就在于违背被害人意志，如果行为人取得财物是基于被害人同意，那么也就不是抢劫了；如果违背了所有人的意志仍不能算是抢劫行为，那也就没有抢劫了。因此，这是界定抢劫行为的一个十分重要的标准。如果认为强行借款是借，不构成抢劫罪，那么犯罪后为逃跑而抢劫他人机动车的行为人，也可以光明正大地说自己只是把车借来用一用，用完之后还会把车完完整整地停在某个地方了。进一步地，所有盗用行为人都可以说自己只是偷偷地把东西借来用一用，危害性比强行拿来用还要小很多，就更不能被定罪了。最糟糕的是，所有财产犯罪人在既遂之后，只要成功退赃，就都可以以“借用”来狡辩，说本来就打算还，只不过公安人员来得太快了。这很容易助长犯罪人的侥幸心理，抓到了就退还，抓不到就逍遥法外，这种状况将会是十分可怕的。因此，不管犯罪人怎么强调自己的意见、如何以欠条为名进行狡辩，法律的适用还是有其自身规律的，不能把决定权交给犯罪人。这也是主客观相结合的定罪原则的要求。

再次，本案中马某等人的行为客观上表现出了非法占有的目的。其一，民事生活中的借款都是出于特定的目的，比如急需资金周转，孩子上学急需交学费等，所以借款人所需要的金额也是固定的。本案中马某等人一开始要 10 万元，沈某苦苦相求最终竟然降到了 3 万元。这可能是因为马某等人事先对沈某经济实力的估计出现较大偏差，但想到 3 万元总比没有好，于是作出“妥协”。其二，正常的借款，何需用上砍刀、手枪等工具？用刀架在自己脖子上的借款者倒是有。但像马某等人这般，如果真是出于借的目的，何必事先就准备好足以致死的工具，并在向被害人提出借款请求前就对其进行种种的暴力及威胁行为，只是见被害人屈服，才打下借条。万一沈某是愿意借款给他们的呢？马某对这个问题的答案显然并不关心，因为一开始他就并未打算归还钱款。如此“强悍”的借款举动，从一开始就没有给沈某留下任何支配自己财产的自由。尽管在最后的数额上，马某不得已作出了一定的妥协，但在给与不给的问题上，沈某一开始就没有拒绝的可能。借款却不允许贷款人拒绝，马某实际上剥夺了沈某支配自己财产的权利，而这是没有任何法律依据的，因而是非法的。其三，我认为，此时打欠条的行为，只不过是个障眼法。马某以为沈某欠条在手，就不会去报案，从而延长自己逍遥法外的时间。

即使将来被捕，也可以狡辩说自己只是想要借款，把钱还了也就不会构成犯罪了。从另外的一些情节上也可以看出马某等人非常注意对自己行为的掩盖，比如带到偏僻的山上再下手。试想，借款本是再正常不过的民事行为，有什么必要避开旁人呢？

当认清了“欠条”行为的真面目，我们会发现，马某等人一开始就具有明显的非法占有的目的，其行为是典型的抢劫未遂，而且具有不止一个的加重情节。

四、小结

刑法的工作原理，从以上的案例分析可以窥见一斑。这是一个充满艰辛的过程，我们将同一个案件事实在不同的构成要件上反复品味，直到拨开重重云雾，豁然开朗。其实这并不是幸运。正如我在题目中所言，“不畏浮云遮望眼”，因为我们有着精致的工作模式，又有着踏实的心态，这使得我们基本上可以确信，如果草场上存在那么一个“球”，我们一定可以将它找到：如果行为人的行为真的触犯了刑法中的某一罪名，那么它一定难逃法网。

治学，治法学，治刑法之学，需要的也正是这两种精神。踏实，但同时懂得寻找高精度高效率工作模式之重要性。努力而不用蛮力，我想，这大概是任何想要认真从事一份工作的人所应具有的基本心态吧。

【点评】本文方法科学，语言流畅，使得其定性准确，思路水到渠成。也许正如作者本人所说“因为我们有着精致的工作模式，又有着踏实的心态”所致吧！本文很好地区分了抢劫未遂和抢劫既遂，认识到抢劫罪的成立并不要求实际取得财物，未能取得财物的也可以构成抢劫未遂，从而肯定了抢劫罪的成立。但是，也许正因为作者追求一种高效率的工作模式，使得文章避开了一些有争议的问题：如抢劫罪的既遂是否真的需要“两个当场”？敲诈勒索罪是否一定不能“当场实施暴力”？当然，本案不管怎样都是抢劫罪的未遂，没有既遂，所以避开抢劫罪既遂是否真的需要“两个当场”是可行的，但是对于敲诈勒索罪是否一定不能“当场实施暴力”这一问题却很有必要谈及！本文作者在分析案例时一律采用通说，这当然会使得其定性要相对准确，效率也较高，但是这样就缺少一些学术性，这是值得注意的一点。（文姬）

6. 法网恢恢　疏而不漏

——马某抢劫案的案例分析

武　斌*

在本案中，马某纠集多人实施绑架行为这一事实已经毋庸置疑。问题的关键在于，马某威胁沈某时使用了“借”的名号，即强迫沈某借款给自己。这一问题不仅仅涉及马某的行为是否构成犯罪，更涉及如果构成犯罪，该行为构成哪个罪的问题。我认为，本案中马某犯有抢劫罪（未遂），并有共同犯罪和持枪抢劫的加重情节。

一、罪与非罪，此罪与彼罪之界定

在本案中，马某纠集多人将村支书沈某的头蒙住，强行将沈某带到山上某偏僻处的行为明显侵犯了沈某的人身自由。问题是这种行为是绑架罪、敲诈勒索罪，还是抢劫罪呢？在这里，首先对这三个罪名进行一些比较。我们可以看到，在这三种罪名中我们都看到了非法占有的影子。具体见下表：

---

* 作者系北京大学法学院 2006 级本科生。

罪名比较

绑架罪	以勒索财物为目的绑架他人或者绑架他人作为人质的行为
敲诈勒索罪	以非法占有为目的，对被害人使用威胁或要挟的方法，强行索取公私财物数额较大的行为
抢劫罪	以非法占有为目的，以暴力、胁迫或者其他方法，强行夺取公私财物的行为

在本案中，马某的行为显然是为了占有财物而对沈某采取强制和威胁措施。但仅此还是无法完全区分三种罪名。

（一）抢劫罪与绑架罪

根据《刑法》第239条的规定，我国刑法中的绑架罪分为三种情况：以勒索财物为目的绑架他人，即绑架勒赎；出于政治性或者其他目的绑架他人作为人质；以勒索财物为目的偷盗婴幼儿。

在绑架勒赎中，虽然其行为看似绑架行为，但由于其主要目的是勒取财物，因此绑架勒赎是一种目的犯。当事人只要实施了绑架行为，且主观上有勒索财物的目的即构成绑架罪既遂。与抢劫罪相比较，就犯罪行为而言，两者都可能使用暴力作为胁迫，但两者的客体却不尽相同。抢劫罪中，被使用暴力的人和被迫交出财物的是同一人，而绑架罪中则不仅仅侵犯被绑架人的人身安全，而且对被绑架人的亲属还造成了某种伤害，即使被绑架人的亲属对被绑架人的生命安全形成担忧并在这种情况下交付赎金。

本案中马某主要是对沈某进行威胁，而并未对沈某的家人进行伤害或要挟。因此马某显然没有触犯绑架罪。

（二）抢劫罪与敲诈勒索罪

在两者都采取威胁方法强行索取他人财物的情况下进行区分。抢劫罪强调的暴力威胁是以当场实施相威胁的，而敲诈勒索罪中的暴力威胁则是一种事后实施的暴力。两者的时间、空间概念不同。

本案中马某已经对沈某实施了暴力，而且对沈某的威胁是迫在眉睫的。因此我认为马某没有触犯敲诈勒索罪。

（三）对抢劫罪的犯罪构成分析

1. 罪体

（1）主体

马某及纠集的众人，是为共同犯罪。马某为主犯。

（2）行为

抢劫罪的行为是指以暴力、胁迫或者其他方法，强行夺取财物或者使他人被迫交付财物的行为。由于抢劫罪是复行为犯，在这里把抢劫行为分为两个部分分析。

手段行为：抢劫罪的手段行为包括暴力、胁迫或者其他方法。暴力是指对被害人或者被害人的身体实施袭击或者其他强暴手段，如殴打、捆绑、禁闭、伤害、杀害等足以危害被害人身体健康或者生命安全，致使被害人不能抗拒的方法。胁迫是指以立即实施暴力相威胁，实行精神强制，使被害人产生恐惧而不敢反抗的方法。其他方法是指除上述暴力、胁迫以外，对被害人采取用酒灌醉，用药物麻醉等手段，使被害人不知或不能反抗的方法。

在本案中，马某首先用刀枪威逼，将沈某的头蒙住，使其难以反抗，然后将沈某带至山上偏僻处以当场活埋相胁迫，显然是符合抢劫行为的手段行为要求的。

目的行为：抢劫罪的目的行为是取财，即非法夺取他人财物或者强迫被害人交付财物。本案中马某向沈某强行索要 10 万元，虽然言明是借，但由一般人的逻辑经验可以得出沈某在当时是被迫“借出财物”的。马某的行为仍然威胁了沈某自由处分其财产的权利，属于强行向沈某夺取财物的行为。

因果关系：在本案中，马某将沈某带至山上偏僻处，用砍刀、手枪威胁将其活埋的目的都是为了得到沈某的钱财。其绑架及威胁行为显然都是为取得沈某钱财这一目的服务。在手段行为与目的行为之间具有明显的因果联系。

(3) 客体

抢劫罪威胁的客体是双重客体，即被害人的人身安全和财产安全。

本案中沈某的人身安全受到危害，精神上受到惊吓，同时财产安全也受到威胁。

(4) 罪数情节

我国《刑法》第263条规定，以暴力、胁迫或者其他方法抢劫公私财物的，处3年以上10年以下有期徒刑，并处罚金；有下列情形之一的，处10年以上有期徒刑、无期徒刑或者死刑，并处罚金或者没收财产：

1) 入户抢劫；

2) 在公共交通工具上抢劫的；

3) 抢劫银行或者其他金融机构的；

4) 多次抢劫或者抢劫数额巨大的；

5) 抢劫致人重伤、死亡的；

6) 冒充军警人员抢劫的；

7) 持枪抢劫的；

8) 抢劫军用物资或者抢险、救灾、救济物资的。

在本案中马某持枪抢劫，不应该作为单独的非法持有枪支罪，而应该作为想象竞合犯，作为抢劫罪的加重处罚情节。

2. 罪责

(1) 责任能力：从本案中的情况看，马某是完全责任能力人。

(2) 责任形式：马某具有抢劫的故意。

3. 罪量

在本案中，根据《刑法》第263条的规定，马某纠集同伙持枪抢劫，很显然是抢劫罪的加重犯。应处以10年以上有期徒刑、无期徒刑或者死刑。由于抢劫未遂，在从重处理的情况中从轻处罚。

二、对借条的界定和分析

本案中的借条是一个令人困惑的物证。由于借条上言明的是“马某向沈某借到3万元整”，是否可以以此言明马某的行为是一种强行借贷的行为呢？我认为，该借条不能充当马某无罪的物证。原因在于马某的行为实质上仍然是图取沈某的钱财。在沈某人身安全受到严重威胁的情况下，沈某不可能不交出马某要求的财物。马某打借条的行为仍然是为了让沈某交出财物而服务的。也就是说，打借条的行为从属于利用威胁强行索取钱财的行为。在这里其仅仅充当了一种欺骗手段。我们可以预见，在马某仍然拥有如此令人恐惧的威势的情况下，沈某是根本不可能主动向马某行使债权的。因此，我认为本案中的借条不能成为马某无罪辩护的理由，仅仅是作为马某为达到抢劫目的而使用的手段而存在。

三、马某的行为构成抢劫罪（未遂）

根据有关司法解释的规定，抢劫罪侵犯的是复杂客体。其既侵犯了财产权利，又侵犯了人身权利。因此，具备劫取财物或者造成他人轻伤以上后果两种情形之一的，都属于抢劫罪的既遂。

不属于以上两种情形中任何一种的，才属于抢劫罪未遂。在本案中马某虽然对沈某进行了恐吓，但并未对沈某造成实质性伤害。既没有对沈某的人身造成伤害，也没有对沈某的财产造成伤害。因此马某的行为属于抢劫未遂。

四、共同犯罪的问题

我们可以看到，本案中马某是纠集了一批人实施抢劫行为的。马某作为主犯，将成为量刑时加重处罚的依据。

五、如果马某后来将钱还了

看到这里不禁开始这样想：如果马某抢劫既遂，而且在被告发之前将钱还了，那么这里该如何定罪呢？我们知道，抢劫罪、绑架罪、敲诈勒索罪主要都是以非法占有对方财产为目的的。如果马某将钱还了，是否宣告抢劫罪不成立呢？

我认为，如果马某将钱还了，那么根据主客观相一致的原则，我们恐怕不能推定他犯罪行为成立。在这种情况下，恐怕最好定马某非法拘禁罪和非法持有枪支罪。

根据我国《刑法》第238条规定，非法拘禁他人或者以其他方法非法剥夺他人人身自由的，处3年以下有期徒刑、拘役、管制或者剥夺政治权利。具有殴打、侮辱情节的，从重处罚。

犯前款罪，致人重伤的，处3年以上10年以下有期徒刑；致人死亡的，处10年以上有期徒刑。使用暴力致人伤残、死亡的，依照本法第234条、第232条的规定定罪处罚。

根据《刑法》第128条第1款规定，违反枪支管理规定，非法持有、私藏枪支、弹药的，处3年以下有期徒刑、拘役或者管制；情节严重的，处3年以上7年以下有期徒刑。

六、比较法的分析

（一）在大陆法系中的强要罪

强要罪也称为强制罪、强迫罪，是指采用暴力、胁迫方法，强迫他人实施无义务实施之事项，或者妨害他人依法行使其权利的行为。

1. 罪体

（1）行为

客观行为表现为采用暴力、胁迫方法，强迫他人实施无义务实施之事项，或者妨害他人依法行使其权利。

1）此处的暴力、胁迫即非法对他人行使有形力量。就暴力的指向而言，只需要指向他人而不需要直接针对他人身体。对与被害人有密切关系的第三人施加暴力或者间接地对相关之物施加暴力，只要足以使被害人产生恐惧，其影响达到足够能够使人实施无义务实施的事项或者放弃权利的行使的程度，就可以构成本罪。胁迫也是如此。

2）此处暴力胁迫的结果，必须是使他人实施无义务实施的事项，或者妨害权利的行使。在暴力、胁迫与实施无义务实施的事项或者妨害权利的行使之间需要存在因果关系。以胁迫为手段时必须使被害方产生恐惧心理；作为其结果，实施了无义务实施的事项或者权利的行使受到了妨害。

（2）客体

本罪侵害的客体是暴力，胁迫行为所指向的对方以及被迫实施了无义务实施的事项或者权利的行使受到妨害的人。暴力、胁迫行为所指向的对方与被迫实施了无义务实施的事项或者权利的行使受到妨害的人，并不需要是同一人。但需要具备意思活动能力。

2. 罪责

本罪的罪责形式只能是故意。

（二）大陆法系中的抢劫罪

抢劫的犯罪即强盗罪，是指以暴力、胁迫的手段强取他人财物或者财产上不法利益的行为。它具有下列特点：

1. 抢劫行为必须使用暴力、胁迫的手段是相同的。该暴力胁迫手段依附于何种行为有两种情况：一种是规定依附于强取行为，大多数国家采取这种做法；另一种规定只能依附于盗窃行为，如瑞士刑法典。

2. 关于抢劫的对象，多数国家认为只能是财物，少数国家额外规定对财产上不法利益也可以成立抢劫罪。如日本刑法第 236 条第 2 项规定："以前项方法（暴力、胁迫的方法），取得财产上的不法利益，或者使他人取得的，与前项相同。"此即所谓的"二项抢劫"。

3. 抢劫犯罪所包括的具体犯罪种类不太相同。简单的如俄罗斯刑法典仅以第 162 条规定强盗罪；日本刑法和德国刑法还有多种规定。韩国刑法典最多规定了 11 个抢劫的各种类型。

（三）关于日本刑法中的抢劫利益罪

抢劫利益罪的客体是财产上的利益。所谓财产上的利益，是指财物之外的财产利益。既可以是积极财产的增加，又可以是消极财产的减少；既可以是永久的利益，也可以是一时的利益。知识产权也可以认为是财产性利益，但由于其已经被列入专门的特别法之中进行保护，故应该把其从财产上的利益之中排除。

财产上“不法”利益，是指不法地得到财产上的利益，而不是指财产上的利益本身是不合法的。取得财产上“不法”利益，主要有三种：第一，使被害人进行一定财产上的处分，从而使自己受益。第二，使被害人提供一定的劳务。第三，使被害人作出一定的于己不利的意思表示。

就本案来看，马某实际上抢劫的是沈某对财产的自由支配的权利，是基于这笔资金上的利益。如果将马某定为抢劫利益罪，可能显得更恰当。

七、小结

在本案中，马某使用了一个十分令人迷惑的做法。他强迫沈某交出资金，却又写下欠条，并声明是借款。虽然我们可以看出马某很明显的抢劫动机，但在这里将其定位为抢劫罪（未遂）仍然可以算是一定程度上过于扩张的法律解释。因为我们所说的抢劫财产主要是可以认为是设立对对方的债权而不是对自己的债权。是否可以理解成一种强迫交易行为呢？既然如此，我认为我国刑法可以引进日本刑法中的“抢劫财产上的利益”这一概念，来填补我国法律上的空白，以避免出现对这种情况的案件难以判定。

【点评】本文对于行为定性的分析虽无独到之处，但是说理简明扼要，定性基本准确，语言流畅。本文的特点在于能够借鉴国外规定，思维发散性强。不仅考虑定罪，而且考虑到对国外立法技巧和内容的借鉴，在同学中有独到之处。本文的不足在于对于抢劫罪和敲诈勒索罪的辨析说理不是十分充足。（文姬）

7. 刑法精细化

——罪刑法定的现实回应

汪闻超*

作为传统刑法的两大基石之一，罪刑法定原则（另一是罪刑均衡原则）在保障人权、限制国家公权力对个人自由的任意侵犯上有着重要的意义，而正如陈兴良教授所言，罪犯不是根据条文去犯罪；相反，刑法条文应该回应生活中繁芜丛杂的案情。因此，要切实贯彻罪刑法定原则，就必须通过理论上的精细化廓清此罪与彼罪、重罪与轻罪之间的区别，并且达到对现实生活的周延概括。

本案的分析就是科学界分抢劫罪、绑架罪和敲诈勒索罪的绝佳案例。

一、抢劫罪

（一）概念

抢劫罪是以非法占有为目的，以暴力、胁迫或者其他方法，强行夺取公私财物的行为。①

---

* 作者系北京大学法学院 2006 级本科生。

① 参见陈兴良：《口授刑法学》，581 页，北京，中国人民大学出版社，2007。

我国《刑法》第263条规定："以暴力、胁迫或者其他方法抢劫公私财物的，处三年以上十年以下有期徒刑，并处罚金；有下列情形之一的，处十年以上有期徒刑、无期徒刑或者死刑，并处罚金或者没收财产：（一）入户抢劫的；（二）在公共交通工具上抢劫的；（三）抢劫银行或者其他金融机构的；（四）多次抢劫或者抢劫数额巨大的；（五）抢劫致人重伤、死亡的；（六）冒充军警人员抢劫的；（七）持枪抢劫的；（八）抢劫军用物资或者抢险、救灾、救济物资的。"

（二）构成

1. 罪体

（1）主体

实施犯罪行为的自然人，本案中显然满足，因此在以后的讨论中从略。

（2）客体

抢劫罪的客体为双重客体，同时包括人身和财物，本案中犯罪人的绑架行为和索要钱财行为分别侵害了这两个客体。

（3）行为

作为复行为犯，抢劫罪的行为包括手段行为和目的行为。

1）手段行为：抢劫罪的手段行为是使用暴力、胁迫或者其他方法。其中的"暴力"是指对被害人身体实施袭击或者其他强暴手段，如殴打、伤害、捆绑、禁闭等足以危及被害人身体健康或者生命安全，致使被害人不能抗拒的方法。本案中体现为"将该村书记沈某的头蒙住，强行带到山上某偏僻处"。

而胁迫，是指以立即实施暴力相威胁，实行精神强制，使被害人产生恐惧而不敢反抗的方法，本案中体现为"持砍刀、手枪等作案工具威胁沈某要将其活埋"。

2）目的行为：抢劫罪的目的行为是以非法占有为目的，强行夺取公私财物。这里的夺取，刑法理论上认为应属于当场夺取，既包括从被害人手中夺取，也包括被害人被迫交出。同时，当场夺取也不能作机械的理解，如果是强迫被害人说出银行卡密码，在被害人身无分文的情况下长期紧密跟随被害人到距离相当远的场所取得财物，或者强迫被害人设立债权，也可视为当场取得。

但本案的特殊性在于被强迫设定的是属于被害人的债权，即犯罪人意图以“合法”的方式占有被害人交出的3万元，甚至可能准备在3个月以后归还。然而必须指出的是，所谓的“占有”并不一定要以“所有”的意思，且不论马某是否真的准备日后归还“借款”，其向沈某强行借款本身已经侵犯了沈某对财产的合法权利，其对借款的“占有”同样属于非法占有，因此借款行为同样满足抢劫罪对目的行为的构成要件。

（4）结果

我国《刑法》第23条规定：“已经着手实行犯罪，由于犯罪分子意志以外的原因而未得逞的，是犯罪未遂。

对于未遂犯，可以比照既遂犯从轻或者减轻处罚。”

分析法条，可以看出犯罪未遂必须满足三个要求，即：1）已经着手实行犯罪；2）犯罪没有得逞，包括没有完成犯罪和没有发生犯罪分子所预期的危害结果；3）犯罪没有得逞是由于犯罪分子意志以外的原因。

以上三点分别是区分犯罪未遂与犯罪预备、既遂及中止的界限，本案中主要涉及犯罪是否得逞的争议。对此，我们应该首先区分犯罪的不同类型[①]：

---

① 参见陈兴良：《规范刑法学》，131页，北京，中国政法大学出版社，2003。

1）刑法分则明确规定以一定的物质性的犯罪结果作为罪体要素的结果犯，应以法定的犯罪结果是否发生作为犯罪是否得逞的标志。

2）刑法分则规定以完成一定行为作为罪体要素的行为犯，以法定的犯罪行为是否完成作为犯罪是否得逞的标志。

3）刑法分则规定以造成某种危害结果的危险状态作为罪体要素的危险犯，以是否造成了某种危险状态作为犯罪是否得逞的标志。

抢劫罪显然不能因为有抢劫行为就达到既遂，因此应该属于结果犯。同时，作为复行为犯，其既遂要同时达到手段行为与目的行为的既遂，即在本案中不但要看是否使用了暴力、胁迫或者其他方法，还必须以行为人是否非法占有公私财物作为区分既遂与未遂的标准。

既然如此，根据以上对犯罪行为的分析，类比盗窃罪的既遂认定要求，本案中犯罪人甚至没有“接触”到财物，更谈不上对财物的“隐匿”、“转移”、“取得”、“控制”，而被害人也从未失去对财物的控制，因此本案虽然可以构成手段行为的既遂，但没有达到非法占有财物的目的。事实上，从马某找出租车让沈某和司机去取钱的时刻开始，他就已经无法满足“当场夺取”的要求了，因此只能定抢劫罪的未遂。

但必须指出的是，刑法规定未遂犯“可以比照既遂犯从轻、减轻或免除处罚”，但这种规定不是绝对的，还需要根据案情的具体主客观情况加以判断。

当然，还有观点认为抢劫罪应当以是否侵犯人身权利作为区分既遂、未遂的标准；或者认为《刑法》第263条前半段规定的一般的抢劫罪需要以是否取得财物区分既遂、未遂，而后半段关于结果加重犯的8种情形只要在实施抢劫行为过程中出现即构成抢劫罪既遂。

最高人民法院《关于审理抢劫、抢夺刑事案件适用法律若干问题的意见》认为，抢劫罪侵犯的是复杂客体，既侵犯财产权利又侵犯人身权利，具备劫取财物或者造成他人轻伤以上后果两者之一的，均属抢劫既遂。这就否定了第一种观点，也与第二种观点存在差异，因为《刑法》第263条规定的8种处罚情节中除“抢劫罪致人重伤、死亡的”这一加重情节之外，其余7种处罚情节同样存在是否劫财或者造成他人轻伤以上后果的区分，也就是同样存在既遂、未遂问题。[①]

陈兴良教授认为，这些观点可能没有考虑立法上将抢劫罪列入侵犯财产罪的事实，也没有考虑到加重结果犯可能存在未遂的理论，因此其合理性值得质疑，也不宜在本案的判决中采纳。[②]

（5）因果关系

因果关系是指行为与结果之间决定与被决定、引起与被引起之间的关系[③]，尤其在结果犯的场合，无因果关系则无刑事责任。对于犯罪的因果关系，有许多理论和学术争论，但在本案中，犯罪行为与结果之间存在的引起与被引起的因果关系较为明确，无明显争议，因此在后面的讨论中从略。

（6）客观附随情状

客观附随情状是指犯罪的时间与地点，同样无明显争议，对抢劫、绑架和敲诈勒索罪的构成也没有特殊的要求，因此在后面

---

① 参见最高人民法院《关于审理抢劫、抢夺刑事案件适用法律若干问题的意见》(2005年6月8日)。

② 参见陈兴良、周光权：《刑法学的现代展开》，585页，北京，中国人民大学出版社，2006。

③ 参见陈兴良：《规范刑法学》，71页，北京，中国政法大学出版社，2003。

的讨论中从略。

2. 罪责

(1) 责任能力：犯罪人年满 18 周岁，达到完全刑事责任年龄，有责任能力，以后的讨论中从略。

(2) 责任形式：其明知是抢劫行为而有意实施，显然属于直接故意，并且具有非法占有公私财物的目的，因此也满足责任形式的要求。

(三) 认定

综上所述，我认为本案可以构成抢劫罪的未遂。

二、绑架罪

(一) 概念

绑架罪是指以勒索财物为目的绑架他人的，或者出于政治性和其他目的绑架他人作为人质，或者以勒索财物为目的偷盗婴幼儿的行为。①

我国《刑法》第 239 条规定："以勒索财物为目的绑架他人的，或者绑架他人作为人质的，处十年以上有期徒刑或者无期徒刑，并处罚金或者没收财产；致使被绑架人死亡或者杀害被绑架人的，处死刑，并处没收财产。

以勒索财物为目的偷盗婴幼儿的，依照前款的规定处罚。"

(二) 构成

1. 罪体

(1) 客体

① 参见陈兴良：《规范刑法学》，472 页，北京，中国政法大学出版社，2003。

除偷盗婴幼儿构成的绑架罪外，绑架罪的客体是他人，即一般自然人，如本案中的被害人沈某。

(2) 行为

绑架罪的行为是使用暴力、胁迫或者其他方法，绑架他人。这里的暴力是指直接对被害人进行捆绑等人身强制或者对被害人进行殴打、伤害等人身攻击，本案中体现为将沈某的头蒙住，从而使其处于不能反抗的境地，进而将其非法绑架离开其住所或所在地，并置于行为人的直接控制之下，使其丧失人身自由。

(3) 结果

绑架罪是法定的目的犯，刑法根据主观目的的不同分别规定了绑架罪的类型，而其既遂也就仅仅以绑架行为的完成为必要。

2. 罪责

绑架罪的责任形式是故意，即明知是绑架行为而有意实施的主观心理状态，本案中的犯罪人满足责任形式的要求。

(三) 抢劫罪与绑架罪的界限

如果仅仅根据上述标准判断，抢劫和绑架就有可能出现某种意义上的重合，即以非法取得（勒索）财物为目的，而以绑架为手段的抢劫（绑架）行为。

一般认为，两者的主要区别在于：抢劫罪的暴力取财，被使用暴力的人和被迫交出财物的人是同一个人，因此是一种“自赎”。而绑架勒赎，被要求赎金的通常是被绑架人的亲属或朋友，利用了他们对被绑架人生命安全的担忧，也就是一种“他赎”。事实上，这种绑架勒赎的行为不仅侵犯到被绑架人的人身安全，也对绑架人的亲朋造成了某种侵害，使他们对被绑架人的生命安全形成某种担忧。

本案中，犯罪人马某直接向沈某要求“借款”，签订了由沈某享有债权的借据，进而让沈某自己回家取钱，整个犯罪过程没有第三人（特别是沈某的亲朋好友）的参与，也就没有对其亲朋造成损害。虽然绑架罪只需要目的行为既遂即构成，但本案中的“绑架行为”本质上就不是“构成绑架罪的行为”，而是“构成抢劫罪的行为”的一部分，因此不应该被认定为绑架罪，而应该被定为抢劫罪未遂。

三、敲诈勒索罪

（一）概念

敲诈勒索罪是指以非法占有为目的，采用威胁或相要挟的方法，强行夺取公私财物，数额较大的行为。[①]

我国《刑法》第274条规定：“敲诈勒索公私财物，数额较大的，处三年以下有期徒刑、拘役或者管制；数额巨大或者有其他严重情节的，处三年以上十年以下有期徒刑。”

（二）构成

1. 罪体

（1）客体

敲诈勒索罪的客体是公私财物。

（2）行为

敲诈勒索罪的行为是采用威胁或者要挟的方法，强行索取公私财物。其中的威胁，是指对被害人及其亲属以杀、伤相威胁；而要挟，是指以揭发、张扬被害人的违法行为或者隐私相要挟。敲诈勒索的结果可以是当场取财，也可以是事后取财。

---

① 参见陈兴良：《规范刑法学》，534页，北京，中国政法大学出版社，2003。

但与抢劫罪中的“暴力、胁迫或其他方法”相区别的是，这种威胁或要挟的内容必须不具有当场实施性，而只能是以事后付诸实施为必要，这就与本案的前半部分案情明显不符。在上出租车之前，沈某已经处于犯罪分子的人身控制之下，其持砍刀、手枪等作案工具对被害人所做的活埋的威胁具有当场实施性，因此不符合敲诈勒索罪的行为要件。

然而在马某让沈某和司机去取钱并威胁其不得报警的时候，抢劫罪已经由于其无法当场取得财物而告未遂，其威胁的内容也已经不再具有当场实施性，既然如此，此时的情形就符合了敲诈勒索罪的要求，当然，最后的结果依然是未遂。

2. 罪责

从责任形式的认定来看，犯罪人满足明知是敲诈行为而有意实施的主观故意的心理状态，同时具有非法占有的目的。

3. 罪量

敲诈勒索罪的罪量是数额较大，根据2000年4月28日最高人民法院《关于敲诈勒索罪数额认定标准问题的规定》，“数额巨大”以1万元至3万元为起点，本案中勒索的数额达到3万元，显然符合“数额巨大”的要求。

（三）抢劫罪与敲诈勒索罪的竞合与并罚

基于以上分析，在沈某上出租车之前，案情满足抢劫罪的要求，而在其上出租车之后，由于其威胁的内容不再具有当场实施性，符合敲诈勒索罪的行为要件，这就出现了两罪的竞合问题。

问题争议的焦点，就是本案究竟是一个犯罪行为还是两个犯罪行为。如果严格的分析，一旦沈某脱离马某的控制，抢劫即告未遂，而此后马某实施的是另一个敲诈勒索的行为。但我认为，人为地将这两个行为割裂开来是不适当的。

首先，这两个行为的目的都是非法占有沈某的财产，即基于同一犯意。前一行为使用了绑架的方法，后一行为则使用了威胁的手段，但马某之所以认为其威胁能奏效还是基于前面的绑架行为，换句话说，这种威胁只是试图加强绑架并威胁活埋对沈某所造成的恐惧。

事实上，在马某看来，让沈某去取钱不过是对“欠条”的一种履行行为，依然是抢劫行为的一部分，而不是在其抢劫未遂以后重新选择的一种犯罪方式，因此不宜被认为是两个行为。

其次，我认为这样认定也不符合常理。假设马某跟随沈某来到银行，但马某等在门外让沈某进去取钱，并威胁不得报警，而沈某向银行的保安求助抓住了马某，难道马某就又触犯了敲诈勒索罪吗？相比而言，本案的案情只是被害人由于客观情况所限（当然也包括犯罪人犯罪智商较低的原因）而更久、更彻底地脱离了犯罪人的掌握，却并没有根本上改变其与上述例子的相同性质。

基于以上理由，我认为马某让沈某乘出租车回家取钱和此前的抢劫行为属于同一个法律意义上的抢劫罪的构成要件行为，只不过这一行为的后半部分符合了敲诈勒索罪未遂的构成要件。

既然只有一个行为，就不应该受到数罪的处罚，而根据刑法理论：

（1）如果一个行为因法条的错综规定，符合数个法条所规定的构成要件，而这些构成要件之间具有逻辑上的从属或交叉关系，就是法条竞合。[①]

（2）如果一个犯罪行为触犯数个罪名，而数罪之间没有从属或交叉的逻辑关系，就是想象竞合。

---

① 参见陈兴良：《口授刑法学》，372页，北京，中国人民大学出版社，2007。

本案中，虽然敲诈勒索罪和抢劫罪都是以非法占有财物为目的，但其行为之间并不具有从属或交叉关系，本案中的竞合也仅仅是因为抢劫罪构成行为中对“欠条”的履行行为满足了敲诈勒索罪的构成要件，甚至犯罪人的敲诈勒索行为也仅仅是对抢劫行为的一种强化，而这种履行行为又可以被看作是整个法律意义上的抢劫罪行为的一部分。

因此，我认为本案中马某的行为构成抢劫罪与敲诈勒索罪的想象竞合，应择一重罪处罚，据此判决抢劫罪未遂。

当然，在和同学的讨论中，也有人提出这两个行为应该被区分，即在抢劫罪未遂后又构成了敲诈勒索罪的未遂，并因此构成吸收犯，然后重罪吸收轻罪同样定抢劫罪未遂。这在最后的定罪效果上是一样的，但我认为从法律上将两个行为视为一个行为更加适当。

四、总结

综上所述，我认为本案属于抢劫罪和绑架罪的想象竞合，应择一重罪处罚。因此，马某的行为构成抢劫罪未遂。

【点评】本文是“数罪说”和“一罪说”的聚焦。在两百多份案例分析中，基本上形成了两个派别：“数罪说”和“一罪说”。“数罪说”认为：马某等人的“劫持威胁”的暴力手段行为和“写欠条设立债权”的取财目的行为构成抢劫罪未遂；而后面的“不许报警”的精神威胁和“等待取款”行为构成敲诈勒索罪未遂。至于两者的关系，有认为应当数罪并罚的，也有认为是吸收关系的。“一罪说”认为：马某的“劫持威胁”的暴力手段行为和后来的“强迫取款”

行为构成抢劫罪或者说构成敲诈勒索罪，至于“写欠条”行为只是“取财行为”的一部分，“威胁不许报警”行为也只是威胁行为的继续，并非独立的犯罪行为。本文可以说属于“一罪说”，也可以说居于两者之间。因为本文认为马某等人的一系列行为既符合抢劫罪也符合敲诈勒索罪，这和“数罪说”类似。但是，本文又认为，后面的敲诈勒索行为只是抢劫罪的继续，不成为独立的犯罪行为，从而两者之间构成想象竞合，从一重罪处罚，定抢劫罪未遂，从本质上说又是“一罪说”。本文的难得之处在于，并没有如多数同学那样将后面的“强迫取款”行为定性为“当场取财”，没有将“当场性”作过分扩张。另外，本文正确认识到自然行为和犯罪行为的不同，坚持了“一行为说”，定性准确。当然，文章认为“非法占有”并非“非法所有”的观点并不符合通说。（文姬）

8. 理性在事实中的延伸

——由马某案剥出罪与罪的界限

张　晟*

一、引子

案例分析本身，其实即与法院定罪的过程相似。定罪的主要任务，就是区分罪与非罪、此罪与彼罪、轻罪与重罪之间的界限。这也是案例分析的过程中所主要解决的问题。定罪是以犯罪构成为根据的，一个罪体与罪责相结合的过程。在这其中，应当遵循的是主观与客观相统一的原则，在先分析清楚案件事实要件的基础上，对事实进行法律上的评价。

刑法的定罪经历了从客观归罪到主观归罪，再到主观与客观相统一的演变过程。发展到今日，它不仅仅是一个事实认定的过程，更是一个法律上的价值判断过程。在这个价值判断当中，应当首先注重的是客观上其是否表现出法益侵害性，再追溯到其主观上的违法性意识及其可能性问题，揭示行为人的犯罪人格对于外部身体动作的支配性。[①] 从而达到主客观相结合，相统一地评价

* 作者系北京大学法学院 2006 级本科生。

① 参见陈兴良：《规范刑法学》，106 页，北京，中国政法大学出版社，2003。

事实的目的。

本案当中，本文即寻求在先分析解构案件事实的基础上，遵循主客观相统一的原则，对马某的行为作出法律上的客观评价，其中将先撇开案例事实在理论上来进行分析，然后将理论结合本案进行定性，尽可能避免案例套理论的情况。

二、初步定性

（一）事实要点分析

案件的事实是由许多部分构成的，但其中涉及刑法上定罪问题的首先只有与犯罪构成要件相关的事实。本文首先对它们进行整理：

1. 马某等人以暴力手段强行将沈某劫持；

2. 马某以暴力威胁的方式向沈某强行索要财物，但声称是借款，并打了欠条；

3. 沈某答应后，马某让其去取钱，并威胁其不得报警。

在本案中，对这些事实的定性直接决定了定罪的核心问题，如给自己打欠条的方式是否构成了抢劫罪中的取财行为？马某将沈某劫持是否构成绑架？马某送沈某下山后，对其进行第二次威胁，要求其取钱是否构成敲诈勒索等这些问题的回答，最终对马某行为的定性产生决定性的影响，因而下面将逐一重点分析。

同时，除了这些与犯罪构成要件相关的核心事实外，还有一些事实关系到量刑情节问题，即与罪量的相关事实。在本案中，整理如下：

1. 马某等人持砍刀、手枪等作案工具；

2. 马某等勒索金额数额巨大，但最终没有获得财物。

这些事实虽然对定罪问题没有影响，但在司法实践中将对马某的量刑产生重大影响，因而也需要对照相关法规和法学理论特别关注与仔细分析。

（二）相关法规

《中华人民共和国刑法》

第二百七十四条 【敲诈勒索罪】敲诈勒索公私财物，数额较大的，处三年以下有期徒刑、拘役或者管制；数额巨大或者有其他严重情节的，处三年以上十年以下有期徒刑。

第二百三十九条 【绑架罪】以勒索财物为目的绑架他人的，或者绑架他人作为人质的，处十年以上有期徒刑或者无期徒刑，并处罚金或者没收财产；致使被绑架人死亡或者杀害被绑架人的，处死刑，并处没收财产。

第二百六十三条 【抢劫罪】以暴力、胁迫或者其他方法抢劫公私财物的，处三年以上十年以下有期徒刑，并处罚金；有下列情形之一的，处十年以上有期徒刑、无期徒刑或者死刑，并处罚金或者没收财产：

（一）入户抢劫的；

（二）在公共交通工具上抢劫的；

（三）抢劫银行或者其他金融机构的；

（四）多次抢劫或者抢劫数额巨大的；

（五）抢劫致人重伤、死亡的；

（六）冒充军警人员抢劫的；

（七）持枪抢劫的；

（八）抢劫军用物资或者抢险、救灾、救济物资的。

（三）初步认定

抢劫罪，是以非法占有为目的，以暴力、胁迫或者其他方法，强行夺取公私财物的行为。[1]

当然，对这一定义似乎也存在一些分歧，如有的学者定义为：抢劫罪是指以非法占有为目的，用对公私财物的所有人、保管人或者其他在场人当场实施暴力、胁迫或者采取其他当场侵犯人身的方法，迫使被害人交出财物或者当场夺走其财物的行为。[2] 与前者区别即在于突出了当场。确实，抢劫一般是当场发生的，但随着社会生活的发展，我认为对当场也不宜作机械解释，尤其是在当场取得财物这点上，如抢劫过程中因为对方没有钱而让对方打欠条，或者取得对方信用卡和密码等行为也应当视为抢劫，因此没有在定义中特别突出当场，进而将其作为与其他罪的区分的必要，这点在后面分析敲诈勒索和抢劫罪时还会进一步论述。

当然，其他也还有一些定义，均是将“使被害人不能抗拒或不敢抗拒”等作为要件加入定义当中，则本文以为更加偏离了罪名定义的特点，定义是对于事物本质特征、概念外延的描述，没有必要把事物的每一特点都加以列举，只需要点出其最核心的部分，因而还是应当结合刑法规定，作出定义，故而本文采前文所述之定义方式。

首先，抢劫罪的罪体特征如下：

1. 行为

行为方面，抢劫行为是以暴力、胁迫或者其他方法，强行夺取财物或者使他人被迫交付财物的行为。其属于复行为犯，也就是抢劫行为由手段行为（即以暴力、胁迫或者其他方法）和目的行为（即强行夺取他人财物或者迫使他人被迫地交出财物）两部

---

① 参见陈兴良：《口授刑法学》，581页，北京，中国人民大学出版社，2007。

② 参见赵秉志：《侵犯财产罪研究》，51页，北京，中国法制出版社，1998。

分组成。

手段行为当中，“暴力”是指对被害人、被害人的身体实施袭击或者其他强暴手段。“胁迫”是指以立即实施暴力相威胁，实行精神强制，使被害人产生恐惧而不敢反抗。而“其他方法”是指除上述暴力、胁迫以外，对被害人采取用酒灌醉、用药物麻醉等手段，使被害人不知反抗的方法。

而目的行为就是取财，无论是强行夺取他人财物，或者是迫使他人被迫地交付财物都是取财行为，只是表现方式不同而已。值得注意的是，取财行为更多表现的是行为的一种指向，至于最终是否取到财物并不影响目的行为的成立。

2. 客体

客体上，抢劫罪的客体属于双重客体，包括人身和财产，即同时侵犯被害人的人身权利和财产权利。抢劫的手段行为使得被害人的人身权利受到侵犯或威胁，而其目的性为对其财产造成了侵犯或威胁。

3. 责任能力

主体上，抢劫罪为年满 14 周岁的自然人，而不是 16 岁以上，体现了抢劫罪在我国刑法当中，被认为是社会危害性极大的犯罪，而不是一般的犯罪。

4. 责任形式

抢劫罪的责任形式是故意，并且必须以非法占有为目的，这里的故意是明知是抢劫行为而有意实施的主观心态。①

5. 结合本案

就本案而言，本文的意见是，本案首先基于对马某送沈某下

① 参见陈兴良：《规范刑法学》，500 页，北京，中国政法大学出版社，2003。

山前的行为分析，应当初步认定为抢劫罪。马某为了让被害人沈某提供资金，纠集多人将沈某劫持至山上偏僻处，然后持砍刀、手枪等工具威胁将其活埋，以此来威胁沈某为其提供资金10万元。后经被害人求饶而将资金降到3万元，并迫使被害人同意，然后才将其放回。

也就是说，马某为了获取资金，限制了沈某的人身自由，将其劫持。同时，以扬言要将其立刻活埋来威胁沈某，即使用了暴力和胁迫的手段。而同时，马某行为的目的直指取财，即以非法手段获得财物。其责任形式上也具有主观的故意，并有非法占有的目的。其行为具有客观上侵犯了沈某的人身权利，并且对其财产权利造成了威胁，同时主观上的故意使其具有犯罪的可罚性，故而初步认定其行为构成抢劫罪。

至于马某给自己打欠条，并不影响其行为以非法占有为目的的性质，只是这种为自己设立债务的手段将来在法律上没有可能为自己获得财物，即不能犯，而不影响马某的行为构成抢劫罪。

但有另一种观点认为，抢劫中暴力必须是为了排除被害人的反抗，“当场”取财，这种打欠条并让被害人自己去取款回来的行为不是当场获得财物，而更像是“迫使被害人答应在日后某个时间地点交付财物，暴力实际起的作用是与以暴力相威胁一样的胁迫作用”[①]，因而本案应定敲诈勒索罪。本文对此不甚赞同，但这里仅是对马某行为定性的初步分析，因此不再展开，在后文分析抢劫和敲诈勒索罪的区别时，将对这一问题作出详细分析。

---

① 王作富：《认定抢劫罪的若干问题》，载最高人民检察院公诉厅编：《刑事司法指南》，2000年第1辑，北京，法律出版社，2000。

三、抢劫或绑架

（一）抢劫、绑架罪比较

解决本案的定性问题，还要区分抢劫罪与以勒索财物为目的的绑架罪的界限。绑架罪，是以勒索财物为目的绑架他人，或者出于其他政治等目的绑架他人作为人质，以及以勒索财物为目的偷盗婴幼儿的行为。这里仅讨论与本案相关的以勒索财物为目的的绑架。

首先其确实与抢劫有相似之处，两者均是侵犯双重客体的犯罪，手段行为侵犯被害人的人身利益，目的行为侵犯被害人的财产利益。而关于这两罪的界限，学者们有着相似而不同的区分标准。如赵秉志教授将其列为三点：（1）两者主要客体不同，即认为从两个罪名在刑法篇章中的位置就可以看出。刑法中绑架罪归类为侵犯公民人身权利、民主权利罪，而抢劫罪归类为侵犯财产罪。可见，两者主要侵犯的客体不同，绑架罪主要侵犯公民人身权利，故而勒索财物只要有主观上的目的即可，甚至不需要发出要求赎金的信号也可以构成绑架罪。而抢劫罪则主要侵犯财产权利，其行为必须以非法占有为目的。（2）客观行为具体表现不同：即认为抢劫是实施暴力之后，当场强行劫取财物。而绑架是将人掳走限制其人身自由后，以杀害或长期禁闭被害人来威胁被害人家属或有关人员，限期交出财物的行为。（3）主体年龄要求不同，绑架已满 16 周岁才追究刑事责任，而抢劫 14 周岁即可。[①] 当然其

---

① 参见赵秉志：《刑法教学案例》，268 页，北京，法律出版社，2003。

他的学者有作出四点区分[①]的，但实质基本一样，不再赘述。这其中第一点和第三点与本案关系并不密切，在实践中的确定作用也不强。于是从第二点来看，两者的主要区分在行为上。

而行为上，学者之间的共同注意点是，抢劫和绑架侵犯的对象是不同的，即抢劫是直接向被害人本人取财，而绑架往往是通过书信或者第三者转达勒索财产的要求，取财的对象是被害人的家属或有关人员。这才是抢劫与绑架的根本区别标准。

对于做此区分的原因，一些学者将其精辟地归结于社会危害性的不同上。这不仅仅是索取钱财对象不同这么简单的问题。绑架是向第三人索取财物，将伤害从被害人身上扩大到第三人身上。首先是造成与之相关的第三人对被害人的生命安全产生严重的担忧和恐惧，同时，第三人还必须在是否交付赎金的问题上与原则斗争。[②] 许多电影、电视剧取材于此并不是没有道理的，这个过程中第三人很可能是非常痛苦、矛盾的。并且该影响还有因此而扩展至第四人、第五人的可能性，相比只有行为人与被害人双方解决的抢劫问题，绑架的影响可能要大得多。因而正是这个手段不同造成的社会危害性不同，决定了其能作为区分抢劫罪和绑架罪的根本标准。

（二）结合本案

由此结合到本案中来看，判断就比较清楚了。马某并没有利用沈某被其劫持的状况向第三人要求赎金。而是直接向沈某要求财物，可以说是要求他“自赎”，如此来看，不应当认为其单纯的

---

① 参见陈忠林：《刑法分论》，198页，北京，中国人民大学出版社，2003。

② 参见阮齐林：《绑架罪的法定刑对绑架罪认定的制约》，载《法学研究》，2002（2）。

劫持行为就构成绑架罪，而应当看到其不同于绑架是为了向第三人要求赎金这一特性。其行为是要在第三人不知情的情况下，与沈某两人达成“协议”，因而性质更接近于抢劫。

四、抢劫或敲诈勒索

（一）抢劫与敲诈勒索罪的比较

处理本案，还需要明确抢劫罪和敲诈勒索罪的界限。敲诈勒索罪是以非法占有为目的，采用威胁或者要挟的方法，强行夺取公私财物、数额较大的行为。从定义上看，就可以看出其与抢劫罪有相似之处。敲诈勒索罪中的威胁、要挟的方法与抢劫罪中的胁迫方法，同属于精神强制方法。敲诈勒索中的威胁，是指对被害人及其亲属以杀、伤相威胁。要挟，是指在揭发、张扬被害人的违法行为或者隐私相要挟。[①] 尤其是敲诈勒索中的威胁的方式，与抢劫中的以暴力等手段胁迫十分相似，并且两者的目的都是强行夺取公私财物。

于是，在都是以暴力相威胁的情况下，抢劫和敲诈勒索的界限在哪里呢？这方面不同的学者作出了几种不同的总结，但究其核心，我认为应当是抢劫行为所威胁的暴力是可以当场实施的暴力，而敲诈勒索所威胁的暴力应当是只能事后实施的。[②]

之所以要将其作为一种区分标准，我认为根源仍然是因为社会危害性的大小不同。抢劫罪的最低刑是 3 年有期徒刑，最高刑可以达到死刑；而敲诈勒索罪最低刑只是管制，最高刑为有期徒刑

---

① 参见赵秉志：《刑法教学案例》，534 页，北京，法律出版社，2003。

② 参见陈忠林：《刑法分论》，599 页，北京，中国人民大学出版社，2003。

10年。相差如此之大的法定刑即是由于社会危害性不同的原因，对于这一点有学者作出了较为深入的分析：抢劫犯不仅面对被害人直接以当场实现侵犯行为相威胁，并且强迫被害人必须当场交出财物，因而往往使得被害人处于人身权利与财产权利难以两全的极其紧迫的境地，为了保护自己的生命安全必须当场作出让步，只能答应对方的要求，交出财物，否则将面临被杀、被伤害的危险。而在敲诈勒索当中，因为暴力不具有立即实施的可能性，被害人相对地拥有一定的选择权，可以选择暂时拒绝行为人的要求，而选择报警或逃跑等其他措施来避免自身受到伤害。①

由此可见，可以立即、当场实施的暴力对被害人造成的伤害和对社会的危害性比非立即、当场实施的暴力要大得多，即给被害人带来的不仅仅是恐惧感和压迫感，而且还真正达到了使被害人无法反抗的地步，这才是可以立即实施的暴力威胁区别于其他的特点，也正是这个原因造成了两者在法定刑上的差异，因此，我认为按照这个标准来区分抢劫和敲诈勒索是合理的。

但值得指出的是，有学者将“必须是当场夺取财物或是被害人交付财物”② 作为抢劫和敲诈勒索的另外一个界限，甚至司法解释当中也偏向于这种观点，从而将行为人当着被害人的面，要求其答应在一定时日之后交付财物，并威胁如果不答应就立即采取暴力行动的情况归入敲诈勒索罪当中。我认为这是不恰当的，因为正如上面所分析的，抢劫罪之所以区分与敲诈勒索罪的核心是在于被害人面临的无法反抗、无法选择的状况，而不是最终是否

---

① 参见王作富：《认定抢劫罪的若干问题》，载最高人民检察院公诉厅编：《刑事司法指南》，2000年第1辑，北京，法律出版社，2000。

② 赵秉志：《刑法教学案例》，281页，北京，法律出版社，2003。

当场立即取得了财物。而在上述情况当中，被害人同样面临着极其紧迫的选择状况，若不答应行为人的要求，将立刻面临人身权利被侵犯的危险。而且上述情况的产生，往往是因为行为人知道被害人无法立即给予足够的财物，所以给予被害人一定的时间筹资。在客观伤害和主观恶性两方面上都符合抢劫罪的特征，情况类似于在被害人身上没有带现金，只带了信用卡，而光拿卡没有用，于是要求或者索性押着被害人去提款机上取钱，或者让被害人打上欠条，以后交付。

虽然抢劫一般是当场劫取财物，在同一时间、同一地点获得财物，但对待上述这种情况，应当可以将其视为“当场”的延伸，而不是对当场作机械的理解，甚至严格地认为必须在同一时间、同一地点得到财物。具体的判断方法，我个人认为可以通过假设情境的方法来判断，即假设被害人当时可以提供行为人所想要的财物，如身上有足够的现金，那么在这种情况下，如果行为人的主观意愿将使其当场夺取或强迫被害人交出财物，则可以认定为抢劫罪。如果行为人的勒索行为仍然指向在日后交付财物或者案件当中本身行为人就是可以立刻获得财物而没有选择夺取，则应当认为其是敲诈勒索罪。即根据行为人是否具有当场取得财物的意图，究竟是因为意志以外还是以内的原因没有获得财物来判断。

（二）结合本案

在本案当中，从马某劫持沈某至山上偏僻处，并以活埋相威胁其借钱的手段来看，其所采取的暴力具有可以立即实施的可能性，对被害人造成强烈的精神压迫，面对众人的砍刀和手枪的沈某除了任人鱼肉之外别无选择，为了避免生命受到威胁只能答应马某的要求。

同时，在运用上述提到的方法，假设此时沈某能够提供足够的现金，则马某不可能再令其下山取款，必然当场令其交出财物。即其主观目的是当场夺取财物，只是因为沈某客观不能立即提供财物而令其下山取款。

因此，马某劫持沈某并以暴力相威胁的行为应当定性为抢劫行为而不是敲诈勒索行为。

五、下山后马某对沈某第二次威胁的分析

以同样的分析思路来看，马某在送沈某下山之后，又以暴力威胁沈某不得报警，命令其与司机去取款，并将钱款带到指定地方，这个行为则又体现出了不同的特征。在这个情况下，沈某面对的暴力威胁并不具有立即实施的可能性，其拥有了更多的选择余地，事实上，他也正是利用了这种选择余地借故脱身报警，最终避免了自己的人身财产权利受到损害的后果。

因此，马某对沈某实施的第二次以暴力相威胁的行为不能归为抢劫行为，而是典型的敲诈勒索行为，构成敲诈勒索罪。

六、其他问题

（一）既遂或未遂

1. 抢劫罪的既遂与未遂的理论探讨

对于抢劫罪既遂、未遂的划分，理论上有不同的主张：第一种观点认为，抢劫罪主要侵犯的是财产权利，因而抢劫罪既遂与未遂的界限应当以最终是否占有公私财物为标准。第二种观点认为，抢劫罪不仅侵犯财产权利，同时还侵犯人身权利，如果没有抢劫到财物但是给人身造成轻伤以上伤害，也应当认为是既遂。

也就是说，只有在既没有劫取财物，也没有造成他人人身伤害后果的才能视为抢劫未遂。① 第三种观点认为，“应当坚持构成要件齐备说，对于结果加重犯和情节加重犯，只要具备了法定的加重的结果或者情节，就是齐备了全部要件，成立既遂，即《刑法》第 263 条规定的 8 种情况只要行为发生就视为既遂”②。

本文同意第二种观点，首先抢劫确实侵犯了双重客体，因而只要一方面的客体受到侵犯，即可认为犯罪结果已经发生，故而应当按照既遂处理。同时，如果按照结果加重犯即按照既遂，那么将造成像虽然是入户抢劫，却既没有抢得财物也没有伤人这类情况下量刑偏重，并且在逻辑上也是很难成立的。因此，8 种处罚情节中，除了“抢劫致人重伤、死亡的”本身就包含了结果因素之外，其他 7 种情况都应当区分既遂和未遂来处理，不能一概而论。而未遂的判断标准，应当按照既没有造成轻伤以上，也没有劫取财物来执行。

当然，现在这个问题在实践中是没有争议的，根据 2005 年最高人民法院印发《关于审理抢劫、抢夺刑事案件适用法律若干问题的意见》的通知，已经采用了第二种对未遂认定的标准。

2. 敲诈勒索罪的既遂与未遂的理论探讨

对于敲诈勒索的既遂与未遂，学术界的意见就相对比较一致。敲诈勒索罪的既遂形态属于结果犯，即行为人使用恐吓、威胁等手段，使得被害人产生恐惧感，从而被迫交出财物的，即为既遂。否则，若被害人最终没有交出财物的，视为未遂。

---

① 参见杨春洗、杨敦先、郭自力主编：《中国刑法论》，380 页，北京，北京大学出版社，2008。

② 赵秉志：《刑法教学案例》，269 页，北京，法律出版社，2003。

3. 结合本案

由此来分析本案，马某并没有实际劫取到财物，欠条并没有为自己设立债权等，因而没有获得财产利益。而后来沈某最终也没有将财物交付给马某，如前分析其实与抢劫但抢劫对象没有带现金，在让其回家去取钱的路上被害人脱逃的情况类似。

同时，没有造成沈某轻伤以上伤害。虽然其具备了持枪抢劫这一由《刑法》第263条规定的加重情节，但根据前述分析，其仍然应当区分未遂与既遂的情况，故而综上分析可以得出，马某的行为只是抢劫未遂，不构成既遂。

而对于马某对沈某第二次威胁所构成的敲诈勒索罪，因为其最终没有取得财物，由上述分析知其也是未遂状态。

（二）犯罪竞合：抢劫VS.敲诈勒索

到这里，对马某行为的最终定性归结到了对抢劫行为和敲诈勒索行为之间的竞合关系的确定上来。于是，再将马某抢劫行为和敲诈勒索行为放到一起来看，而不是分离分析，考察两者之间的关系。

首先，其是两个犯罪行为，而不是由一个犯罪行为触犯两个罪名。因为从沈某下山开始，就脱离了马某的实际控制，也就是其面临的暴力威胁不再是能立即、当场实施的了，受到侵害的性质发生了明显的改变，因此我认为，将其后来受到的敲诈勒索作为抢劫行为的延伸是不合适的，而应当将其认为是两个犯罪行为。

但这两个犯罪行为也不是互相独立的，两个犯罪属于实施整个犯罪的同一过程之中，彼此之间存在着密切的联系，敲诈勒索的行为是抢劫未遂的自然结果，而前面的抢劫行为是后来敲诈勒索行为得以实施的基础。对于这种情况，法学理论中有关于吸收犯的理论，即指一个犯罪行为为另一个犯罪行为所吸收，从而失去独立存在的意义。而从法律上看，本案中两个犯罪行为之间存在吸收关系，故而应当由一个犯罪行为吸收另一个犯罪行为，以吸收的行为来论罪。

根据我国刑法理论，吸收犯主要有以下三种形式：（1）重行为吸收轻行为；（2）主行为吸收从行为；（3）实行行为。在本案中，应当适用重行为吸收轻行为的方式处理两个犯罪行为。而无论从社会危害性的大小还是法定刑的轻重来看，都应当是抢劫行为吸收敲诈勒索的行为，故而本案最终应当只以抢劫罪论处。

（三）加重构成分析

在本案当中，衡量轻罪与重罪的过程中，还需要纳入考虑的是罪量因素，在本案当中，有两个罪量因素需要加以考察。

1. 持枪抢劫

马某在作案的过程当中，使用了手枪。因为手枪本身是一种凶器，具有极大的杀伤力，很可能会置人于死地，破坏性极大。在美国刑法上称为使用致命武器，是一种从重情节。同样，根据我国《刑法》第 263 条的规定，持枪抢劫属于抢劫罪的加重事由。因此，应当参照刑法规定从重处罚。

2. 数额巨大

虽然马某抢劫未遂，但其抢劫金额为 3 万元，达到刑法上数额巨大的标准。同样为《刑法》第 263 条所规定的加重事由，但值得指出的是，因为本案中属于抢劫未遂，所以不能适用《刑法》第 263 条的规定加重处罚情况，但可以作为法官考虑的量刑情节。

当然，考虑上述两个因素的同时，更加要考虑到本案中马某始终是抢劫未遂，在量刑时应当基于未遂的基础上，兼以考虑其他因素，作出综合的衡量来确定采取的刑罚，不能单看重其中某个因素。

七、小结

本文就罪与非罪、此罪与彼罪、轻罪与重罪的三个问题，从事实出发，在尽量客观尊重事实的基础上，从理论结合案情，而不是案情套用理论的方式来确定马某的刑事责任，对其行为进行定性，确定其是否构成犯罪，构成何罪和有哪些情节影响刑罚的轻重这几个问题的答案。

当然，在分析刑罚的轻重问题上，因为本案中涉及的罪量因素有限，而关于罪量因素的理论分析相当庞大，并且其是在案件性质确定之后进行的，故而直接提取了与本案中相关的要素进行了分析。

让理性在事实中延伸，不求成为真理，只为接近正义。

【点评】本文是两百多份作业中较为典型的“数罪说”模式。本文认为案例中马某等人的劫持行为、暴力威胁行为和逼迫打欠条行为构成抢劫罪未遂；马某等人的威胁不得报警行为和等待取款行为构成敲诈勒索罪未遂。并且本文认为两者之间的关系应当是吸收犯的关系。作者之所以会作出如此判断，应当来源于他理论和实践之间的分离。作者深刻地认识到定罪不仅是一个事实认定的过程，更是一个法律上的价值判断过程。并且认为应当将马某的抢劫行为和敲诈勒索行为放到一起分析，而不是分开分析。但是作者得出的结论却是马某等人的行为符合“数罪说”，并用“吸收关系”来概括抢劫行为和敲诈勒索行为的关系。显然，抢劫罪是不能吸收敲诈勒索罪的。作者可能试图通过“吸收关系”来调和“数罪说”和“一罪说”，却使自己陷于矛盾的状况。如果作者在实践中也坚持从事实判断到价值判断，就会发现，马某等人的行为在事实层面上似乎符合抢劫罪和敲诈勒索罪，但是在价值层面上却根本就只是一个犯意，一个犯罪构成，一种犯罪人格。当然，本文在分析抢劫罪的时候打破了抢劫罪的“两个当场”的认定标准，用“犯意说”（行为人意图当场取得财物）来代替，使得分析更符合抢劫罪的立法意图和实际情况。本文语言流畅，思维周延，不失为一篇佳作。（文姬）

9. 犯罪并非对于刑法条文的演绎

——以暴力胁迫方式向他人“借款”行为的定性分析

周 淳*

一、罪与非罪

学界对于犯罪判断标准的分析虽有争议，但以“法益侵害性”、“刑事违法性”来从实质和形式两个角度进行分析为遍行之通说。我认为，对于本案马某等人行为罪与非罪的判断，本应也无外乎这两个角度。

但是，本案与其他同类案件相比具有其特殊之处，即在于，如果我们将马某等人的行为进行提炼概括，会发现其从客观方面来看是一个强行借款的行为①。那么，我们要讨论这个行为是否构成犯罪，具体构成什么犯罪，就必须先解决一个问题，那就是它是否属于刑法的调整范围。解决了这个问题，才可进行是否侵害了法益和是否违法的讨论。

---

* 作者系北京大学法学院2006级本科生。

① 当然本案中，借款究竟是否为取财之幌子还可能存在其他解释，这一点本文将稍后进行分析。

（一）如何理解“借款行为”与刑法的关系

有观点认为，“借钱”是民事行为，是民法而不是刑法所调整的对象，而且本案中马某也出具了借条，因此，马某等人强行借钱的行为，应当不构成犯罪。

沈某在遭到胁迫，失去意志决定自由的情况下与马某等人达成借款的合意，马某等人的行为违反了民法上关于意思自治的规定，这一法律行为是无效的。但是，法律行为无效是民法上的概念，并不能由此引出刑法上的犯罪的成立。

我认为，违反民法的行为当然并不必然是刑法调整对象，借款这一行为，如果是出于双方的意思自治，即使由于其中一方的意思表示有瑕疵等原因而导致纠纷，也应该属于民法调整的范畴。但是本案中马某等人强迫沈某作出借钱的意思表示，不仅是明知但仍迫使沈某从根本上违背其自己意思，而且达到这一结果的手段，已经涉及了对人身自由的限制和相当程度的暴力威胁，这已经超越了民法意思自治存在的空间，大大超出了民法所能调整的范围，而应成为刑法的调整对象。

（二）对于被告人行为是否侵害刑法所保护利益的实体分析

马某等人的行为实质上是强行要求被害人与之设立债权的行为，而且本案不同于常见的强迫设立债权的行为，该债权关系中，被害人为债权方，而行为人，即被告人为债务方。那么，胁迫他人而向他人“借款”的行为，是否应当认为是犯罪？

我们先不考虑被告人的主观意图问题，即先不考虑被告人在本案中是真的想要借钱还是以借钱为幌子而以非法占有财物为主观目的，也不考虑客观上被告人是否有还钱的可能性，单从被告人胁迫并强行向被害人借款这一行为来看其在客观上是否侵犯了刑法所保护的法益。

1. 财产权利

在本案中，被告人并没有事实上占有或者控制被害人的财物。而从法理上讲，“借款”这一行为也并不能导致被害人对于财物所有权的丧失。但是，财产权利遭受侵害并不仅仅是指财物的丧失或遭到毁损，还包括财产上的利益遭到侵害。[①]

被告人强迫被害人作出意思表示，为其设定财产上的利益。一旦被害人将钱财交与被告人，被告人即实际上占有了这笔钱财，相应的，被害人不仅在短期内丧失了对这笔钱财的占有、使用和收益，而且还必须承担这笔钱无法收回的风险。因此，被害人的财产权利将因被告人的行为而确实受到侵害。

2. 人身权利

(1) 人身安全

被告人将被害人蒙住头，并强行带至山上偏僻处，持手枪等工具威胁被害人，上述行为虽然未对被害人的生命和健康造成事实上的伤害，但是客观上已经将被害人的人身安全置于自己的控制之下。在这种情况下，被害人的人身安全被置于一种极其不稳定的状态，随时都有遭受侵害的危险。

同时，被害人在生理上可能并未遭受伤害，但是在精神上由于受到挟持、恐吓和威胁，必将蒙受刺激，处于被强制和胁迫的状态，其精神健康亦受到一定程度的侵害。

(2) 人身自由

被害人被强行带上山，处于被告人的控制之下，其行动自由显然受到了限制。

---

① 参见［日］大塚仁著，冯军译：《刑法概说》（各论），180页，北京，中国人民大学出版社，2003。

另一方面，我认为，其意志决定自由也受到了严重的侵害。人身自由是公民的一般人格权，是公民在法律规定的范围内享有人身不受侵犯和自主行为的自由。而意志决定自由是人身自由的重要组成部分，是人在认识事物的基础上进行选择、作出决定的能力。

借款行为本应出于当事人双方的合意，但是由于被害人的人身安全受到现实的威胁，被害人的精神处于被强制状态之下，他必须面临“要钱还是要命”的两难选择，而无论哪一个选择都很可能会损及自身的利益，都不是他本意所希望的。在这种情况下，被害人的意志由于被告人的不正当手段而受到了限制、干涉、约束，即意志决定自由遭到了侵害。

因此，被告人的行为已经给被害人的财产权利和人身权利造成了实际上的侵害，或者造成了遭受侵害的危险。

综上所述，马某等人的行为已经超越民法上的“借款行为”，进入了刑法所调整的范围；而且这一行为给刑法所保护的法益造成了事实的侵害或者危险。那么，这一行为在刑法的规定中应该构成何种犯罪呢？

二、此罪与彼罪

前述我们已经分析了被告人行为对于被害人合法权益的侵害，包括财产权利和人身权利，也就是说本行为侵犯的是双重客体。

接着我们可以分析被告人在本案中的主观意图，究竟是出于善意借钱，还是恶意占有。

首先，被告人在要求“借钱”时声称会归还，以及之后写下欠条的行为，并不足以证明被告人主观上确实是出于且仅出于借钱的合法目的。

其次，由于主观意图与行为之间存在支配与被支配的关系，我们可以从被告人在为实现其主观意图的诸多行为中，尤其是强行将被害人带至山上偏僻处以极具危险性的作案工具和危害其生命的暴力威胁被害人的行为，推断其以非法手段达到主观目的的性质。而正常的借款目的，并不需要暴力威胁的手段才可达到。

再次，被告人先开口索要 10 万元，后讨价还价至 3 万元。虽然当场出具欠条，但欠条中未写明借款时间，未署借款人姓名，因此沈某日后根本无法凭借该借条主张自己的权利。

因而，根据案件具体情形，我们可以推定被告人在本案中不具有善意借钱的主观意图，相反，存在非法获得他人财产性利益的主观意图。

根据以上讨论可以得出的关于本案的基本情况，我们可以发现本案中马某等人的行为可能符合绑架罪、抢劫罪和敲诈勒索罪的构成要件。接着我们来进行进一步认定。

（一）马某等人的行为是否构成绑架罪的分析

根据我国《刑法》第 239 条的规定，绑架罪在行为方式上表现为勒索绑架与人质绑架两种。[①] 其中，人质绑架指的是为达到政治性目的或者其他目的（不含索取财物），劫持他人作为人质的行为。本案中，马某等人以非法取得财产性利益为目的，不属于人质绑架自不待言，那么能否将之认定为勒索绑架呢？

在回答该问题之前，我们得先对勒索绑架的内涵及特征作一一分析。勒索绑架，是指采用暴力、胁迫或者其他方法，强行将他人

---

① 同时根据《刑法》第 239 条第 2 款规定，以勒索财物为目的偷盗婴幼儿行为，应视为勒索绑架，以绑架罪定罪处罚。

劫持，以杀害、伤害或者不归还人质等要挟，勒令人质的亲属或者其他相关第三人，在一定期限内交出一定财物的行为。因此，勒索绑架的本质特征，是以劫持被绑架人，控制被绑架人的人身自由为前提，事后再向被绑架人的亲友或者相关第三人发出勒索命令。

而对于该特征的进一步具体分析和认定中，又有以下几点值得注意：第一，人质是相对于第三人而言的一个概念，所以绑架中的勒索财物，只能向被绑架人以外的第三人提出，否则以被绑架人为人质的问题便无从谈起；第二，所勒索财物与人质应存在直接的交换对应关系，即通常所谓的“一手交钱，一手放人”；第三，勒索绑架具有行为复合性和时空间隔性特征，完整的勒索绑架行为，需由劫持绑架人质和向第三人勒索财物两个行为复合构成，且两个行为之间通常表现为两个明显区分的先后环节，具有时间上的递延和空间上的转换。①

在本案中，马某等人的行为虽然具备了勒索绑架的一些外在特征，比如，采用暴力手段将被害人劫持，先劫持后索财，劫持与索财之间存在一定的时空间隔等；但是，马某等人劫持、胁迫沈某，实施上述行为的目的是向沈某本人索要财物，未曾向其以外的第三人索要财物，不具有以被绑架人为人质，向被绑架人以外的第三人索要财物的勒索绑架的基本特征，故不应将该行为认定为绑架罪。

（二）对于本案中马某等人的行为应当构成敲诈勒索罪还是抢劫罪的分析

如前所述，相较于绑架罪，本案中马某等人的行为，是以暴

---

① 参见陈兴良：《拘禁他人并向其勒索财物之定性研究——杨保营案的分析》，载《河北法学》，2005（3）。

力胁迫沈某本人要求其交付一定的财产性利益，因此可能更加符合抢劫罪与敲诈勒索罪的构成要件。那么，被告人行为到底是构成抢劫罪还是敲诈勒索罪？下面，我们就从这两个罪的构成要件入手进行进一步分析。

1. 从理论上分析，敲诈勒索罪与抢劫罪之间的区别

抢劫罪是指以非法占有为目的，以暴力、胁迫或者其他方法，强行夺取公私财物的行为。① 而敲诈勒索罪，是指以非法占有为目的，采用威胁或者要挟的方法，强行夺取公私财物，数额较大的行为。② 两者在我国刑法中都被归入侵犯公民财产权利的犯罪，在侵害的法益、实施的行为以及行为的特点等方面都具有很多相似之处，尤其是在对胁迫型抢劫和勒索进行比较时，其相似之处更为突出。

在司法实践中和大多数学者的论述中，都倾向于围绕犯罪构成要件罪体中的“行为”要素，从行为的方式、对象、内容、时间、空间，以及继后取得财物时间与空间等方面来对两罪进行比较。

我认为，这些比较诚然都很有道理。但是在实践中，犯罪分子绝不会按照刑法的规定或者学者的归纳与整理来进行表演。仅从法律条文的表面规定出发来罗列出的比较标准，在实践中并不足以解决所有问题。比如，一旦出现某个行为符合此罪的两三条标准，同时又符合彼罪的两三条标准的情形，我们便无从应对。

因此，我认为，我们应当从立法意旨和整个刑法规范体系的角度出发，去探求抢劫罪与敲诈勒索罪的更本质的区别。

我国《刑法》第 263 条规定，“以暴力、胁迫或者其他方法抢

---

① 参见陈兴良：《口授刑法学》，581 页，北京，中国人民大学出版社，2007。

② 参见陈兴良：《规范刑法学》，534 页，北京，中国政法大学出版社，2003。

劫公私财物的，处三年以上十年以下有期徒刑，并处罚金；有下列情形之一的，处十年以上有期徒刑、无期徒刑或者死刑，并处罚金或者没收财产”，而《刑法》第274条中对于敲诈勒索罪规定的法定刑为“三年以下有期徒刑、拘役或者管制；数额巨大或者有其他严重情节的，处三年以上十年以下有期徒刑”。也就是一个为重罪，一个为轻罪。

由此，一个很有意思的问题就产生了，同为侵犯公民财产权利并兼有侵犯公民人身权利的犯罪，在行为手段上也具有诸多相似之处，为什么立法者对于两者的法定刑的规定差别迥异？

我认为，首先这是由于两者对法益的侵害程度不同。

在对财产权利的侵犯上，两者可认为是一致的，但是在对人身权利的侵犯上存在差异。

抢劫罪包括暴力手段，因而很可能对被害人的生命健康产生侵害，而敲诈勒索罪手段中只包含威胁和要挟，可能存在轻微的暴力，但对于被害人人身权利的侵害程度一般肯定小于抢劫。同时，在胁迫型抢劫和暴力型勒索中，都使用暴力胁迫的手段，都会侵害被害人的意志决定自由。但是，敲诈勒索罪的暴力威胁行为使被害人“意志决定自由受限”，被害人尚有权衡利弊的余地，而抢劫罪中的暴力威胁行为使被害人“丧失意志决定自由”，被害人则无任何选择和讨价还价的可能性。

其次，这也是由于两者的手段恶劣性质和程度不同。

在暴力手段上，两罪的区别在于抢劫罪所采取的暴力足以抑制被害人的反抗，而敲诈勒索罪的暴力并没有达到这一程度，只是被害人权衡利弊之后选择交付财物。此外，在威胁手段上，两者也存在着显著差异。一方面，敲诈勒索使用的胁迫手段、程度和时限与抢劫均有所不同，敲诈勒索使用的胁迫方式要广、程度要轻、索取财物的时限要缓[①]，被害人往往能获得报案和抵御的机会，而抢劫罪的胁迫所针对的对象就是最重要的人身权利，程度更严重，时限极短——要求当场。另一方面，抢劫罪中被害人往往处在人身权利和财产权利难以两全的危险状态，而且该罪的威胁具有实施的急迫性，其效果就是使被害人当场受到精神强制，完全丧失反抗意志，除当场交付财产外，没有考虑、选择的余地。而敲诈勒索罪的威胁和要挟，一般只是使被害人产生恐惧和压迫感，精神强制的效果不如前者急迫，被害人在决定是否交付财物上，仍可有一定考虑、选择的余地。

因此，我们可以以以上两点为基准，结合具体的案情来分析抢劫罪与敲诈勒索罪的具体认定问题。

2. 结合案情——本案中马某等人的行为构成抢劫罪还是敲诈勒索罪

在本案中，如果将马某等人的行为进行概括，应分如下几个环节：强行将沈某带至山上——以活埋胁迫其借钱——双方讨价还价至 3 万元——马某出具欠条——将沈某送下山取钱。

在这诸个环节中，包括了暴力胁迫：以恶害相通告，威胁被害人若不按要求交付财物，就会遭受不利后果——被活埋——且这个不利后果是现场即可以实施的暴力。

有学者认为，单凭这一点就可以认定本案中被告人的行为不可能构成敲诈勒索，因为敲诈勒索罪与抢劫罪的一个区别就在于，可否包含当场可能转化为现实的暴力威胁。

但是我认为，诚如前一部分对于两罪区别的理论分析所述，

---

① 参见周道鸾、张军主编：《刑法罪名精释》，577 页，北京，人民法院出版社，1998。

抢劫罪与敲诈勒索罪区别的关键，并不在于可否包含当场可能转化为现实的暴力威胁。

事实上，如果被害人面临当场的暴力胁迫，要求日后交付财物，那么若当场答应被告人的要求，当时很可能并不会受到人身安全和财产上的侵害，之后还具有选择不交付的可能。

因此，只要被害人不面临着人身权利和财产权利难以两全的极度紧迫的危险状态，也就是说，被害人不需要只能在要么交出财物保住人身安全，要么不交财物而冒立即造成被伤害或者被杀的危险之间当场作出选择，这些胁迫的方式和时间空间关系都是可以包含于敲诈勒索之中的。

更进一步地说，是否包含以当场可能转化为现实的暴力威胁，只涉及两罪之间可能的手段行为的区分，而抢劫罪和敲诈勒索罪真正的区分，还需要将目的行为与手段行为联系为一个整体才能判断。

抢劫罪以当场取得被害人的财物为目的，所以为排除被害人可能的反抗，其威胁内容要具有当场付诸实施的可能性，因此，抢劫罪的手段行为和目的行为应当具有时空上的一致性，既要当场使用暴力或者以当场使用暴力相胁迫等手段，又要当场取得财物，即通常所称的两个“当场”。

此外，我们还可以从刑法规范体系完整性这一角度来考虑这个问题。如果我们用数学中的集合概念来表示，以当场使用暴力相胁迫为 A，当场取得财物为 B，那么只有（A 且 B）是构成抢劫罪，非 A 且 B、A 且非 B 和非 A 且非 B 都应当包含于敲诈勒索罪中。否则，若只有非 A 且非 B 为构成敲诈勒索罪，那么非 A 且 B、A 且非 B 两种情形将处于“无法可依”状态，刑法规范体系中将出现很大的缺漏。

那么，本案情形是否具备了两个“当场”?

陈兴良教授说过，一个好的刑法学者必须是一个好的语言学者。第一步，我们还是要明确“当场”的含义。当场，在《新华词典》和《现代汉语词典》中的解释是“正在那时候或那地方”以及“在现场或者立即”。

但是，在刑法学中，我认为，“当场”不是一个纯粹的时空概念，必须结合行为人的暴力或者胁迫等手段、该手段对被害人的身体和精神强制方式、程度及与取得财物之间的内在联系，来加以具体分析认定。这就要求我们在“当场”的理解中，要有一个基本的度的权衡和把握。[①] 据此，我们来分析本案情形是否具备了两个当场。[②]

(1) 如前所述，本案中被告人的行为已经满足了当场以可能转化为现实的暴力相威胁的条件。

(2) 那么，本案是否满足当场取得财物这一条件?

结合案例，“随后，马某将沈某送下山，找了辆出租车，让司机和沈某一起去取钱，并威胁其不得报警”。倘若沈某后来没有报警，将钱交给了马某等人，马某等人取得财物是否属于“当场”呢?此处对于非法取得财物的时间能否认定为“即时”、“当场”，可能会存在一定的争议。

首先，从沈某被胁迫到他取钱把钱给马某等人，这中间诚然有一个时间的间隔。在空间上，案情中没有明显表示是否发生了转移。但是诚如前述对于“当场”的理解，当场不仅仅限于一时

---

① 参见中华人民共和国最高人民法院刑事审判第一庭、第二庭:《刑事审判参考》，第三卷(下)，173页，北京，法律出版社，2000—2004。

② 在本案中，马某等人并没有取得财物，但是关乎本案性质的认定，本文将假设马某等人取得财物，以对第二个“当场”进行分析。

一地、此时此地，在暴力、胁迫等手段的持续强制过程中，即使时间延续较长，空间也发生了一定转换，同样可以视为“当场”。

因此，在这个过程中，马某等人对沈某的胁迫是否持续地进行，并且直接地导致了沈某屈从的结果，就成了认定是否为“当场”的关键。本案中，在完成胁迫行为后，被告人将沈某“送下山，找了辆出租车，让司机和沈某一起去取钱，并威胁其不得报警”。就此我们可以展开分析：

第一，马某等人并没有跟随其取钱，也没有任何迹象显示司机是马某等人的同伙，也就是说，在下山取钱这一阶段，沈某实际上已经脱离了马某等人的实际控制和物理强制。

第二，本案中马某等人的“威胁”，是以将要实施的、现场的、针对沈某本人的暴力威胁为内容，而并非是针对日后的暴力威胁，也不是针对沈某的近亲属或者其他相关第三人，更非是针对其他内容进行的威胁，比如揭露隐私、破坏名誉等。因此，在沈某脱离马某等人的实际控制之后，可以认为被告人的暴力胁迫暂时没有了实施的可能性。

因此，我们可以认为，此时，马某等人的胁迫对于沈某的恐吓程度已经大大减轻甚至渐趋于零，因而沈某所受的精神强制可以认为基本中断。本案的情形，不同于行为人当场使用暴力等手段迫使被害人立即交出财物，但是被害人无随身财物，行为人使用暴力等迫使其立即从他处取出财物或者随即跟随被害人到某处取财的情形。后两种情形下，行为人主观上仍然对被害人实施了暴力威胁行为并意图持续剥夺被害人的意志自由，客观上被害人仍然在行为人暴力、威胁的控制之下，丧失意志自由，应当认为仍然是在抢劫罪所谓的“当场”。

当然，可能会有观点认为，沈某最后仍然将钱物给予马某等人，正说明了马某等人对其的精神强制仍在延续，因此应当认定为非法取得财物的时间和空间仍是属于“当场”。

这种观点乍看起来很有道理，但是进一步分析，如果沈某没有屈从于被告人，而是选择了不交钱甚至报警（正如本案），那么是否就说明这种强制已经中断？基于这种逻辑，在同一个案子中，被害人是否将财物交给被告人，不仅成了判断犯罪形态既遂或者未遂的分界[①]，而且成了区分此罪与彼罪，是抢劫还是敲诈勒索的界限。这显然是不合情理的。

因此，本文认为，在这里，判断被告人胁迫手段对于被害人的精神强制是否自然延伸，诚然应当依据当时的具体情形，尤其是被害人的主观感受来做具体判断，但是也应适当参考一般常识的标准。在本案中，应当认定这种强制对于被害人的作用已经因为其脱离被告人的控制而中断，而事实上沈某借机脱身报警也证明了这一点。

所以，马某等人的行为并没有具备实现威胁和非法取得财物的两个当场，并不符合抢劫罪的基本特征。

而在第二个环节中，马某开口便索要 10 万元，可见行为人已经事先确定了要取得的财物量，而不同于抢劫罪中由于两个“当场性”带来的“财务数额以当场取得的为限，有多少抢多少”的特征。第三个环节中，沈某求饶，双方谈至 3 万元。被害人在当时的情形下尚能与行为人进行“讨价还价”，可见其意志决定自由并没有因身体和心理上遭受的强制而完全丧失，只是受到了限制——即使这个限制是很大程度上的限制。而后被害人被要求去

① 为了讨论方便，此处未考虑关于抢劫既遂标准存在的理论分歧，亦未结合本案进一步认定应适用何标准。

取钱、钱款的数额、交付的时间和地点都由被告人事先指定[①]，从这两点来看，本案中马某等人的行为也不符合抢劫罪的一般特征，而更符合敲诈勒索罪的特征。

（三）马某等人的行为能否构成敲诈勒索罪

我国刑法对于敲诈勒索罪的规定采取了简明罪状的方式，并未对“敲诈勒索”作出具体定义。而根据语义学的解释，“敲诈”，是指“依仗势力或用威胁、欺骗手段索取财物”。“勒索”，是指“以威胁强迫手段索取财物”。

从罪体方面来看，在本案中，马某等人以当场可能实施的暴力威胁为手段强迫沈某答应“借钱”的要求，并要求沈某下山取钱，之后交付；威胁和取财之间不具有时空上的同一性，因而不具备危害的紧迫性。这一行为已经满足了敲诈勒索罪罪体中的行为构成要件。

而前面也已经讨论了该行为对于被害人财产权利，以及人身权利中的人身安全和人身自由带来的侵害，可认为本案符合客体的有关要件。

从罪责方面来看，马某等人具有非法占有他人财物的意图已在前文讨论，而马某开口索要10万元，之后确定为3万元的情节，也可以反映出被告人在本案中具体的主观意图。10万元不是小钱，不可能有人将之带于身边，而必然需经一定时日的筹集方能交付，因此被告人的主观意图不可能为当场劫取钱财（抢劫罪的主观意图），而应是索取钱财。马某等人的行为，明显已经构成了明知而为之的故意。

因此，马某等人的行为符合敲诈勒索罪的犯罪构成要件，其

① 这点可以从马某等人在等候取钱地点被抓获得知。

敲诈勒索罪应当成立。

三、犯罪形态的认定

在本案中，马某等人已经着手实施了敲诈勒索行为，但是由于沈某事后脱身报警，因此未能控制、占有所敲诈勒索的数额较大的公私财物或者取得数额较大的财产性利益。而且其未能取得财物，是由于被害人报警，马某等人在等候取钱时即被抓获所致，属于行为人意志以外的原因，故而本案中，马某等人的行为构成了敲诈勒索罪未遂。

而且，马某等人还构成了共同犯罪。

四、法条竞合、想象竞合与牵连犯

（一）本案是否满足法条竞合情形?

法条竞合，是指一个行为因法条的错综规定，符合数个法条所规定的构成要件，整个法条所规定的构成要件之间具有逻辑上的从属或者交叉关系的情形。[①] 而本案中马某等人的行为并没有符合数个法条的构成要件。即使有人认为马某等人的行为既可以构成抢劫也可以构成敲诈勒索，这两个法条之间也不存在任何逻辑上的从属或者交叉关系，而是完全独立且并行，应当予以区分的。

因此，本案显然不满足法条竞合情形。

---

① 参见陈兴良：《口授刑法学》，384 页，北京，中国人民大学出版社，2007。

（二）本案是否满足想象竞合情形？

想象竞合，是指想象的数罪，即一个犯罪行为触犯数个罪名的情形。想象竞合意味着，通过一个行为实现多个犯罪构成要件，被想象为一个行为的不同部分均能够满足一个犯罪构成要件。①

在本案中，马某等人的行为，可以作为敲诈勒索罪的犯罪构成来评价，但是不能作为抢劫罪或者任何其他犯罪的构成要件来评价，因此并没有构成两个犯罪结果，不具有数罪的特征，并不构成想象竞合的情形。

（三）本案是否满足牵连犯情形？

牵连犯，是指以实施某一犯罪为目的，而其犯罪的方法行为或者结果行为又触犯了其他罪名的情况。在牵连犯的构成中，必须具有两个以上的犯罪行为，且这几个行为之间必须具有牵连关系，必须触犯不同的罪名。

而本案中，马某等人从将沈某强行带上山，胁迫其借款，并送其下山取款，这些行为具有前后的连贯性，都是在其强行索取、非法占有财物的目的支配下所实施的连续行为，应当视作一个整体。而且其中也不存在某个行为为另一个行为的手段或者原因的关系，亦并无某个单独行为触犯了除敲诈勒索以外的罪名——其持有砍刀、手枪等的行为由于案例中并没有提供信息足以证明这些工具，是基于非法来源的持有——因而在此暂不予以考虑。

综上所述，本案的情形不符合法条竞合、想象竞合和牵连犯的任一情形。

---

① 参见［德］汉斯·海因里希·耶塞克、托马斯·魏根特著，徐久生译：《德国刑法教科书（总论）》，875页，北京，中国法制出版社，2001。

五、总结

本案中，被告人以当场实施暴力胁迫的手段威胁被害人，致使被害人在意志决定自由受到限制的情况下答应“借钱”给被告人；而后被告人将被害人送走，让其取钱，在此过程中被害人乘机脱身报警。被告人的这一行为，构成了敲诈勒索罪未遂。

本文首先讨论了被告人行为是否只限于民法上的民事法律行为，而后讨论该行为在客观上是否侵害了刑法所保护的法益，从而得出了被告人行为构成犯罪的结论。继而，通过对于绑架罪基本特征的分析排除了其行为构成绑架罪的可能。之后，通过分析抢劫罪和敲诈勒索罪之间的实质区别而进一步认定本案性质属于敲诈勒索罪，且为敲诈勒索未遂和共同犯罪。

同时，本案中被告人只是实施了单一行为，符合了单一罪名的构成要件，因此不属于竞合与牵连犯的情形。

综上所述，本案中被告人的行为应定性为敲诈勒索罪未遂。

【点评】本文抓住了案件的最根本的两个问题：第一，案件的取财行为是否能够认定为当场？第二，暴力型勒索（抢劫性勒索）如何定性？对于第一个问题，文章作了很周延的分析。文章不仅分析了案件中被害人从意志毫无自由到意志相对自由的过程，而且指出判断被害人意志十分自由不仅要参考被害人的感受，也要参考一般常识的标准，从而认为案件中被害人从客观上和主观上均脱离了被告人的控制，获得了意志的相对自由，因此，不能认定为“当场取财”。本文对于取财的非当场性分析定性准确，说理充足，思维周延，说服力强。对于第二个问题，本文是少数几篇提出“暴力型勒索”概念的文章之一。文章指出：抢劫罪和敲诈勒索罪的区别的关键并不在于暴力威胁是否能够当场转化为现实，而在于被害人是否面临着人身权利和财产权利难以两全的极度紧迫的危险状态。并且提出“当场使用暴力威胁，要求日后交付财物”的情况应该属于敲诈勒索罪，而非抢劫罪，因为这种情况不符合抢劫罪的“两个当场”的要求，并且被害人在是否交付财物上具有一定的意志自由。本文对于“暴力型勒索”的定性虽然和参考答案不同，但本文说理透彻，具有一定的说服力。另外，本文还对犯罪形态和犯罪竞合的情况进行了分析，使得整篇文章结构更加完整，也体现了作者思维的严密。（文姬）

10. 微观与宏观的考量

冯 雷[*]

一、分析思路引入

整体而言，本文从罪体（主体、行为、结果、因果关系）、罪责（责任能力 、责任形式）和罪量（情节和数额）的角度进行分析。本案中，产生争议之处在于行为和责任形式。

本案中，马某的行为与绑架罪、敲诈勒索罪和抢劫罪的构成要件都有一定的联系。首先，马某使用暴力方法劫持沈某，将其置于自己的控制之下，剥夺了沈某的人身自由，与绑架罪存在一定关系。其次，马某以借钱的名义向沈某索要金钱，并以活埋相威胁，并在沈某同意出 3 万元后让沈某去取钱，这就在敲诈勒索行为和抢劫行为之间产生争议。

绑架罪与后两罪的界限相比，一个非常重要的特征是向第三人勒索财物，因此本案判断马某的行为是否构成绑架罪较为容易，本文将首先分析之。

然后本文将比较敲诈勒索罪与抢劫罪。其争议之处在于敲诈勒索罪与抢劫罪所要求使用暴力的程度的界定，敲诈勒索罪能否

---

* 作者系北京大学法学院 2006 级本科生。

以当场实施暴力行为相威胁，抢劫罪所要求的“当场取得”的界定。

同时马某在实施中打着“借钱”的幌子，其责任形式也需要判断。下面本文将详细分析。

二、罪与非罪的判定

关于罪与非罪的区分标准，我国刑法理论界存在不同的观点：(1) 社会危害性说，认为社会危害性程度是区分犯罪与其他违法行为的标准。(2) 刑事违法性说，认为刑事违法性是区分罪与非罪的关键。

本文认为，应该以行为的社会危害性程度作为区分罪与非罪界限的实质标准。犯罪的本质特征是行为的社会危害性，但不是一般意义的社会危害性，而是要达到应受刑罚处罚程度的社会危害性。而社会危害性程度的判断则需要从刑法规定的犯罪构成要件出发，所以犯罪构成则是分清罪与非罪的具体标准。

首先，本文将宏观判断马某行为的社会危害性程度。本案中，马某等人持枪支、砍刀等凶器将沈某挟持至山上，并以活埋相威胁要求其“借”钱。在挟持过程中，对沈某人身安全造成了威胁，此威胁程度已经达到非法拘禁的程度；同时“活埋”威胁也给沈某造成了精神损害。可能存在争议的是马某实施的这些暴力、胁迫等行为是为了非法占有财产还是仅仅是“借”，这关系到马某的主观恶性和对沈某的财产威胁的程度。马某等人实施的暴力和胁迫等行为的程度与借钱是不相符的，换言之，从实际社会生活经验来看，借钱根本不需要达到此种暴力程度。因此可以说，此案中的“欠条”只是一个幌子，是犯罪分子常用的伎俩，应推定马某根本没有还钱的打算。因此，马某的主观恶性就是非法占有他人财产，对沈某财产的威胁已超出民法所调整的借款行为的范围。综上，从犯罪概念分析，马某等人的行为的社会危害程度达到犯罪的程度。

其次，判断行为的社会危害性程度还需从刑法规定的犯罪构成要件出发，这一点与如果犯罪则构成何罪的分析存在重合之处，下文将予以具体分析。

三、绑架罪成立与否

根据我国《刑法》第 239 条的规定，绑架罪指以勒索财物为目的绑架他人，或者出于政治性和其他目的绑架他人作为人质，或者以勒索财物为目的偷窃婴幼儿的行为。由此可见，我国刑法中的绑架罪分为三类：一是以勒索财物为目的绑架他人，即绑架勒赎；二是出于政治性或者其他目的绑架他人作为人质；三是以勒索财物为目的盗窃婴幼儿。本案涉及的就是第一种。

绑架罪是法定的目的犯 ，因此以绑架勒赎为目的的绑架罪除了应该具有绑架他人的行为并控制人质外，还必须有勒索财物的目的。虽然刑法未明确规定行为人向谁勒索财物，但理论界和实践中一致认为绑架勒索为被绑架人以外的第三人，包括家属、朋友等担心被绑架人安危的人，而且绑架人获取财物正是利用被绑架人家属、朋友等人的担心。因此，绑架罪不仅侵犯了被绑架人的人身安全，而且也对担心被绑架人安危的人造成了侵害，使其担忧被绑架人的安危，并且不得不在出大笔金钱与解救人质之间艰难地抉择，造成了巨大的精神痛苦，甚至可能因家庭成员对出钱与否的不同意见而破坏家庭感情。而抢劫罪与敲诈勒索罪则不牵涉第三人，没有上述的影响。可见，绑架罪区别于抢劫罪和敲诈勒索罪的重要一点是向第三人勒赎的目的。

本案中，马某等人虽使用暴力将沈某劫持，并以“活埋”威胁沈某“借”钱给自己，迫使沈某同意“借”3万元，这个过程中始终没有牵涉第三人，而只是马某一方与沈某之间讨价还价，可见马某并没有向沈某的家人、朋友等勒索财物的目的，而是要直接从沈某身上取得财物。因此可以认定马某的行为并未构成绑架罪。

同时需要强调的是，绑架罪是行为犯，以勒索财物为目的并不一定要求勒索财物的行为，绑架罪的成立既遂与未遂与否不取决于勒索财物的目的实现与否。本案中，马某不构成绑架罪的原因不是没有向第三人勒赎，而是其没有向第三人勒赎的目的，当然他不具备此目的也是由其未向第三人勒赎的行为所表明的。

四、抢劫罪与敲诈勒索罪的区分

抢劫罪指以暴力、胁迫或者其他方法，强行夺取财物或者使他人被迫交付财物的行为。敲诈勒索罪是指以非法占有为目的，对被害人以威胁或要挟的方法，强行要求公私财物，数额较大的行为。可见，在二者中都存在暴力取财的行为，因此在实践中抢劫罪与敲诈勒索罪容易混淆。

理论上对抢劫罪和敲诈勒索罪作了区分。归纳起来主要有以下几点：(1) 能否使用暴力以及暴力程度。有观点认为从敲诈勒索罪的定义来看，敲诈勒索罪中并没有包含暴力方法，而有学者认为，敲诈勒索罪可以当场实施暴力。同时认可对可以使用暴力的暴力程度的认识也有区别。(2) 威胁的方式不同。敲诈勒索罪的威胁可以当着被害者的面，也可以通过第三者或者书信、电话等其他方式间接发出，而抢劫罪的威胁只能当着被害者的面直接发出。这一点理论界与实践界均没有争议。（3）威胁的内容不同。抢劫的威胁是以杀害、伤害相威胁；敲诈勒索罪则较为广泛，除了可以杀害、伤害外，还可以揭发个人隐私、毁损个人财产或者抓住被害人的某种弱点为把柄相威胁。这一点也不存在争议。（4）威胁实现的时间。理论界一致认为抢劫罪威胁使用的暴力是能够当场实施的，而对于敲诈勒索罪威胁的暴力能否当场实施存在争议。有观点认为敲诈勒索罪可以以当场实现威胁内容相恐吓，也可以以日后实现威胁内容相恐吓，而有观点认为敲诈勒索罪威胁内容只能在将来的某个时间实现。（5）取得财物的时间。主流观点认为，抢劫罪只能是在当场取得财物，而敲诈勒索罪可以在当场取得财物也可以在事后取得。本案中，马某暴力挟持沈某，并当面以“活埋”相威胁，对于其行为是否构成犯罪以及构成何种犯罪，第（2）、（3）两点不存在影响。而第（1）、（4）、（5）点则存在影响，同时财物的范围对本案有影响，本文将具体从这四个方面分析。另外，犯罪行为是一个整体行为，在分别论述后本文将综合分析马某的行为。

（一）财物的范围

敲诈勒索行为和抢劫行为最终的目的都是取得财物，此处的财物通常指的是具有财产上价值的物品，往往是金钱。但是抢劫罪的财物可否为其他的财产性利益，比如债权？陈兴良教授认为，根据我国刑法理论，抢劫罪的财产包括债权，其中设立债权的行为指使用暴力或者胁迫方法使他人被迫写下欠条，消灭债权的行为指使用暴力或者胁迫方法，销毁在他人手中的欠条。理由是“对于侵犯债权我们没有其他犯罪来加以规定，所以往往对于侵犯债权的行为也包括在侵犯财产的犯罪当中”①。应该认为，陈兴良教授所说的“设立债权”指的是创设一个根本不存在的债权合同，此合同内容为被害人欠行为人钱财，并且合同对行为人取得财物有一定的作用，被害人在事后交付财物一定程度上是基于合同约束，尽管写下欠条时是被迫的。

本案中，马某向沈某索要金钱，并声称是借钱，还向沈某打了借条。此处设立债权人不是行为人马某，若按合同马某还需要归还钱，这与陈兴良教授所讲的“设立债权”有很大的差异。可见，马某不是通过设立不存在的债权而日后取财，而是以设立债权的名义向沈某索要钱财，因此马某通过暴力威胁所获取的并不是债权，而是以此为掩盖获取钱财。

（二）能否使用暴力及暴力程度

1. 可否使用暴力

通说认为，敲诈勒索罪指以非法占有为目的，对被害人以威胁或要挟的方法，强行要求公私财物，数额较大的行为。从定义上看，敲诈勒索罪没有明确规定可以使用暴力。同时，最高人民法院在“何木生抢劫案”的裁判理由中认为“抢劫罪以当场实施暴力、以暴力相胁迫为其行为的内容；敲诈勒索罪则仅限于威胁，不包括当场实施暴力”②。

刘树德先生认为“敲诈勒索罪可以当场实施暴力，但是此种暴力不能作为当场取得财物的手段，而只能是日后取得财物，否则应以抢劫罪定性（同时符合其他构成要件）”③。高铭暄先生在回

---

① 陈兴良：《口授刑法学》，585页，北京，中国人民大学出版社，2007。

② 刘树德：《敲诈勒索罪判解研究》，141页，北京，人民法院出版社，2005。

③ 刘树德：《敲诈勒索罪判解研究》，147页，北京，人民法院出版社，2005。

答这个问题时认为“关键问题在于，暴力起什么作用。根据前述抢劫罪的特点，如果使用暴力时为了排除被害人的反抗，当场占有其财物，当然应当定抢劫罪。但是，如果使用暴力的目的是迫使被害人答应在日后某个时间、地点交付财物，其暴力实际起的是与实施暴力相威胁一样的胁迫作用，只是因为其不是作为当场占有他人财物的手段，所以不能定抢劫罪”①。

我赞同后一种观点。抢劫罪与敲诈勒索罪中暴力的区别在于二者的作用不同。抢劫罪与敲诈勒索罪作为侵犯财产的取得型犯罪，其构成关键在于财产取得的方式。抢劫罪使用暴力是为了排除被害人的反抗而当场夺取财物或者迫使被害人交付财物，而敲诈勒索罪中使用暴力是造成被害人的恐惧心理，迫使被害人答应日后交付财物，那么这种暴力从实质上说是威胁的辅助。因此应该认为，敲诈勒索罪可以使用暴力。

2. 暴力程度

敲诈勒索罪的暴力到何种程度呢？张明楷教授认为，抢劫罪中的暴力达到了足以抑制他人反抗的程度；敲诈勒索罪的暴力只能是没有达到足以排除他人反抗的轻微暴力。②

我认为，分析暴力程度不能孤立地、单纯地从暴力本身的角度出发，而应该考虑它对财产取得的作用。敲诈勒索的取财行为也即目的行为是“索要财物”，即被害人虽不甘愿，但也是自己交出财物的，并非被“身体强制”而夺走的。实现这种目的的手段行为，其作用不是用来排除被害人的身体反抗，而是用来对被害人的心理进行施压。因此，敲诈勒索罪的暴力是对被害人心理施

① 高铭暄：《刑法专论》，731页，北京，高等教育出版社，2002。

② 参见张明楷：《刑法学》，765页，北京，法律出版社，2003。

压，从而使被害人经过权衡以后放弃反抗，交出财物，如果通过暴力排除被害人的反抗而当场取得财物的话，那么就构成抢劫罪。因此，敲诈勒索罪的暴力可以已经足以使被害人不能反抗，但是此暴力并非最终促使被害人当场交付财物的手段，而是作为一种促使其日后交付财物的精神强制手段。敲诈勒索罪中使用暴力的典型情形是，行为人通过暴力控制被害人，排除了其反抗，要求被害人日后的某时、某地交付财物，那么此时也应对其定敲诈勒索罪。

如果此暴力本身造成重大危害结果，那么此暴力行为本身应当另行定罪。例如，在敲诈勒索中使用暴力手段造成被害人伤害或死亡，可以故意伤害罪或故意杀人罪与敲诈勒索罪数罪并罚。

就本案而言，马某对沈某使用暴力将其挟持，并且其暴力足以排除沈某的反抗，但不能以此暴力为由排除敲诈勒索罪，关键要看其暴力行为作用如何。马某将沈某挟持，但并没有直接从沈某身上夺取财物，也没有使得沈某主动交出财物，而只是迫使沈某答应交出财物。如果最后沈某取了钱并把钱交给马某，他交钱的原因不是直接因为马某的暴力行为，而是因为暴力产生的威胁，是因为害怕马某将暴力侵害施加在自己身上。抢劫罪和敲诈勒索罪都存在因畏惧威胁而交付财物的行为，因此马某的行为是否构成犯罪以及构成抢劫罪还是敲诈勒索罪还需进一步分析威胁行为。抢劫罪和敲诈勒索罪中威胁的区别在于威胁使用的暴力侵害实现的时间和交付财物的时间，本文将对此进行分析。

（三）威胁实现的时间及威胁的程度

学者普遍认为，抢劫罪威胁的暴力侵害是当场能够付诸实施的，一旦被害人拒不交出财物则马上遭到伤害甚至杀害。而关于敲诈勒索罪的威胁实现的时间学者有不同的意见。

陈兴良教授认为，“敲诈勒索罪所威胁的暴力是事后将要实施的暴力”[①]。有学者认为，“敲诈勒索罪的威胁内容一般不具有立即兑现的性质，从威胁发生到付诸实施威胁内容之间有一定的时间间隔；而抢劫罪威胁使用的暴力侵害则是能够当场付诸实施的，如被害人拒绝交出财物，就会立即遭到伤害或杀害”[②]。张明楷教授认为，“抢劫罪的威胁内容是，如果不满足行为人的要求，威胁的内容就当场实现；敲诈勒索罪的威胁内容是，如果不满足行为人的要求，威胁的内容在将来的某个时间实现”[③]。后来，张明楷教授对此稍作修改，认为“敲诈勒索罪的威胁方法基本上没有限制，如果不满足行为人的要求，威胁的内容只能是在将来的某个时间实现（非暴力威胁内容，如揭发隐私，则可以当场实现）”[④]。实际上其观点未作根本改变。

而高铭暄教授认为，“抢劫的威胁的内容只能是当场能够实现的，敲诈勒索威胁的内容，可以是当场能够实现的，也可以是日后才能实现的（如揭发隐私）”[⑤]。我认为高铭暄教授认为敲诈勒索的暴力是可以当场实现的主要基于一种情形，即“行为人当着被害人的面，要求其答应在若干时日内交付财物，并且威胁，若不答应就立即对其采取暴力行动”[⑥]。如果以当场实施暴力行为相威胁，要求当场交付财物，那么此行为就构成了抢劫罪。高铭暄教授之所以将以“当场实施暴力行为为威胁要求被害人日后交付财物”

---

① 陈兴良：《口授刑法学》，599 页，北京，中国人民大学出版社，2007。

② 赵秉志主编：《刑法新教程》，687 页，北京，中国人民大学出版社，2001。

③ 张明楷：《刑法学》，140 页，北京，法律出版社，1997。

④ 张明楷：《刑法学》，764 页，北京，法律出版社，2003。

⑤ 高铭暄：《刑法专论》，729 页，北京，高等教育出版社，2002。

⑥ 高铭暄：《刑法专论》，730 页，北京，高等教育出版社，2002。

的行为定为敲诈勒索罪，主要考虑被害人可以先假意答应交付财物，之后也可以寻求救助，避免人身伤害甚至杀害，因此行为人的这种威胁的紧迫性明显不及抢劫罪，被害人的意志自由也相对于抢劫罪较大，不应该定抢劫罪。当然这种行为非当场取财，这也是其不构成抢劫罪的重要原因。

其实，上述观点中无论是认为敲诈勒索罪能否以当场使用暴力相威胁，有一点双方是承认的——抢劫罪与敲诈勒索罪的区别在于威胁之下被害人的意志自由程度。有观点认为"敲诈勒索罪的威胁行为仅使被害人产生畏惧心理，并交出公私财物，被害人尚有相当程度的意志自由，还有延缓的余地。而在抢劫罪中，被害人的人身安全受到现实的威胁，已没有迟缓的余地"①。有观点认为，"敲诈勒索罪比抢劫罪虽然威胁的内容要广，但是程度稍轻，时限稍缓，使被害人有个回旋的余地"②。也有观点认为，抢劫犯不仅面对被害人直接以当场实行侵害行为相威胁，而且强迫被害人必须当场交出财物，因而往往使被害人处在人身权利与财产权利难得两全的极度紧迫的危险状态，也就是说，被害人只能在要么交出财物，保住人身安全，要么不交财物而冒立即遭受被伤害甚至被杀的危险之间当场作出选择。可见抢劫罪具有严重的危害性，但是，敲诈勒索罪不同。因为从实现威胁到交付财物之间，有若干时日的时间距离，被害人即使拒绝或者答应行为人要求，都不会当场使自己的人身和财产受到损害。③

---

① 胡康生、李福成主编：《中华人民共和国刑法释义》，389～390 页，北京，法律出版社，1997。

② 周道鸾、张军主编：《刑法罪名精释》，577 页，北京，人民法院出版社，1998。

③ 参见高铭暄：《刑法专论》，730 页，北京，高等教育出版社，2002。

由此可见，分析敲诈勒索罪能否以当场使用暴力相威胁的关键在于判断暴力威胁之下的紧迫程度和被害人的意志自由的程度。高铭暄教授将紧迫时间定义为实现威胁与实际交出财物之间，行为人以当场实施暴力行为相威胁要求被害人事后交付财物时，被害人在选择是否同意交付财物上几乎没有意志自由，但在同意交出财物与实际交出财物之间存在一个时间阶段，存在缓冲的可能，被害人最终是否实际交付财物意志自由度较大，因此从整体看，此行为中被害人的意志自由度较大，应定为敲诈勒索罪。那么敲诈勒索罪就可以包含当场实施暴力的威胁。而其他学者则将同意交出财物与实际交出财物当作一个整体，紧迫时间在于实现威胁与同意交付财物之间，那么被害人不得不同意交付，意志自由度低，应定为抢劫罪。

我认为，分析"敲诈勒索罪能否以当场使用暴力相威胁"时同样不能孤立地、单纯地从暴力威胁本身出发，而应该考虑它与取得财物的联系。如果以当场使用暴力相威胁，但不是作为当场取得财物的手段，应该可以构成敲诈勒索罪。尽管在是否同意交付财物上被害人的自由选择度很低，但是被害人意志自由度根本在于交付财物与被伤害或杀害之间的选择度。一般而言，被害人会不得不答应交付财物，而在实际交付财物的过程中作出交付或不交付或寻求帮助的选择，可见其意志自由度比抢劫罪中的意志自由度要大。如果当场使用暴力和取得财物存在直接的因果关系，那么就构成抢劫罪。

另外，从刑法体系完整的角度考虑，如果认为敲诈勒索罪不能以当场使用暴力相威胁，那么以当场实施暴力行为相威胁要求被害人日后交付财物的行为不能定为敲诈勒索罪；又因为此行为非当场取财，那么也不能定为抢劫罪。这样，对此行为就没有一个合适的罪名，这不利于刑法体系的完善。所以要考虑将之定为敲诈勒索罪。

综上所述，我认为，敲诈勒索罪可以以当场实施暴力相威胁，但不能同时是当场取得财物。

能否以当场使用暴力相威胁实际上涉及暴力威胁的程度这一问题。判断被害人敢不敢反抗的标准有主观说和客观说之分。主观说认为，抑制被害人反抗的标准应根据行为人的认识来判断。即如果行为人预见自己的暴力威胁行为能达到抑制被害人反抗的程度，则不管客观上有没有抑制被害人反抗，都构成抢劫罪。客观说认为，暴力威胁是否达到抑制被害人应当根据暴力程度能否抑制被害人的反抗为标准来进行判断。主观说是通说，我也赞同此说，被害人的主观感受其实与意志自由度是紧密相连的。抢劫罪的威胁应使被害人不敢反抗，而敲诈勒索罪的暴力威胁未达到此程度。

本案中，马某以“活埋”威胁沈某“借”给他金钱，沈某面临的抉择是——要么答应交出3万元钱，要么不答应而被活埋。正如前文论述，并不能以当场使用暴力相威胁为由排除敲诈勒索罪。

同时，马某暴力威胁的程度目前还不能看出，威胁程度要考虑威胁手段和取得财物之间的关系以及被害人的主观感受，而马某的威胁这一手段行为和实际取得沈某的财物这一目的行为之间的关系具体如何还没有体现出来，而被害人交付财物的意志自由度体现在威胁与实际交付财物之间，那么就必须考虑取得财物的时间。

（四）取得财物的时间——当场与否

抢劫罪与敲诈勒索罪关于财物取得的时间的区别基本上没有争议。目前普遍认为，抢劫罪取得财物必须是当场，而敲诈勒索罪取得财物既可以当场取得，也可以在日后取得。

本案中，马某在威胁沈某“借”给其3万元钱并打好“借条”后，送沈某下山取钱，此处马某意图获取财物的方法很特殊，并非直接从沈某身上取得，而是让沈某取钱后将钱给自己。因此，如果沈某取到钱并将钱交给马某，从实现威胁到取得财物之间有一段时间，这就存在“当场”的判断问题，这一判断影响到抢劫罪成立与否。

生活中对“当场”的理解为“就是那个时间和那个地点”。有学者认为，“抢劫罪中的强制行为与抢走财物的行为在发生的时间、场合具有统一性”①。我认为除了以用语本身所具有的客观含义为依据外，还需根据刑法所描述的犯罪类型的本质以及刑法规范的目的予以确定，从而使用语的规范意义与犯罪的本质、规范的目的相对应。

在常见的抢劫罪中，实施强制行为和取得财物发生的时间和地点具有统一性。抢劫罪的手段行为和目的行为应具有因果联系，获取财物的目的行为是继强制行为（手段行为）之后发生的。当场性体现了抢劫罪威胁的现实性，如果被害人不交出财物或者抢劫人得不到财物，被害人则面临着被伤害甚至被杀害的危险。所以，一般情况下“当场”为在同一地点、强制行为发生后立即取得财物。

但是，例外情况是存在的。强制行为可能一经实施即告完成，但也可能会持续一段时间，因此，只要强制行为仍然处于持续状态，从整体上看行为并未间断，那么在此期间行为人取财的，仍然应该认为符合“当场”的时间要求，在强制状态下，地点虽有

① 王作富：《刑法》，425页，北京，中国人民大学出版社，2005。

变化也认为应符合“当场”。可见，判断当场与否的关键在于强制的持续状态。

首先，强制的持续状态的判断需要从整体上考虑，必须考虑出于非法占有这一目的之下的各行为。本案中，起初马某等人将沈某挟持，对沈某进行了绝对控制，而在沈某同意“借”钱后让沈某和出租车司机去取钱，并威胁其不得报警，此时对沈某控制的程度下降，暴力挟持已经终止，只剩下精神胁迫。虽然控制、威胁行为和沈某去取钱的过程是自然延续的，从整体上说是一体的，强制状态并没有因为自然原因或外力的影响而中断，但是前后强制状态有区别，对沈某的强制作用发生了变化，沈某的意志自由度增加。可以说前后两种强制状态的区别正是抢劫罪的强制状态与敲诈勒索罪的强制状态的区别。而沈某正是利用这种强制状态弱化而逃跑的。

其次，强制不仅仅是身体上的强制，还应包括精神上的强制。精神上的强制状态应该以被害人的主观感受为判断标准。本案中，沈某依然受到来自马某的威胁，但是身体强制已不存在，沈某也感觉到威胁产生的强制状态已减轻了（甚至可能没有了），如果不交付财物，所受到的最多也只是将来被马某侵害，所以沈某才敢报警。

总之，本案中沈某在去取钱的过程中仍然受到强制（主要是精神强制），前后的强制是持续的，但是这种强制与之前的强制程度相比已经有所降低。这样就产生了一个问题——抢劫罪的强制状态的持续允不允许强制程度的降低？如果允许降低，那么最低程度是多少？是否一直保持使被害人不敢反抗的程度？

我认为，强制效果的程度的评价也可参考暴力威胁的评价标准，可从被害人的主观感受的角度进行分析。抢劫罪中的暴力程度应使被害人不能反抗，其胁迫产生的强制效果应使被害人不敢反抗，敲诈勒索罪的胁迫产生的强制效果则未达到此效果。抢劫罪中的强制程度可以降低，但是应在使被害人不敢反抗程度之上，否则被害人受到的威胁就达不到抢劫罪的紧迫程度，其自由意志程度高于抢劫罪。

本案中，沈某在去取钱的时候尽管仍受到来自马某的精神强制，但是强制程度已降低至沈某敢反抗的程度，而且在一般情况下一般人应该明智地认为这时候的反抗或不合作对自己是有利的，因此应认为本案中强制的持续状态已不足以保持“当场性”。

（五）综合比较抢劫罪和敲诈勒索罪

在分别分析了争议因素后，应将各因素综合起来考虑。抢劫罪的目的行为包括暴力、胁迫和其他方法，必须以当场实施暴力行为相威胁，而且取得财物必须是当场。而敲诈勒索罪可使用暴力、胁迫和要挟的方法，既可以当场实施暴力行为相威胁，也可以事后实施暴力行为相威胁，取得财物可以是当场，也可以是事后，但不能同时以当场实施暴力相威胁并当场取得财物。从这些形式上看，马某的行为更符合敲诈勒索罪。

从微观的角度，分析敲诈勒索罪能否使用暴力以及暴力的程度必须考虑暴力行为与取得财物之间的关系，分析能否以当场使用暴力相威胁也必须考虑威胁与取得财物之间的关系。从宏观的角度看，这些微观部分最终归结为抢劫罪与敲诈勒索罪的社会危害性不同，特别是二罪中威胁紧迫性程度不同与被害人意志自由程度不同直接关系到对人身权利与财产权利的侵犯程度。这也是立法上将敲诈勒索罪与抢劫罪区分开来并规定不同刑罚的原因所在。

马某将沈某挟持，排除了沈某反抗的可能从而使之不能反抗，然后以当场“活埋”威胁沈某“借”给他3万元。首先，应该说，沈某在此情况下没有选择的余地，只能选择同意交钱。但是，同意交钱并没有形成一个债权，不能就此判断构成抢劫罪，这只是获取财物的一个步骤，同意交钱和实际交钱之间存在一定的期限，因此，沈某回旋的余地就存在于这一过程之中，可以权衡利弊甚至求救，威胁的紧迫程度降低。即使沈某取钱后交付财物也非当场取得，而应该算作事后取得，暴力威胁这些暴力行为与目的行为之间的紧迫性降低。其次，这一过程中被害人所受到的强制状态也有所减轻，暴力已经终止，只剩下精神强制，沈某的意志自由度提高，可以选择交付财物与否。即使沈某选择交付财物，这也是基于沈某在对不交付财物将在日后受到侵害的危险的考虑之下作出的选择。沈某仍可以选择不交付财物，因为不交付财物并不必然、立即招致损害。可见，沈某可以进行利弊权衡，甚至可以达到人财两全。同时，从整体上看，沈某虽在前阶段不敢反抗，但在取钱的过程中敢反抗，应认为从整体上是敢反抗的，暴力威胁未达到抢劫罪的效果。综上所述，马某的行为造成的紧迫程度、沈某的意志自由度都没有达到抢劫罪的标准，更符合敲诈勒索罪。

五、行为人的罪责

敲诈勒索罪要求行为人主观上有非法占有公私财产的目的。本案中马某为向沈某索取钱财而声称是“借钱”并打借条声称3个月归还，从表面上看似乎符合借钱的情况。

但是，马某携带枪支、砍刀等凶器劫持沈某，并以“活埋”相威胁向沈某索要财物，这些暴力、威胁行为与借钱是不相称的，而应该认为是取得财物的幌子。进一步说，马某根本没有还钱的打算。因此，应认为马某具有非法占有的目的。

同时，需要说明的是，本案判断马某实施犯罪行为时是基于敲诈勒索的故意还是抢劫的故意很困难，因为行为人犯罪并不是根据法律规定去实施的。此处，只能判断马某当时具有非法占有的目的。

六、小结

对于本案，本文从社会危害性的角度分析了马某等人行为构成犯罪，然后根据绑架罪需向第三人勒赎排除了绑架罪，最后在抢劫罪与敲诈勒索罪的对比中将本案定性为敲诈勒索罪。

另外，马某构成敲诈勒索罪未遂，又由于马某实施携带枪支、砍刀等凶器暴力挟持被害人的行为，构成情节加重犯。

同时，本案中不存在抢劫罪和敲诈勒索罪想象竞合或法条竞合的问题。想象竞合和法条竞合都要求一个行为触犯数个罪名，但本案中抢劫罪不成立，那么就不存在此问题。

实践中往往会出现罪与非罪、此罪与彼罪判断困难的情况，在认定时一方面要从具体构成要件上进行微观的区分比较，另一方面也需要从宏观上把握立法的目的与主旨，二者相互结合有助于作出正确判断。

【点评】本文在辨析敲诈勒索罪和抢劫罪时，分析得十分详尽周延，并且观点也具有独特性和说服力：首先，文章在肯定敲诈勒索罪可以当场使用暴力的基础上，指出敲诈勒索罪的暴力和抢劫罪的暴力的作用各不相同：敲诈勒索罪的暴力是用来对被害人的心理进行施压；而抢劫罪的暴力是用来排除被害人的身体反抗。

敲诈勒索罪的暴力实际上只是一种精神强制，而抢劫罪的暴力是一种身体强制。其次，文章区分了“同意交出财物”和“实际交出财物”，指出判断被害人是否具有意志自由，关键是看被害人“实际交出财物”时的情况，而不是看被害人“同意交出财物”时的情况。再次，文章提出判断被害人意志自由的标准：主观说和客观说。虽然文章最后认定主观说，观点较为偏颇，但是提出这一标准已属不易。以上几点虽然不符合通说，但是条理清楚，说理充分，思维独特，可以成为一家之言。总之，本文思路清晰，分析透彻，语言流畅，是一篇佳作。本文不足之处在于先以“社会危害性”将行为入罪，再分析行为的刑事违法性，虽然说明了刑事违法性应先于社会危害性，但是先入为主的“社会危害性严重应当属于犯罪”的观念已经形成，不利于对后面的刑事违法性进行深入分析。（文姬）

图书在版编目（CIP）数据

刑法案例优秀作业选/陈兴良主编.
北京：中国人民大学出版社，2008.10
（法科学生读本）
ISBN 978-7-300-09879-1

Ⅰ.刑…
Ⅱ.陈…
Ⅲ.刑法-案例-分析-中国
Ⅳ.D924.05

中国版本图书馆 CIP 数据核字（2008）第 165166 号

法科学生读本
刑法案例优秀作业选
陈兴良　主编

出版发行	中国人民大学出版社			
社　　址	北京中关村大街 31 号	**邮政编码**	100080	
电　　话	010－62511242（总编室）	010－62511398（质管部）		
	010－82501766（邮购部）	010－62514148（门市部）		
	010－62515195（发行公司）	010－62515275（盗版举报）		
网　　址	http://www.crup.com.cn			
	http://www.ttrnet.com(人大教研网)			
经　　销	新华书店			
印　　刷	河北三河市新世纪印务有限公司			
规　　格	148 mm×210 mm　32 开本	**版　　次**	2008 年 11 月第 1 版	
印　　张	10.25	**印　　次**	2008 年 11 月第 1 次印刷	
字　　数	180 000	**定　　价**	28.00 元	
